KB042306

BANK STORY

뱅크스토리

한국의 금융산업

양원근

박영사

　　은행은 주주이익의 극대화를 위해 경영효율성을 추구하는 기업이지만 강력한 공공성을 갖고 있다. 자산을 무한대로 쪼갤 수 있는 상품을 생산해 경제주체들의 거래를 완성시킨다. 비유동 자산을 유동화할 수 있고 고객의 정보를 수집하고 축적, 가공해 부가가치를 높일 수 있다. 이와 같이 배타적이고 특별한 기능을 기반으로 은행에게 국가의 자원을 동원하고 배분하는 역할이 주어졌다. 한편 은행기능이 훼손되면 경제가 마비된다. 따라서 정부로부터 감독을 받고 사업인가 기준이 매우 까다로운 대표적인 규제산업이다. 금융위기가 발생하면 정부는 우선적으로 은행부터 제대로 돌아가게 만든다. 그럼에도 금융위기는 은행의 활동으로부터 발생한다. 금융위기는 기업, 가계, 정부의 과도한 부채로부터 발생하는데 부채의 상당부분을 은행이 제공하기 때문이다. 역사적으로 전 세계 국가들이 위기 이후 감독을 강화하고 여러 제도를 바꾸어도 위기는 반복되었다. 앞으로도 반복될 것이다.

　　정부로부터 은행업 인가를 받는 것은 여러 조건을 충족해야 되기 때문에 쉽지 않다. 그러나 일단 영업을 시작하면 정부의 공신력이 여러 경로로 뒷받침되기 때문에 자금을 동원하기에 어려움이 적다. 특히 고객들이 어느 은행에 예금해도 일정규모까지는 정부가 예금보험을 제공한다. 그러나 자금을 배분하는 것은 대단히 어려운 과제다. 산업의 사이클을 예측해야 하고 기업의 경쟁력을 체크해야 한다. 거시경제의 흐름을 예측해야 하고 국제 경제의 변화도 읽어내야 한다.

은행의 자금이 잘못 배분되어 부실화되면 경제시스템이 불안정해진다. 반대로 은행의 자원배분이 효율적으로 이루어지면 튼튼하고 건강한 경제시스템을 구축할 수 있다. 어느 나라든지 전체 경제를 안정적으로 운영하기 위해서는 은행이 가장 중요하다는 결론에 도달한다.

은행과 인연이 이어졌다. 은행을 배우고 은행에 대해 연구하고 은행에서 근무하게 되었다. 많은 우연이 모여 운명을 만들어 간다. 대학을 졸업하고 직장에서 잠시 근무하다 미국 조지아 주립대학에 MBA 과정을 떠났고, 1년 후에 재무관리 박사과정으로 프로그램을 바꿨다. 재무관리에는 증권, 기업금융, 은행, 국제금융 등 전공이 있다. 학부에서 경제학을 전공했으니 은행론이 잘 맞을 것 같아 논문을 은행 합병을 주제로 썼다. 논문 지도교수 중 한 명인 William Curt Hunter 당시 아틀란타 연방은행 부총재가 주로 은행합병을 연구한 학자였다. 한국의 외환위기 이후 두 번이나 한국을 방문해 세미나에서 발표했다. 은행은 서로 유사한 상품을 만들어낸다. 규모가 큰 은행이 단위 생산비용이 적어 경쟁에 유리하게 되는 규모의 경제가 존재할 수 있다. 따라서 인수 및 합병이 가장 활발한 산업이다. 귀국해서 산업연구원에 취업했다. 실제 전공과는 분야가 다른 직장이다. 산업연구원에서 주어진 첫 번째 연구주제가 재벌이었다. 1990년대 초반 한창 부채를 통해 투자를 늘려나가고 있었다. 그리고 재벌의 부채경영이 가능하도록 자금을 공급한 주체인 한국의 은행산업을 마주하게 되었다.

산업연구원에서 2년 재벌연구를 하여 "대기업집단의 효율성 분석" 보고서를 출간한 뒤 은행들이 공동으로 설립해 운영하는 금융연구원으로 직장을 옮겼다. 본격적인 은행과의 인연을 시작하게 되었다. 금융연구원에서 연구위원장, 은행연구팀장 등을 맡으며 은행 관련 연구를 했다. 금융제도개편, 사금융시장, 은행합병, 은행소유 지배구조 등의 주제에 대해 보고서를 발간하고 토론, 세미나 등을 통해 동료, 전문가들과 의견을 교환했다. 그런데 외환위기가 닥치며 모든 것이 송두리째 바뀌었다. 연구주제도 바뀌었고 필자의 운명도 바뀌었다. 외환위기는 외화가 부족해서 발생했지만 위기 발생의 단초가 된 것도 은행이었고 수습의 시작도 은행이었다. 위기 수습과정에 참여했다. 재정경제부, 예금보험공사에서 근무했다. 위기가 아니면 학자에게 주어지지 않았을 미션이었다. 위기가 수습된 후에는 은행에서 근무했다. 기업은행, 우리은행, KB금융, 하나금융 등에서 포지션은 다르지만 은행의 경영효율성을 제고하기 위한 역할이 주어졌다.

직장을 옮기는 과정에서 틈틈이 공백이 생겼고 다시 재취업하는 과정에 어려움을 겪기도 했다. 1990년대 초 산업연구원에 근무할 때 고려대학교 경영학과 대학원에서 은행론을 강의했고 KB금융에서 퇴직한 뒤, 2014년에 고려대학교 경제학과 대학원에서 다시 한 번 은행론 강의를 개설했다. 강의할 때마다 교과목이 없어 강의제목이 재무론 특수연구 등으로 이름 붙여졌다. 또한 참고할 만한 텍스트가 마땅치 않은 문제도 있었다. 은행의 현실과 상황을 이해시키는 책이 필요하다고 생각했다.

이 책은 총 7개의 장으로 구성되어 있다. 제1장에서는 외환위기 발생 전 1990년부터 1997년까지 한국 금융의 현실을 서술했다. 산업연구원, 금융연구원에 근무하면서 경험한 내용을 중심으로 기술했다. 금리자유화를 비롯한 금융자유화를 이제 막 시작했고 은행은 정부의 통제하에 있었다. 은행은 스스로 자원을 배분할 경험과 능력이 부족했다. 재벌기업들은 시중금리 보다 싼 은행자금을 빌려 대규모로 투자를 늘렸고 국가 전체의 리스크를 키워가고 있었다. 재벌연구와 금융자유화 연구를 하면서 IMF 위기로 빠져 들어가는 한국경제를 지켜본 바를 기술했다.

제2장은 IMF 위기 극복과정에서 필자가 경험한 바를 기술한 것이다. 위기 직후에는 약 1년간 재정경제부 장관 자문관으로 근무하며 공무원들과 회의도 하고 아이디어를 내며 위기극복의 순서와 방법에 대해 고민했다. 그 후 약 5년간 예금보험공사에 근무하며 위기수습을 위해 구조조정 및 공적자금의 조성, 집행, 회수와 은행 정상화 등 과정의 실제 업무를 맡았다. 또한 공적자금 집행과정에서 나시는 위기가 오지 않도록 도덕적 해이 방지를 위한 관련자 책임추궁 등 업무를 담당하기도 했다. 공적자금을 받은 은행 등 금융기관의 상업성 제고와 주주로서의 경영관리 책임 사이에서 균형점을 찾는 노력도 했다. 우리금융지주 설립 사무국장을 맡아 우리나라 최초의 금융지주사를 설립하며 은행연구자의 경험을 실제 경영에 접목했다.

제3장에서는 은행경영 현장에서의 경험을 중심으로 금융현실을 조명했다. 기업은행 연구소 초빙연구위원, 우리은행 상근감사, KB금융지주 부사장 겸 경영연구소장 등 직책을 맡아 여러 은행경영에 직접 참여했다. 우리나라 은행경영 현장에서 무엇이 잘 되고 무엇이 해결되어야 할 과제인지를 경험한 대로 기술했다. 기업은행에 근무한 2004~2006년은 우리나라 은행들이 한창 양적성장 경쟁을 해 나가고 있을 때였다. IMF 위기 전까지 부채경영을 하던 대기업은 더 이상 은행 자금의 주요 대출처가 아니었다. 주택가격 상승과 더불어 가계가 은행의 주요 대출 수요처로 등장했다. 현재 한국 경제의 리스크 요인으로 평가되는 막대한 규모의 가계부채는 이때부터 가파르게 늘어나

기 시작했다. 우리은행 상근감사로 근무할 때는 은행의 내부통제 시스템의 개선과 CDO, CDS 투자 실패에 대한 내부 감사 등 사례를 기술했다. 임기 중 정권이 바뀌며 재신임 받지 못해 도중하차한 경험을 하게 되었다. KB금융에 근무할 때는 리서치 기능을 통해 은행의 브랜드가치 제고 등 역할을 수행했음을 설명했다. 은행 국제화를 위한 노력과 우리나라 은행들의 한계에 대해서도 논의했다. 경영진간 갈등과 KB사태를 겪으며 또다시 임기 중 직장을 떠나게 된 경험을 기술했다.

제 4 장의 주제는 반복되는 금융위기와 은행경영간의 이론적 관계에 대한 것이다. 다른 금융기관에 비해 은행이 왜 특별한지를 논의했다. 또한 역사적 사실을 토대로 전 세계 국가들이 금융감독을 지속적으로 발전시켜 왔음에도 왜 금융위기가 반복되는지도 논의했다. 은행의 자기자본비율(BIS비율)규제와 금산분리의 논리를 소개했다. 또한 은행경영에 내재되어 있는 금리위험, 유동성위험, 신용위험 등과 그 관리방안에 대해 설명하고 기술했다. 은행 지배구조의 특징과 생산활동의 효율성제고 방안을 기술하고 최근 관심이 커지고 있는 핀테크 산업의 발전과 금융시장 영향을 논의했다. 금융위기의 반복을 역사적 관점에서 기술하고 2008년 글로벌 위기 이후 미국, 유럽, 일본에서 실행하고 있는 양적완화 또는 마이너스 금리의 효과, 국가별로 그 효과가 차별화되는 이유, 은행경영에 미치는 영향 등을 논의했다.

제 5 장은 한국 은행산업의 현황을 기술하고 경영현안에 대해 논의했다. 한국에서 은행이 설립되고 합병 등을 통해 구조조정 되는 과정 등 변천역사를 조명했다. 은행 규모 및 지배구조 현황도 살펴보았다. IMF 위기를 전후로 한 공적자금 투입 및 은행경영지표 변화를 비교 분석했다. 2008년 글로벌 위기 이후의 은행 규제 환경 변화에 대

해서도 논의했다. 2011년 이후 한국의 경제성장률이 3% 미만으로 하락하여 오랜 기간 지속되며 은행 수익성을 떨어뜨리고 있다. 20년이 넘게 불황을 겪고 있는 일본의 은행경영과 비교 분석했다. 디플레이션 가능성과 은행경영의 영향에 대해서도 논의했다. 막대한 규모의 가계부채 및 구조조정이 지연되며 현재화하는 기업부실의 증대와 국내 은행경영의 취약성에 대해서 논의했다.

제6장은 전 세계적으로 위기를 거치면서도 수익성이 크게 훼손되지 않고 지속적으로 성장하고 있는 6개의 해외 은행에 대한 분석이다. 위대한 기업으로 발전한 웰스파고 은행, 작은 나라의 강한 은행인 싱가포르개발은행DBS, 남미금융을 정복한 스페인의 산탄데르 은행, 미국은행의 역사인 제이피모건 체이스, 글로벌 은행으로 우뚝 선 호주뉴질랜드은행ANZ, 글로벌 금융강자로 변신한 일본의 미쓰비시 UFJ 금융그룹 등이다. 각 은행의 자산규모, 순이익, 시가총액추이를 살펴보고 그들 은행의 비전과 전략적 특징을 논의했다. 벤치마크가 된 은행들은 국내외 인수합병을 통해 성장 전략을 추구한 공통점을 갖고 있으며 고객 중심 경영을 지향하는 문화를 유지한 점이 강조되었다.

제7장은 한국 은행산업의 미래에 대한 모색이다. 먼저 은행의 역할에 대한 우리 사회의 합의가 필요하다고 판단했다. 자금을 공급하는 은행과 자금수요의 주체인 기업, 가계가 제로섬 게임을 하는 상대가 아니라는 점을 설명했다. 은행은 경영시스템과 전략을 바꾸고 경기변동 또는 위기 대응 능력을 제고하며 경제 성장과 발전을 선도해야 한다고 주장했다. 또한 우리나라 금융의 지속적이고 건전한 발전을 도모하기 위해 도덕적 해이 현상을 방지하고 관치금융의 불명예에서 벗어나야 한다는 점을 강조했다. 마지막으로 현실적으로는 여

러 어려움이 있고 실현 불가능한 측면도 있지만 발전의 방향성을 유지한다는 차원에서 상상속에서 바람직한 한국 금융의 모습을 그려보았다.

요약컨대 이 책에서는 은행이 왜 특별하고 중요한지, 은행이 가계, 기업 등 다른 경제주체와 어떤 영향을 주고받는지, 은행경영은 금융위기 발생과 어떤 연관성을 갖고 있는지 논의했다. 필자가 직접 은행경영에 참여해서 겪은 경험과 공부하고 연구한 이론 및 외국 사례 등을 들어 설명하고자 했다. 모쪼록 한국 금융과 은행에 대해 관심 있는 학생, 정책 당국자, 은행 고객 및 임직원들에게 우리나라의 금융 현실을 이해하는데 조금이나마 도움이 되길 바란다. 또한 모두의 이해가 모여 한국 금융산업 발전에 동력이 되길 바란다.

이 책의 원고를 꼼꼼하게 읽고 여러 조언과 함께 자구 수정까지 도움을 주신 정광선 중앙대 명예교수, 윤석헌 서울대 경영대학 객원교수께 깊은 감사의 말씀을 드린다. 금융연구원 이지은 연구원은 헌신적으로 자료정리 작업을 도왔다. 또한 이 책의 출판과정에 여러 도움을 주신 박영사 조성호 이사 및 관계자들에게도 감사드린다. 그동안 여러 직장에서 근무할 기회를 가졌고, 생활을 하며 경험을 갖게 된 것은 많은 사람들의 도움이 있었기에 가능했다. 여기에서 일일이 열거하지 않더라도 진정으로 고마운 마음을 전한다.

2016년 가을
양 원 근

┃차례┃

▌그림 차례▐

┃표 차례┃

제 1 장

IMF 위기 전
한국금융

BANK STORY

허약한 금융산업은
IMF 위기를 막지 못했다

은행합병 보고서 파문으로 시작한 1997년

"한미은행은 지방은행들과 공조해서 손해배상소송을 진행하기
로 합의하고 변호사를 선임했습니다." 한국의 외환위기가 발생한
바로 그 해인 1997년 초 평소 친분이 있던 한미은행 종합기획부장
의 뜻밖의 통보에 깜짝 놀랐다. 1996년 하반기 금융연구원에서 출
간된 은행합병 관련 연구보고서의 일부 내용이 언론에 많이 인용
되었다. 보고서에서 합병타겟으로 분류된 은행들이 업무에 지장을
받았다고 주장했다. 그렇다고 은행들이 공동으로 연구자를 상대로
소송을 제기하리라고는 전혀 생각하지 못했다. 은행합병이 활발해
지면 타겟이 될 가능성이 있다고 분류된 은행들이 한미은행을 대
표은행으로 지정하고 변호사를 선임하여 필자를 상대로 명예훼손
에 관한 손해배상 소송을 진행하기로 했다. 연구원내 입지는 크게
줄어들고 뜻하지 않은 어려움에 처하게 되었다.

국가 전체가 스산한 분위기 속에서 1997년이 출발했다. 1996년 말 국회에서 노동법 변칙통과를 계기로 연초부터 노동계는 총파업을 단행했다. 이런 와중에 1996년 하반기부터 부도설이 나돌던 한보그룹이 1997년 1월 23일 부도처리 되었다. 대부분의 국민들이 막연한 불안감을 느끼며 김영삼 정부의 마지막 해를 맞이했다. 1월 7일 대통령 연두 기자회견이 예정되어 있었다. 때가 때인 만큼 대통령의 연두 기자회견에 관심이 쏠렸고 김영삼 정부의 특징대로 그 내용은 철저하게 보안이 유지되었다. 김영삼 대통령은 연두 기자회견에서 한국 금융을 대대적으로 개혁하고자 금융개혁위원회를 설치한다는 계획을 발표했다. 구체적인 방안은 추후 발표될 예정이었다. 언론의 취재경쟁이 시작되었다. 경제가 크게 잘못되어 가고 있는 것 같은데 금융을 어떻게 하겠다는 것이냐? 이때 금융연구원에서 1996년 10월 필자가 집필 발간한 연구보고서 "은행합병의 이론과 분석"이 주목받았다. 정부의 금융개혁 계획과는 아무 관련이 없었다. 우리나라 은행산업을 대상으로 은행 합병 가능성 등을 실증적으로 검증한 연구결과물이었다.

은행산업은 정부의 규제와 감독을 받는 대표적인 규제 산업이다. 그러나 동시에 전산투자 등 자본과 예금을 기반으로 고객의 정보를 수집·축적·분류하는 등 생산하여, 대출 등 산출물을 대량으로 공급하는 기업이다. 따라서 생산효율성을 추구한다. 다수의 은행이 시장에 존재하지만 유사한 영업 및 생산 활동을 한다. 은행합병은 산업에 규모의 경제[1]scale economy가 존재할 때 대표적인 경쟁력 확보 수단이다. 기업은 스스로 가장 효율적인 규모와 구조를 찾

---

1 기업의 규모가 커질수록 단위 생산비용이 감소하는 것을 뜻한다. 규모의 경제가 존재하면 규모가 큰 기업이 경쟁력이 있다.

아간다. 만약 규모의 경제가 존재하면 합병을 통해 규모를 키워 단위 생산 비용을 줄이고 경쟁력을 높일 수 있다. 또한 많은 다양한 고객을 확보할 수 있고 예금인출 사태나 부실채권 발생의 변동성을 흡수할 능력이 커진다. 은행합병 보고서는 1990년대 당시 국내 은행들의 데이터를 분석하여 한국의 은행시장에 규모의 경제가 있는지 등을 검증하였다.

그런데 보고서에서 은행별 합병시장에서의 좌표를 분석한 가치지도를 언론에서 집중 조명했다. 슬금슬금 언론에서 다루기 시작하더니 점점 더 의미를 갖고 신문과 방송에 [그림 1]이 등장했다. 마치 김영삼 정부의 금융개혁이 대대적인 합병을 통해 은행산업을 재편하려 한다는 뉘앙스의 언론 기사들이 등장했다. [그림 1]은 시장가치를 종축으로 시가 대 장부가 비율을 횡축으로 특수 은행은 제외하고 당시 9개 시중은행과 10개 지방은행을 대상으로 하여 그린 가치지도다.

● 그림 1 일반은행의 가치지도

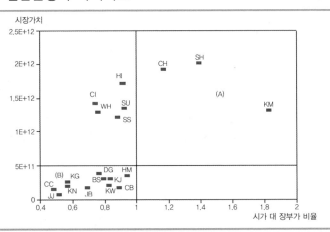

자료: 양원근, "은행합병의 이론과 분석", 금융연구원, 1996

[그림 1]에서 오른쪽 우측 상단(A)의 은행들은 시장가치가 높고 시장에서 평가도 잘 받는 은행들로 국민, 신한, 조흥은행이 이에 속한다. 이들 은행이 합병시장에서 인수은행이 되어 합병을 주도할 것으로 분석되었다. 반면에 시장가치가 낮고 시장에서 장부가대비 평가를 잘 못 받는 은행들은 좌측 하단(B)에 위치해 있다. 좌측하단에는 대부분의 지방은행과 한미은행이 포함되어 있었다. 이들 은행은 합병타겟이 될 것으로 분류되었다.

　　당시 우리나라에서 은행합병은 이루어진 적도 없고 예상되지도 않았다. 왜냐하면 은행 자율경영이 되지 않고 있었고 이제 막 단계별 금융자유화를 진행하고 있는 터에 은행이 시장에서 스스로 합병을 결정할 리가 없기 때문이다. 언론에 집중 조명되면서 합병타겟으로 분류된 은행들은 고객과 직원들의 동요로 업무가 마비될 수준으로 소동이 났다는 것이다. 은행 이름을 영문 이니셜로 기호화했지만 익명으로 발표할 의사는 애초부터 없었다. 누구나 알 수 있는 영문 이니셜 은행 이름이었다. 예금이 안전한지 묻는 고객들의 전화가 끊임없이 울리고, 직원들은 삼삼오오 모여 불안한 마음으로 정보를 교환했다. 보고서는 1996년 10월에 발간되었다. 보고서 발간 당시는 큰 관심을 받지 않았지만, 정부가 금융개혁 계획을 발표하니 은행합병이 마치 금융개혁의 내용인 것처럼 인식된 것이다. 이미 엎질러진 물이 되어 해명도 부인도 의미가 없었다. 특히 지방지들의 1면 톱기사가 된 뒤 충격을 많이 받은 지방은행들은 공동 대응하기로 의견을 모으고 서울에 본점이 있고 같은 합병타겟으로 분류되어 곤혹을 치르고 있는 한미은행과 공조를 하기로 했다. 실제로는 업무타격이 크지는 않았고 심리적 충격이 컸던 것으로 판단된다.

　이와 같은 해프닝은 IMF 위기 전 한국의 금융산업이 얼마나 취약한지를 단적으로 나타내 준 사건이다. 시장에서 합병타겟으로 분류된다는 것은 경영전략을 바꿔 경영의 효율성을 높이면 주가가 오를 여지가 있다는 사실을 의미한다. 그러면 거기에 맞춰 생존 전략을 짜면 된다. 정부의 계획으로 오인된 연구물에 한 국가의 금융산업이 큰 혼란에 빠지고 우왕좌왕하게 된 것이다. 당시 외환은행과 국민은행의 합병이 때때로 거론되었다. 외환은행의 도매금융과 국민은행의 소매금융이 시너지를 낼 것으로 평가되곤 했다. 합병에 거부감을 갖고 있었던 국민은행은 유명해진 보고서에서 합병의 주도 은행으로 분류되자 [그림 1]을 크게 확대하고 포장하여 주요 지점 벽에 내걸고 홍보하기도 했다. 은행합병은 일반적으로 구조조정이 뒤따르기 때문에 임직원은 반대한다. 그럼에도 외환은행은 합병 후에 주도권을 잡을 것으로 자신하며 보다 더 적극적인 의사표시를 하곤 했다. 외환은행 조사연구팀은 자신들이 직접 가치지도를 만들어 보기도 하고 필자와 토론을 하기도 했다. 금융산업 노동조합에서는 향후 은행합병 시대에 대비한 노조의 전략 수립과 관련해 필자에게 프로젝트를 의뢰하기도 했다. 그러나 합병보고서로 활동 입지가 크게 줄어든 필자는 프로젝트는 거절하고 몇 번에 걸쳐 노조 모임에서 은행합병 관련 주제로 강연을 했다.

　필자에 대한 손해배상 소송은 법적 검토를 한 결과 명예훼손의 의도를 입증할 수 없어 이루어지지 않았다. 소송을 포기한 한미은행장은 그 후 필자를 불러 저녁을 사며 순수한 연구자를 괴롭혀 미안하다고 사과했다. 그 후 1년도 지나지 않아 IMF 위기가 왔고 B횡

단면에 속한 은행, 즉 합병타겟이 될 것으로 분류된 은행들은 대부분 자산부채이전P&A 등 방법으로 시중은행에 인수되었고, 한미은행은 씨티은행에 합병되었다. 지금까지 국민은행, 신한은행은 국내 은행산업의 중심에 있다.

1990년대 초부터 정부는 금리자유화, 은행, 증권, 보험의 업무영역조정 등 금융제도개편을 추진하고 있었지만 아직 은행경영에 대한 정부의 영향력은 절대적이었다. 점포를 하나 개설해도, 채권을 발행해도 정부의 허가를 받고 지침을 따랐다. 그러다 보니 은행은 그야말로 온실 속의 화초 같은 존재였다. 어떤 지침이든지 정부의 의중이 파악되면 편안하게 따랐다. 그런 상황에서 은행 간판을 내릴 수도 있는 합병타겟으로 분류되고 정부의 의중이 실렸다고 오판하니 소동이 날 수밖에 없었다. 오랜 기간 정부의 경영간섭과 통제를 받다 보니 시장의 자율이 강조되는 오늘날까지 그 문화가 남아 있다. 관치금융의 잔재가 금융기관의 책임일까? 또는 정부의 책임일까?

재벌기업의 부채경영에서 잉태한 IMF 위기

"우리나라 재벌은 통제 불능입니다. 큰일 났어요." 1990년 초 산업자원부 엘리트 관료들은 재벌기업들의 경영과 지배구조에 심각한 우려를 표명했다. 대기업의 중복과잉투자로 국가 전체의 리스크가 커진다는 것이다. 필자는 1990년 미국에서 재무관리를 전공하고 은행합병 관련 논문으로 경영학 박사학위를 받고 귀국하여 산업연

뱅크스토리: 한국의 은행산업

구원에 취업했다. 미국에서 갓 귀국하여 한국현실을 깨우쳐 가던 필자는 정부의 재벌 연구를 의뢰 받고 여러 의문을 갖기 시작했다. 과연 정부가 기업의 경영에 간섭해야 하나? 대마불사too big to fail[2]는 가능한가? 예를 들어, 당시 삼성과 현대가 석유화학산업에 진입하여 투자규모를 늘려가고 있는데, 정부가 향후 내수, 수출 규모를 아무리 추정해 봐도 과잉 및 중복 투자라는 판단이 선다는 것이다. 투자가 과잉되면 1차적으로 손해보는 것은 기업이고 경우에 따라서는 파산하여 주주 및 경영자가 망할 수 있는 결정인데 기업이 더 철저하게 고민하지 않을까? 더욱이 당시 대기업들은 부채비율[3]이 400%가 넘는 수준인데 은행이 돈을 빌려줄까? 은행이 석유화학산업의 성장성과 투자기업의 경쟁력, 산업의 수요와 공급을 꼼꼼하게 따져 볼 텐데, 그 많은 돈을 빌려주며...투자규모가 워낙 크기 때문에 잘못되면 은행이 같이 부실화될 텐데...

  그러나 일어날 수 없는 일들이 당시 한국에서 벌어지고 있었다. 수십 년에 걸쳐 성장과 성공을 경험하여 성공신화를 갖고 있는 대기업들은 대단한 기세로 투자 및 신규산업 진입을 추진하고 있었다. 신규투자를 하는데 주로 자금이 많이 소요되는 중화학산업 쪽을 선호했다. 정부도 중화학산업 육성 정책을 펴고 있었다. 투자 자금 규모는 중요한 고려대상이 아니었다. 은행금리는 통제되어 시장금리보다 낮았기 때문에 은행대출을 받아 가면 무조건 이익이라는 인식도 만연되어 있었다. 은행은 예금을 받아 대출을 하는 기업이다. 따라서 예금자들을 대신해 대출자들을 관리할 의무가 있었다.

---

2 규모가 큰 기업은 파산시 경제전반적인 악영향을 고려하여 정부가 파산을 시키지 못한다는 논리
3 (부채 총액/자기자본)×100

그러나 당시 은행은 정부의 통제 하에 있었기 때문에 은행이 잘못되면 정부가 해결할 것으로 모두가 믿고 있었다. 따라서 예금자들은 은행이 어디에 대출을 하건 관심을 두지 않았다. 이러니 은행은 예금자들을 무서워하지 않고 정부를 무서워하며, 예금보험제도가 없었지만 정부가 예금을 보호할 것으로 모두가 믿고 있었다. 결국 정부의 판단과 통제력에 모든 것이 맡겨져 있었는데, 재벌기업들은 덩치가 커지면서 정부의 통제를 벗어나고 있었던 것이다. 뭔가 잘못되어 가고 있었다.

필자는 정부로부터 당시로서는 그야말로 극소수에게만 접근이 가능한 재벌기업 관련 경영통계 데이터를 연구목적으로만 사용하고 반납한다는 각서를 쓰고 파일이 아닌 쉬트 형태로 제공받아 재벌분석을 시작했다. 재벌기업이 영위하는 업종의 영업이익률을 기업별로 계산하여 대기업의 업종 포트폴리오 리스크를 업종간 이익의 상호연관성을 통해 도출해냈다. 실증분석 결과 산업 중분류 기준으로 3~5개 업종을 영위하는 것이 재벌기업 전체의 리스크가 최소화되는 것으로 나타났다. 재벌기업들은 그룹전체의 리스크관리를 위해 문어발식 업종을 확장하는 경영이 불가피하다고 주장한다. 즉 기업의 경영전략이라는 것이다. 그러나 실제로 이와 같은 경영전략이 실증적으로 뒷받침되지 못했다.

재벌기업들은 대주주가 직접 경영을 하는 구조지만 상호출자, 순환출자 등으로 적은 지분으로 경영권을 행사하고 있었기 때문에 소액 주주와 대주주경영진 사이에 대리인 비용agency cost[4]이 존재했

---

4 대리인 비용이란 기업을 주인이 직접 경영하지 않고 대리인, 즉 전문경영인에게 경영을 맡기면 주주를 위해 경영을 하기 보다 경영자 자신을 위해 경영을 할 때 발생하는 비용을 말한다. 즉 대리인은 대규모 비서진과 사무실을 쓰고 양적 성장

다. 즉 주주가치 극대화 보다는 지배욕구 충족이나 사적이익 추구 등의 인센티브가 컸다. 대기업의 적정 업종 숫자에 대한 실증분석과 선진국 기업들은 어떻게 대리인 비용을 줄이고 있는지에 대한 조사 분석으로 1992년 "대기업집단의 효율성분석" 보고서를 출간했다. 보고서는 대기업 경영의 대리인 비용이 크다고 결론지었다. 당시 정부는 어떻게 하든 재벌기업이 문어발식으로 업종에 관계없이 사업규모를 늘려가는 것을 억제하고 싶어 했다. 결과적으로 업종전문화 정책을 대표적인 대기업 정책으로 표방했다. 그러나 기업경영에 대한 정부의 직접적인 규제는 효율성을 떨어뜨린다는 비판이 제기되었다. 또한 실제로 마땅한 정책적 수단도 없었다.

기업은 주주, 채권자, 경영자, 직원, 고객 등 이해관계자들이 계약을 통해 이해관계를 조정하는 집합체라고 할 수 있다. 주주는 경영자가 주주이익 대신 스스로의 이익을 위하여 기업을 경영하는 것을 막고자 여러 장치를 둔다. 대표적으로 경영자에게 주식매수선택권을 부여하여 주가극대화 목표를 주주와 경영자가 함께 갖게 한다. 대주주 경영자가 경영하는 기업의 대리인 비용은 주주와 경영자 관계 보다 대주주와 소액주주간 또는 주주와 채권자 사이에서 발생한다. 주주들은 유한책임이기 때문에 기업이 위험이 큰 투자를 통해 수익이 나면 주주 몫만 커지고 손해가 나면 채권자 손실이 커지는 구조가 존재한다. 이 때 부채비율이 높을수록, 경영 여건이 어려울수록 기업은 가능하면 위험이 높은 투자를 할 인센티브가 있다. 결과가 좋으면 주주가 크게 이익을 보고 잘못되면 채권자

을 추구하거나 회사와의 자기거래를 통해 사적 이익을 취할 수 있다. 기업은 대리인에게 주식으로 급여를 지급하여 주인과 대리인의 이해관계를 같게 하는 등 대리인 비용을 줄이기 위한 노력을 한다.

손실이 커진다. 따라서 이와 같은 경우에는 채권자 역할이 중요하다. 그런데 대표적인 채권자인 은행이 경영이 부실해져도 정부의 도움으로 망하지 않는다는 믿음을 갖고 있으면 기업이 위험이 큰 투자를 할 때 통제할 유인이 작아진다.

이론적으로 은행 역시 스스로 경영효율성을 달성하며 독립적으로 자금운용을 한다면, 또한 스스로 리스크 관리를 꾀한다면 사실상 재벌기업 문제는 정부가 고민하지 않아도 된다. 자금이 필요한 부문으로 흘러가고 리스크가 커질 때 자금이 회수될 것이기 때문이다. 예를 들어 당시 정부가 고민하던 석유화학산업의 과잉투자 발생은 은행이 억제하는 것이 원칙이다. 그러나 당시 은행은 자금운용에 정부 간섭을 받고 있었으며 파산할 수도 있다는 걱정은 별로 하지 않았다. 은행은 정부의 통제하에 있는데 정부 통제를 벗어나기 시작한 대기업은 부채를 통한 규모 키우기 경쟁에 나섰다. 그러면 왜 정부는 통제하고 있던 은행을 통해 재벌기업의 자금흐름을 억제하지 못했는가? 이미 은행자금이 대기업에 잔뜩 투입되어 있었기 때문에 은행도 자금흐름을 억제하기 어려웠다. 대마불사 논리가 통하고 있었다. 또한 소위 정실자본주의crony capitalism가 작동했다. 즉 경제 전체적으로 경제 주체간 견제와 균형check and balalnce이 제대로 작동하지 않고 상호 유착되어 국가 전체의 리스크(시스템리스크)를 키워가고 있었다.

시대적으로는 금융자율화를 추진해서 은행의 자금배분 실력을 키워주어야 하는 것이 시급한 과제였다. 그러나 한편 재벌기업들의 업종전문화 정책을 추진하는 데에도 금융이 정부의 중요한 수단이었다. 정부의 간섭을 배제하고 은행의 독립경영을 보장해야 하지만 정부는 어떤 정책 목표가 설정될 때마다 금융자원의 인위적 배분을 통해 목표달성을 이루고자 하는 자기 모순에 빠졌고 오랜 기간 고착화되었다. 만약 금융이 제대로 작동한다면 우리 경제의 많은 부분이 해결될 것 같았다. 필자는 전공에 맞는 연구활동을 하기로 하고 산업연구원 2년 동안 재벌 연구를 끝으로 금융연구원으로 이직했다.

재벌구조개혁 움직임의 실패

"재벌구조개혁을 위해 모든 관련법을 백지에 다시 그려주세요. 대통령 보고사항입니다." 노태우 대통령 임기 마지막 해인 1992년 봄 청와대 관계자는 산업연구원과 KDI의 박사 등 몇 명을 불러 연구가 외부의 영향을 받지 않도록 비밀리에 연구를 의뢰하였다. 필자도 연구진에 합류했다. 경제구조에 문제가 있다는 인식은 이미 모두가 하고 있었다. 어떻게 해결하고 발전 방향을 설정할 것이냐의 선택만 남아 있었다. "소련과의 정상회담 때 소련 쪽에서 한국의 재벌들도 회담장의 대통령 옆에 배석케 해 달라는 요청이 옵니다. 그들은 하고 싶으면 뭐든지 다 해요." 정부의 불만이 컸다. 원칙대로라면 재벌기업들의 방만한 경영은 주주와 채권자들이 자율적으로 제어하는 것이 맞다. 또한 당시 대기업들은 부채비율이 400%가 넘었기 때문에 채권자의 역할이 중요하였다. 그러나 은행들은 경험이 없어 자원 배분을 위한 투자의 리스크를 평가하기도 쉽지 않았다. 또한 평가가 제대로 되어도 금리 등의 자율적 결정권이 없어 금융을 통한 자율적인 자원배분은 어려운 상황이었다.

경제구조개혁을 한다면 금융을 자유화하고 금융이 경험을 쌓아 자율적으로 자원을 배분하고 리스크관리를 하는 것이 순서일 것이다. 그러나 금융개혁 역시 이해관계에 부딪쳐 추진에 시간이 많이 걸리고 있어 정부가 직접 기업에 메스를 댈 판단을 하게 된 것이다. 경제학 이론에서 중복 과잉투자는 시장에서 자연적으로 소멸된다. 또한 기업의 적정 부채도 부채가 주는 이자비용의 절세 효과(수익)와 부채의 파산위험이 높아지는 비용간 균형점에서 기업 스스로 결정하게 되어 있다. 그러나 당시 기업지배구조의 문제와 금융의 역할이 미약하여 경제 전체의 견제와 균형이 무너지고 대마불사의 논리가 우세했다. 잘못되면 경제전체가 흔들릴 정도의 대규모 투자를 감행하는 것이 주어진 환경에서 오히려 리스크를 줄인다고 기업들은 판단할 수 있는 환경이었다. 주말마다 연구 팀이 모여 연구를 했다. 주로 바람직한 대기업의 모습을 상정하고 소유 지배구조를 선진화하는데 공정거래법 등을 어떻게 적용할 것인가 하는 연구를 추진했다. 그러나 1992년 6월 여당에서 김영삼 대통령 후보가 선출되면서 노태우 정부에서 기안되었던 연구는 더 이상 진전되지 못하고 미완으로 종결되었다.

필자는 경제의 건전하고 균형된 발전을 위해 금융의 역할이 중요하다는 사실을 절실히 느끼고 금융제도개편 연구에 매진하고 있었다. "신정부의 재벌정책은 업종전문화 정책이며 중복 과잉투자를 해소할 방안입니다." 1993년 김영삼 정부 출범 초기 산업자원부는 대기업의 업종전문화 정책을 추진하기로 하고 당시는 금융연구원에서 근무하고 있었지만 산업연구원에서 재벌 연구를 담당했던 필자를 주말에만 파견 받아 정책 마무리를 하기로 기관간 합의를 보았다. 주중에는 금융연구원에서 금융제도 개편연구를 하고 주말에는 별도의 사무실에서 산자부 장관을 비롯한 엘리트 관료들과 토론을 하며 재벌관련 정책을 다듬어 나갔다. 업종전문화 정책은 목적이 뚜렷할 뿐 아니라 경제의 재앙을 막기 위해 시급한 과제였지만 정부 정책으로 추진하기에는 쉽지 않았다. 우선 정책 추진 수단이 마땅치 않았다. 또한 경제 전반적으로 자유화를 추진하는 과정에서 기업의 행위를 규제해야 하는 시대 역행 문제가 있었다. 그럼에도 업종전문화 정책은 만들어졌고 산업자원부 출입기자단과 도고온천으로 1박 2일 정책세미나를 떠나 필자가 주제발표를 했다. 재벌기업들이 부채를 통해 문어발식으로 계속 계열기업을 늘려가며 투자하는 것은 추후에 큰 재앙이 될 것이라고 주장했다. 그러나 그와 같은 대기업들의 움직임을 제어할 힘은 아무 곳에도 없었다.

정책세미나 직후 산업자원부 장관은 필자에게 단둘이 저녁을 하자고 연락해 왔다. 자신의 부하 관료들과 함께 토론을 하면 전문가의 솔직한 의견을 들을 수 없다는 생각에서다. 밤 11시까지 토론을 했다. 본인의 생각을 가다듬는 과정이었다. 재벌의 업종전문화가 필요하다고 정부는 판단하고 있는데, 삼성이 신규로 자동차산업에 진입하고자 신청서를 냈다. 당시 자동차산업은 향후 유망산업으로 모두가 탐내고 있었다. 대우그룹 역시 자동차산업에 집착했고 결국 이로 인해 그룹해체를 맞이했다는 평가도 있다. 필자는 반대했다. 산업의 문제가 아니라 부채가 많아지는 것에 대한 문제의식이 더 컸다. 결국 삼성자동차는 후임 산자부장관 재임시 정부의 허가를 받았다. IMF 위기 이후 삼성의 가장 큰 고민거리로 떠올랐다.

대기업의 부채 경영, 문어발식 경영은 제어되지 못하였고 IMF 위기 이후에 계열기업간 상호지급보증 금지, 재무구조 개선, 중복 과잉투자된 부문의 기업간 빅딜 등 과정을 거쳐 커다란 고통을 당하며 정상화되어 갔다. 30대 기업 중 23개 기업이 도산하거나 인수되었다. 살아남은 기업들도 고통을 받기는 매한가지였다. 가장 튼튼하다는 삼성그룹 역시 일부 자산을 매각하고 삼성자동차 부실로 대주주의 개인재산을 내놓아야 했다.

금융제도개편

우리나라는 정부 주도로 경제 개발 및 발전을 이룩했다. 정부는 금융자원 배분을 경제개발의 중요한 수단으로 활용했다. 금리 등 가격을 통제할 뿐 아니라 선도산업 육성 정책을 펴서 산업 발전 연관효과가 큰 산업을 타겟 산업으로 정해 자금배분에도 직접 간여했다. 황무지 같은 경제에서 선도산업 육성은 효과를 발휘했고 경제 발전은 큰 성과를 나타냈다. 반면에 은행은 자금이 지나가는 통로 역할만이 주어졌고 스스로 자원을 배분할 능력을 갖추지 못했다. 경제규모가 커지면 정부 주도의 경제 개발은 한계에 다다르고 시장 중심으로 넘어가야 자원배분의 효율성을 기할 수 있다. 금융을 제자리로 돌려 놓기 위한 작업이 시작되었다. 우선 단계별 금리 자유화다. 금리자유화는 경제에 엄청난 변화를 준다. 은행에서 대출을 받을 때 금리가 시장에서 거래되는 돈의 가격 보다 싸기 때문에 은행 돈을 빌리는 것이 커다란 특혜가 되고 있었다. 기업은 은행에서 대출을 받아 투자를 하는데 대출금리가 시장가격 보다 싸니 투자가 적정 규모 보다 크게 결정된다. 은행 돈에 접근하는 기업과 그렇지 않은 기업 사이에 불공정 경쟁이 된다. 경제는 이미 자원 배분의 왜곡 현상이 커지고 있는데 그렇다고 금리를 한꺼번에 자유화할 수도 없었다. 싼 금리에 적응되어 있는 기업에게 한꺼번에 충격을 줄 수 없었다. 또한 은행도 자율적으로 금리를 결정할 만큼 산업이나 기업에 대한 리스크 평가 등을 감당할 준비도 안 되어 있었다. 이에 금리자유화 계획을 발표한 정부는 금융 산업을 개혁할 제도개편을 시작하고 금융연구원에 연구를 의뢰했다.

금융연구원으로 옮긴 뒤 얼마 안 되어 연구위원장을 맡았다. 당시에는 부원장도 없었고 연구원 예산이 매년 두 배씩 늘어나는 성장기였기 때문에 할 일이 무척 많았다. 저녁 10시 전에 퇴근하는 경우는 극히 드물었고 주말에도 대부분 연구원에 나와 일을 했다. 특히 금융제도개편은 최고의 전문가들로 위원회를 구성하여 연구를 진행했지만 필자가 실질적인 연구 간사 역할을 하며 연구 진행을 챙겼다. 금리자유화, 은행의 대형화 및 전문화, 은행, 증권, 보험 간 업무영역 조정, 은행의 소유 지배구조 등이 주요 연구 과제였다. 연구할 양은 많았지만 그야말로 흥미진진했다. 특히 재벌연구를 하며 금융이 제대로 역할을 못해 경제 구조가 왜곡되어 가고 있다고 생각하는 와중에 금융을 제자리로 갖다 놓는 연구는 흥미를 불러일으켰다. 연구가 마무리되어 세미나도 하고 보고서도 출간되었다. 그러나 오랜 기간 익숙한 제도를 바꾸는 것은 역시 힘들고 시간이 많이 걸린다. 변화는 기존의 제도에 익숙한 계층의 이해를 필연적으로 건드린다. 변화가 경제 전체에 도움이 된다고 하더라도 이해관계가 있는 집단은 격렬히 저항한다. 결국 개혁을 하고 변화를 통해 발전을 지속하려면 힘이 뒷받침 되어야 한다. 그 힘은 위기가 발생하여 모두가 개혁에 동의할 수밖에 없을 때 최고로 커진다.

우리나라는 합리적인 제도를 처음부터 갖추고 차근차근 오랜 기간에 걸쳐 성장 발전한 나라가 아니다. 편법으로라도 우선 파이를 키우자는 압축성장 전략을 추구했다. 따라서 경제, 또는 사회 전반에 원래 있었던 자리로 되돌리는 개혁이 필요한 곳이 많다. 그러나 기존제도에 익숙한 많은 사람들의 저항을 물리치고 개혁을 하는 것은 대단히 어렵디. 금융제도 개편 과정에서도 많은 진문가는 스스로 개혁하는 것은 어렵기 때문에 금융 국제화를 통해 개혁을 압박해야 한다는 주장을 펴기도 했다. 예를 들어 국제화를 통해 우리 주식시장에 외국인 투자가 비중이 높아지면 외국인 투자가들의 압력에 의해 상장 기업들의 회계 투명성이 높아질 것이라는 주장이다. 맞는 주장이다. 그러나 그 과정에서 국부 유출이 초래된다. 그런데 결국 IMF 위기를 맞으며 금융국제화는 진전되고 금융자율화도 따라서 크게 진전되었다. 물론 엄청난 고통과 손실을 부담해야만 했다.

사금융시장은 거대한 부의 축적수단

"자식이 초등학교에 입학해서 부모 직업 써내기 전에 사채업자에서 금융업자로 변신하고 싶어요." 금융연구원에서 연구 활동을 한 지 몇 년 지났을 때 정부의 의뢰를 받아 사금융시장을 연구했다. 사채 연구를 위해 사귀어 둔 명동 사채업자가 필자의 연구실을 들락거리며 했던 말이다. 김영삼 정부는 출범 후 야심차게 금융실명제를 시행했다. 사실 금융실명제 덕분으로 부정부패를 과거와는 차원이 다르게 통제할 수 있게 되었다. 모든 금융거래가 금융기관을 통해 투명하게 이루어질 것을 기대했지만 현실은 그렇지 않았다. 금융실명제 실행 이후에도 일간지 한 면이 사채업자들의 광고로 채워지고 있었다. 사금융 광고를 본 김영삼 대통령은 부총리에게 사금융 근절책을 지시했다. 사금융의 규모와 구조를 연구하여 사채업자들이 정부로부터 인가를 받아 영업을 하는 대부업으로 양성화하는 것을 목표로 했다. 실제 현장이 어떻게 움직이는지 보기 위해 사채업자를 경찰청 등 관계기관으로부터 몇 명 소개받아 여러 번 만났다. 그 중 한 명이 30대 초반의 젊은 사채업자로 사무실을 자주 방문하며 사금융시장의 소식을 전해줬다. 부부가 사채업 사무실을 명동에 갖고 있었는데, 부인은 증권사 창구직원에서 거물 사채업자 비서로 스카우트되어 일을 배운 베테랑이다.

사금융은 음성적으로 이루어지기 때문에 세금이 탈루되고 흔히 사회적 약자인 사금융 수요자들을 괴롭히곤 한다. 자금난에 처한 기업이 제도금융에서 자금조달이 여의치 않으면 사채시장에 기댄다. 당시는 기업들이 만성적인 자금부족 상황에 처해 있었다. 경제성장률이 높아 투자 기회는 많은데 은행 자금 대출은 쉽지 않으니 기업이 자기 신용으로 어음을 발행해 자금을 융통하고 그 어음이 사금융시장에서 다시 할인되며 유통되었다. 또한 담보가 없거나 신용이 나빠 제도금융에 접근이 어려운 서민층이 사금융을 쓰게 되는데 우선 금리가 제도금융권 금리 보다 높다. 이자 등이 제 때에 지불되지 않으면 잔인한 방법을 동원하여 채권 추심에 나서기도 한다. 사채업자들은 필자에게 년 40% 수익을 줄테니 여유자금이 있으면 사금융시장에서 융통시키라고 제의하기도 했다. 당시 명동에는 500여 개의 사금융업체가 성업중이었다. 그나마 금융실명제 이후 줄어든 숫자다. 전체 사채금융업자 중 약 60%가 여성이었다. 사채업자가 직접 자기의 돈을 굴리기도 하지만 거액 전주들은 전면에 나타나지 않고 여러 명의 사채업자들에게 돈을 분배해 융통시키는 것이 일반적이다.

사재입자들은 어음할인 대상 기업의 정보를 주고 받으며 정보력을 발휘하기도 했다. 예를 들어 1994년 한 녹즙기 회사가 쇳가루 파동으로 파산하였는데 은행 단자회사 등이 어음 등을 보유하다 큰 손해를 입었다. 그러나 파산 약 한 달 전부터 그 회사 어음이 명동 사채시장에서 할인이나 유통되지 않아 사채업자들은 피해를 받지 않았다. 고수익의 사금융시장은 여유자금을 갖고 있거나 저렴한 금리의 은행자금에 접근할 수 있는 전주의 재산을 기하급수적으로 불려주었다. 여유자금을 갖고 있는 기업, 각종 재단 등도 사금융시장의 전주 역할을 했다. 고수익에 세금도 내지 않고 전주는 드러나지도 않으니 자금을 굴리던 전주는 사금융시장을 떠나지 않았다.

"일본은 섬나라이기 때문에 돈을 떼어먹고 도망가 봐야 갈 데가 없습니다." 사금융 연구 중 일본의 사금융 사례를 살펴보기 위해 일본 방문시 만난 대부업체 관계자가 한 말이다. 은행 보다 훨씬 높은 대출 금리로 돈을 빌려주는데 돈을 떼이는 대손은 그다지 크지 않은데 대한 함축적 설명이었다. 일본은 사라켄이라는 주로 샐러리맨을 대상으로 단기 소액자금을 융통해주는 대부업체들이 성업중이었다. 그 중 일부는 IMF 위기 이후 한국에 진출하여 큰 수익을 내고 있다. 일본 대부업이 성업중인 것은 1980년에 제정된 대부업법에 기반을 두고 있다. 빚 독촉에 시달린 일본서민들이 온천으로 가족여행을 떠나고 3~4일 푹 쉰 다음 집단 자살하는 사례가 빈번해졌다. 의원입법으로 대부업법이 제정되고 잔인한 추심 방법 등을 금지한 사금융소비자 대책이 포함되었다. 예를 들어 저녁 9시 이후에는 빚 독촉 전화를 하지 못하게 금지했다.

　사금융 연구는 금융실명제 이후 정치권 자금이 사금융시장에서 대규모로 세탁되었다는 정치권의 공방이 일어나면서 수면 아래로 가라앉았다. 몇 년 후 IMF 위기 이후 IMF의 권고로 대금업법을 제정하여 오늘날에 이르고 있다. 현재 금리가 사상최저로 떨어지고 은행, 저축은행, 대부업체 등 문턱이 크게 낮아졌어도 불법 사금융은 없어지지 않았다. 사채는 소액이고 연이율은 높지만 단기간일 경우 이자액이 소액으로 보여 부담을 덜 느끼고 접근하게 된다. 사실상 어느 나라든 제도 금융에 대한 접근가능성이 사회적 양극화를 완화시키는 기준이 된다. 일단 개인이 사금융에 의존하기 시작하면 자립의 기회를 갖기가 대단히 어려워진다. 정부는 당장 해결이 안 되더라도 우선 불법 추심행위를 차단하여 사금융 소비자의 고통을 덜어줘야 한다. 신용회복 지원을 개개인의 상황에 맞게 좀더 정밀하게 추진할 필요가 있다.

중앙은행 독립과 금융정책

김영삼 정부가 들어선 이후 금융자유화, 금융국제화는 모두의 관심을 끄는 주제로 떠올랐다. 국회에서도 여, 야당 국회의원들이 금융연구회를 구성하여 정기적인 모임을 가졌다. 연구모임은 15명 정도의 여, 야 의원들이 일주일에 한 번씩 조찬 토론회를 가졌다. 외부 전문가 1명이 수 페이지짜리 금융주제를 발표하면 토론하는 형식으로 진행했다. 필자가 외부 전문가로 참여했다. 금융자유화, 은행 소유구조, 금융업종간 업무 영역 조정 등 필자가 질 아는 분야를 정리해서 발제를 했다.

중앙은행 독립에 대해서도 논의를 해보자는 의견이 나왔고 이 문제는 해당 기관들로부터 먼저 보고를 받기로 했다. 먼저 한국은행 부총재가 보고를 하고 일주일 후에 당시 재정경제원 차관보가 보고를 하기로 일정이 잡혔다. 아무도 관심을 두지 않았던 국회 연구회가 중앙은행 독립이라는 주제를 건드리자 모두의 관심사항으로 떠오르며 주목을 받았다. 재정경제원 차관보가 보고하러 조찬 모임에 나온 날 재경원 이재국 국, 과장들이 전부 뒤에 배석하여 열기를 뿜었다. "업무에 바쁜 공무원들이 아침부터 이렇게 나올 필요가 있나요?" "오늘 특히 바쁜 일이 없습니다." 그 날 국회의원과 정부 관료들 간에 주고받은 대화의 일부분이다. 조찬 모임이 끝나고 연구원으로 돌아 온 필자에게 차관보가 전화를 걸어 약 30분에 걸쳐 중앙은행 독립이 정부정책과 조화롭게 이루어져야 한다고 설명했다. 한국은행에서도 자료를 갖고 와 필자에게 설명하기도 했다.

금융제도 개편 연구의 간사로 연구에 참여하고 있었지만 중앙은행 독립 이슈는 연구주제로 포함되지도 않았다. 왜 포함되지 않았는지 그 때야 알게 되었다. 두 기관 간 그야말로 날선 주제였던 것이다. 한국은행은 정부가 통화량 조절을 성장 우선에 두고 인플레이션을 일으키도록 결정하면 결과적으로 자산가격 상승, 부의 분배 왜곡 등이 발생하기 때문에 중앙은행이 독립적으로 결정해야 한다고 주장한다. 선출직이 지배하는 정부는 고통스러운 통화 긴축을 하기 어렵고 따라서 중앙은행이 독립적으로 통화정책을 펴야 한다는 논리다. 반면에 정부는 통화량 및 금리는 재정, 환율 등 다른 거시 변수와 함께 총괄적으로 고려해서 판단할 문제지 어떻게 서로 연관되어 있는 변수를 하나만 따로 떼어내 독립적으로 결정할 수 있느냐고 주장을 한다. 금융자율화라는 흐름을 배경으로 자연스럽게 경제 이슈로 떠올랐고 양 기관 간 갈등으로 번졌다. 일부 경제학자들이 중앙은행 독립을 촉구하는 성명을 발표하기도 했다.

　　다른 나라의 예를 보면 인플레이션으로 크게 고통을 당한 경험이 있는 나라의 중앙은행은 보다 더 독립적이고 보수적이다. 예를 들어 독일은 1차 세계대전이 끝나고 극심한 인플레이션에 고통을 당했다. 통화가 제 역할을 못하며 사실상 물물교환 경제로 되돌아가 전 국민의 삶이 피폐해졌다. 이후 독일의 중앙은행은 독립적인 통화정책을 구사해 정치적 고려를 하지 않는 통화량 조절로 인플레이션 방어에 중점을 두었고 국민들의 지지를 받아 전통이 되었다. 우리나라는 고도성장을 할 때 인플레이션은 만성화 되어 있었다. 정부주도 고도 성장기에 중앙은행 독립은 염두에 두지 않았다. 심지어 한국은행은 재무부의 남대문 출장소라는 비유가 회자되었

다. 그러나 금융자유화 및 정부주도의 경제에서 시장주도 경제로
전환하는 시점에 중앙은행 독립 주제는 불거질 수밖에 없는 이슈
였다. 그럼에도 불구하고 되돌아보면 당시 대기업의 부채 경영으로
경제 전체에 불길한 기운이 휘몰아 칠 때 정부와 중앙은행의 갈등
으로 에너지를 낭비했다는 지적을 피하기 어려울 것이다.

속수무책으로 다가오는 IMF 위기

"우리나라는 곧 큰 일이 터질 겁니다." 재벌연구를 보고서로 출
간하고 금융연구원으로 이직하여 연구위원장으로 금융제도 개편
연구를 하고 있던 필자에게 가깝게 지내던 한 은행임원이 했던 말
이다. 은행원 입장에서 보면 말도 안 되는 투자로 평가되는 곳에
은행 돈을 폭포같이 쏟아 붓는데 방법이 없다고 한숨이다. 당시 재
벌그룹들은 수십 개의 계열회사를 상호출자, 순환출자 형태로 거느
리고 있었는데 계열 기업간 상호지급보증을 통하여 은행 대출을
받았다. 이 때 재벌기업 전체가 파산할 리스크는 대출과정에서 제
대로 평가되지 않았다. 재벌기업에 대한 대출규모가 워낙 크기 때
문에 잘못되면 은행도 파산할 수준인데, 은행은 정부가 어떻게든
할 거라고 믿었기 때문에 모든 행위의 귀결점은 정부일 수밖에 없
었다. 1990년 중반 이후 한국 경제가 뭔가 잘못되고 있다는 위기감
은 널리 퍼져 있었다.
자금의 분배를 금융이 자율적으로 하면 대부분의 문제가 해결
된다. 그러나 금융은 이제 겨우 자유화를 위한 첫발을 내디뎠고, 금

융 개혁의 계획이 세워지고 있는 정도였다. 더욱이 은행이 자율적으로 결정을 하지 않다 보니 기업리스크의 평가 등 기본 실력을 키울 기회도 없었다. 행동과 사고의 틀을 바꾸는 것은 기존체제에 길들여진 편안함을 바꾸는 것이고 기존의 관행과 제도에서 정착한 기득권층의 이해관계를 해치는 것이다. 사실상 우리 스스로 잘못된 상황을 바꾸는 것이 거의 불가능해 보였다. IMF 위기가 한국에게 위장된 축복이라고 언급한 캉드쉬 IMF 총재의 발언은 의미있는 발언이다. 문제를 스스로 해결할 능력을 상실하고 외부의 충격으로 고통 속에서 해결의 실마리를 찾게 되었다.

1997년 하반기에 들어서며 누구나 느낄 정도로 불길한 기운이 온 나라를 휘감았다. 외환보유고가 부족하다는 소식이 들려오고 있는 가을 필자는 은행합병 연구의 후환으로 금융연구원의 모든 업무에서 배제되어 사무실에서 해외 미션단을 만나는 것이 일과가 되었다. 나라가 국가부도 위기에 처하며 IMF, IBRD(세계은행) 등 국제기구와 Moody's, S&P 등 국제 신용 평가사, 돈 벌 기회를 찾는 투자회사 등 수 많은 외국계 미션단들이 한국을 방문하여 여러 미팅을 통해 한국의 상황을 살펴보고 있었다.

"한국 은행들의 이사회는 세레모니 같습니다. 이사회 안건에 대한 진지한 토론이 이루어지지 않아요." 한번은 한 외국인 미션단 중 한 명이 필자에게 한 말이다. 어떻게 이런 깊은 내용을 알았을까? "은행장을 실질적으로 어떻게 선임하는지 여러 기관, 사람과 미팅을 하며 의견교환을 했지만 아직 명료하지 않아요." 또 다른 미션단의 말이다. 말에 포인트가 있었다. 외국인이 이해하기 어렵고 설명하기도 쉽지 않은 주제다. "한국 은행들은 신탁회사인지 은행인지 잘 모르겠다." 당시 은행들은 신탁계정을 전체 자산의 40% 이상 가지고 있었다. 특히 평화은행 등 신설은행은 신탁계정이 전체 자산의 70%를 넘기도 했다. 신탁계정은 예금이자를 좀 더 높게 주었으며 신탁대출은 금리를 높게 받았고 주식 등 유가증권 투자도 많이 했다. 신탁계정 비중이 높은 은행들의 리스크 관리가 상대적으로 나빴다.

결국 1997년 말 IMF에 외화유동성 구제금융을 신청하게 되었다. 그 후 경제 전체적으로 견제와 균형의 원칙이 무너지면 어떤 결과가 나타나는지 고통스럽게 지켜 볼 수밖에 없었다.

제 2 장

IMF
위기 수습

BANK STORY

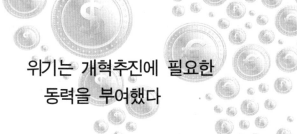

위기는 개혁추진에 필요한
동력을 부여했다

정실자본주의와 정부의 역할

1998년 봄 필자는 재정경제부 장관 자문관으로 파견근무를 시
작했다. 정부는 자문관 제도를 두고 학자 등 전문가를 정부에 파견
받는데, 주로 장관을 보좌하는 역할이 주어진다. 금융연구원은 민
간연구원이라 정부에 자문관 파견근무가 그동안 없었고, 재정경제
부 장관 자문관은 주로 KDI(한국개발연구원)에서 파견하고 있었다.
당시는 금융위기 상황이라 금융연구원에서 처음으로 정부 파견근
무가 가능해졌다. 현재는 금융연구원 박사들이 정부에 자문관으로
파견근무하는 것이 당연시된다. 어쨌든 금융연구원 최초의 정부 자
문관이 된 셈이다. 1994년 재정경제부는 금융정책국 과장 한 명을
금융연구원에 파견하기로 했다. 은행과 선임 사무관에서 승진을 한
윤용로 과장이 처음으로 금융연구원으로 1년 파견 나왔다. 금융연
구원에서 연구위원장으로 필자가 일하는 것을 눈여겨 보고 IMF 위
기 이후 이규성 김대중 정부 초대 재정경제부 장관에게 자문관 후

보로 소개했다. 이규성 재정경제부 장관은 필자가 쓴 "대기업 집단 효율성 분석" 연구보고서를 읽었다고 첫 만남에서 얘기하며 편안하게 대해 주셨다. 당시 과천의 재정경제부 청사는 비장함이 흐르고 있었다. 우선 엘리트 공무원들의 자존심이 구겨졌다. 재정경제부는 경제 개발의 주역으로 실제 경제의 구석구석을 통제하고 있었다. 금융자율화, 금융개혁 등 시장의 자율성을 높이는 정책이 추진되고는 있었지만 특히 금융부문에서 시장의 힘은 미미하고 금융 스스로 홀로 설 의지도 크지 않았다. 그런데 정부가 그립을 세게 쥐고 있던 금융부문에서 문제가 터졌다.

1996년까지만 해도 대기업의 부채가 눈덩이처럼 커지기는 했지만 투자를 늘려나갔기 때문에 경제심리도 크게 나쁘지 않았다. 자금부족과 인플레이션 시대가 오랜 기간 지속되어 빚이 무서운 것을 제대로 경험하지 못했기 때문에 다소 흥청거리는 분위기도 있었다. 인플레이션 시대에는 부채를 통해 부동산 등 자산에 투자하면 부채의 가치는 떨어지고 자산 가격은 올라 재산이 쉽게 불어났다. 전문가들은 경제의 잘못된 운영을 불안하게 보고 있었지만 많은 국민들이 자신감을 갖고 있었고 음식점이든, 술집이든 활기가 넘쳤다. 부채의 힘이었다. 1997년 말 외환 부족 사태를 맞아 물 밑에 있던 엉터리 경제 현실이 드러나자 사실상 모두가 깜짝 놀랐다. 실제로 일반 국민들은 외환위기의 개념조차 모르고 있었다. 그리고는 도대체 우리나라의 수재들은 전부 모여 있다는 정부 특히 재정경제원(재정경제부의 전신)은 이런 사태가 날 때까지 뭐하고 있었는가라는 의문을 제기했다. 결국 재정경제원이 책임론의 중심에 서게 되었다.

당시는 오늘날과 같이 SNS를 통해 정보가 유통되지 않았고 개인 여유자금 규모도 크지 않았기 때문에 거시 경제 상황에 대한 일반 국민들의 관심은 지금보다 크지 않았다. 즉 경제 상황을 정확하게 모르고 있었다. 따라서 그 놀라는 정도와 미지의 상황에 대한 공포는 상상을 초월했다. 경제를 관리한 정부에 대한 불신은 비례해서 커졌다. 정부에 대한 불신과 경제위기에 대한 공포감은 여러 경로로 표출되었다. 우선 경제 심리가 과도하게 얼어붙었다. 금리가 크게 올라가고 은행들이 BIS 자기자본비율을 맞추기 위해 위험자산인 대출 규모를 줄이고 있었기 때문에 신용경색으로 경기가 위축되는 것은 피할 수 없었다. 소비는 1998년 2/4분기에 전년 동기대비 −18%까지 얼어붙었다. 환율이 치솟아 휘발유 가격이 올라가자 일시적으로 러쉬아워 혼잡도 사라졌다. 한편 금모으기 운동 같은 하나의 목표를 향한 일치된 행동이 나타나 위기극복에 도움이 되었다. 정부, 특히 재정경제원에서 기획예산처를 떼어내고 새로 탄생한 재정경제부는 IMF 극복만이 국민들로부터 신뢰를 회복하고 명예를 찾는 길이라는 것을 스스로 알고 있었다. 위기 덕분에 개혁을 추진하기 위한 힘은 정부에 충분히 주어졌고, 위기극복의 토양이 되었다.

1998년 봄 한국 경제는 높은 금리와 신용경색으로 사실상 초토화되었다. 경쟁력 있는 우량기업 조차 돈줄이 마르고 대출을 못 받아 부도가 나는 상황으로 내몰렸다. 정부는 정부 보증의 예금보험공사 채권을 발행하여 공적자금을 조성해 대대적인 구조조정에 나섰다. 구조조정의 순서는 해외투자가들의 신뢰를 확보하여 외화유동성을 확보하는 것이 첫 번째였다. 두 번째는 은행을 정상화시키는 것이다. 은행은 불특정 다수의 예금을 받아 그 자금을 대출로 운용한다. 은행이 그 기능을 못하면 예금자들은 불안하고, 예금인 출사태가 발생해 경제 시스템이 붕괴된다. 은행 대출자산의 부실이 발생하면 자본이 잠식되는데, 자기자본비율을 맞추기 위해서 자산, 즉 대출을 줄이게 된다. 이 때 우량한 기업도 어려움을 겪게 되며 경제는 더욱 어려워진다. 따라서 위기시 구조조정 과정에서 신속한 은행 정상화가 가장 중요하다. 위기가 발생하면 어느 나라든지 정부가 나서 은행자본을 확충한다.

예금보험공사는 공적자금을 조성하기 위해 예금보험 채권을 발행했는데 정부재정이 건실했기 때문에 예금보험채권은 순조롭게 시장금리를 크게 자극하지 않고 발행되었다. 1998년 9월 말 자본부족에 시달리던 시중은행에 공적자금이 투입되었다. 조흥, 한일, 상업, 서울은행 등 대표적인 시중 은행들이 정부소유 은행이 되었다. 은행의 자본이 확충되니 시중에 신용경색 현상이 완화되고 경제회복의 전기가 마련되었다. 은행이 정상화된 이후, 은행은 채권자로서 재벌기업의 재무구조개선 계획을 제출받는 등 구조조정을 압박했다.

문제를 인식하고는 있었지만 어디서부터 손을 써야할지 모르는 상태로 지내다 경제위기로 큰 고통을 당한 뒤 순리대로 수술이 시작된 것이다. 은행이 정상화된 뒤 경제는 뚜렷하게 회복세로 돌아서고 금융시장도 안정되어 갔다. 필자는 위기 전후로 현장에 있으면서 정부의 역할은 무엇인가? 라는 본질적인 의문을 갖게 되었다. 경제위기라는 큰 힘의 뒷받침을 받으니 개혁을 향한 정책은 차질 없이 진행되어 갔다. 금융시스템을 복원하여 경제회복의 전기를 마련하는데 정부는 효율적으로 대응했다. 이해관계자들도 위기극복이라는 대명제 앞에서 목소리를 낮췄다. 그러나 앞서 논의한대로 재벌기업의 문제, 금융의 무력함 등을 직시하고 때로는 한탄하면서도 선제적으로는 적절한 정책을 펼치지 못했다. 사실상 전문가그룹이나 리더그룹은 알고 있던 문제였다. 다만 개혁할 힘이 없었다. 정부의 한계인가? 견제와 균형이 부족한 국가 시스템은 재앙을 잉태한다. 즉 정실자본주의crony capitalism였다. 외부의 힘에 의해 정실이 일시적으로 끊어졌다. 한국은 과연 앞으로 계속 정실자본주의에서 벗어날 수 있을까?

도덕적 해이[5]의 방지와 기업 회계의 투명성 제고

모든 경제 행위의 결과에 대한 책임은 의사결정 당사자가 진다. 투자, 대출 등 의사결정이 적절히 이루어지기 위해 기업의 정보가 투명하고 정확하게 공개된다. 어찌 보면 너무나 당연한 말이다. 이 당연한 두 가지 원칙만 잘 지켜진다면 경제의 많은 문제가 스스로 해결된다. 그러나 현실에서는 잘 지켜지지 않고 있으며 심지어 미국 등 선진국에서도 종종 큰 문제를 일으킨다. 2001년 미국 7대 기업 중 하나로 꼽히던 에너지, 물류기업인 엔론은 매출과 수익 부풀리기 등 회계부정이 드러나 파산했다. 엔론의 외부 감사를 맡고 있던 미국 5대 회계법인 중 하나인 아더 앤더슨 역시 영업정지를 당

---

5 경제학적으로 '도덕적 해이(moral hazard)'란 정보의 비대칭이 존재하는 상황에서 주인(principal)이 대리인(agent)의 행동을 완전히 관찰할 수 없을 때 대리인이 자신의 효용을 극대화하는 과정에서 나타난다.

하고 파산했다. 엔론 사태에 영향을 받아 2002년 기업의 CEO가 회계 보고서에 직접 서명하고 책임을 지게 하는 사베인스 옥슬리 법 Sarbanes-Oxley Act이 제정되었다. 1980년대 후반부터 1990년대 초반의 저축대부조합S&L, Savings & Loans 위기 때도 미국 연방 예금보험공사는 당시 3대 회계 법인을 상대로 회계 부정과 관련하여 민사소송을 제기하여 거액을 배상받고 합의한 바 있다. 그만큼 미국은 회계투명성에 매우 민감하게 반응하고 회계부정에 대한 벌이 무겁다. 회계투명성이 시장경제를 지탱하는 기본적인 시스템이라고 인식힌다.

기업의 정보는 시기나 내용면에서 시장 관계자들에게 차별적이지 않고 정확하게 공개되어야 한다. 그 정보를 바탕으로 기업에 대한 투자, 대출 등 행위가 이루어져야 한다. 그러나 IMF 이후 쓰러진 기업들의 회계는 분식되어 정확하지 않았고 투명하지도 않았다. IMF 위기 이후 예금보험공사는 부실화되어 은행에 공적 자금 투입을 유발한 기업들을 조사했다. 많은 기업들이 은행에 대출을 받기 위해 또는 기업주 개인적으로 회사 자금을 유용하기 위해 회계부정을 저질렀다. 제도 정비가 이어졌다. 매출 일정 규모 이상인 기업의 회계는 외부 회계법인의 감사를 필수적으로 받고 사외이사들로 구성된 감사위원회가 회계 장부를 감사하고 외부 회계법인을 통제한다. 특히 회계부정에 연루된 기업 경영자는 예금보험공사로부터 민사소송을 당했다. 정확하게 말하면 금융기관 경영자는 예보로부터 민사소송을 당하고 관련 기업은 은행 등 금융기관으로부터 민사소송을 당했다. 회계부정 여부는 예금보험공사에서 조사했다.

대마불사는 대표적으로 도덕적 해이 문제를 일으키는 믿음이다. 잘못된 의사결정을 내려도 덩치가 커서 국가 전체를 위험에 빠뜨릴 수 있다는 이유로 파산시키지 않는다면 투자결정에 신중해지지 않는다. 도덕적 해이는 자동차 보험 시장에서 극명하게 나타난다. 자동차 보험에 가입한 운전자는 가입하기 전보다 운전을 난폭하게 한다. 운전 중 사고가 나도 보험회사에서 처리해 주기 때문에 운전에 주의를 기울일 유인이 감소한다. 이에 보험회사는 공제금액 제도를 둔다. 즉 사고가 나면 일정 금액까지는 운전자 본인이 부담하게 하여 운전자의 도덕적 해이를 방지하는 제도다. 경제 위기는 인간의 탐욕으로 합리적 의사결정을 못해 버블을 만들거나 경제에 대마불사 등 도덕적 해이가 만연할 때 발생한다. IMF 위기는 경제에 만연된 도덕적 해이 문제와 기업회계의 투명성 부족 문제를 고스란히 내포하고 있었다.

경제 개발 시대 정부는 초기 투자 비용이 큰 중화학산업을 육성하기로 정책 방향을 잡았다. 워낙 투자규모가 크기 때문에 은행의 저금리 자금이 관련 산업에 집중적으로 대출되었다. 결과적으로 기업은 덩치가 커져 민간기업이지만 파산할 경우 경제전체에 악영향을 주기 때문에 정부가 방치할 수 없다는 것을 모두 알고 있었다. 대마불사의 논리가 지배하니 모두가 덩치 키우기에 몰두했다. 사실상 생존법칙이 되었다. 은행은 정부 통제하에 있으니 파산의 위험을 느끼지 못했다. 예금자들도 은행 예금은 정부가 보호할 것으로 암묵적으로 믿었기 때문에 은행의 부실 여부에 관심을 두지 않았다. 한편으로는 경제 발전에 성공했지만 다른 한 편으로는 견제와 균형은 없고 도덕적 해이가 만연했다.

"부실은행에 공적자금으로 자본을 보강할 때 보통주로 투자하여 경영권을 확보한 뒤 강력하게 구조조정을 추진해야 한다." 필자는 자문관으로써 이와 같은 내용을 재경부 장관께 리포트를 만들어 보고했다. 정부가 시중은행의 주주가 되는 것은 바람직하지 않다. 정부는 행정의 주체이고 은행은 비즈니스를 하는 주체이기 때문에 관점이 달라 정부가 은행 경영에 관여하면 부작용이 클 수밖에 없다. 그러나 당시 은행과 기업이 동시에 부실화되었고 구조조정은 모두가 꺼리는 고통스러운 과정이었다. 따라서 감독권만으로는 부족하고 정부가 주주의 의결권까지 갖고 있어야 책임있게 구조조정을 추진할 수 있을 것으로 판단했다. 물론 경제가 정상화되면 신속하게 정부 지분을 매각하여 민영화해야 한다고 생각했다.

일본의 경우에는 은행들이 자본이 부족하자 정부가 자본 증강을 할 때 의결권 없는 우선주를 보유하여 민간은행의 상업성을 해치지 않는데 중점을 두었다. 결과적으로 일본의 은행, 기업의 구조조정은 지지부진하여 장기 불황의 한 요인이 되었다. 이후 조흥, 서울은행 등은 조기에 민간은행에 매각되었다. 그러나 한빛, 광주, 평화, 경남은행을 통합하여 설립된 우리금융지주는 경남, 광주은행만 최근에야 매각하고 우리은행으로 남아 아직도 민영화에 어려움을 겪고 있다. 금융자유화의 첫 번째 수순은 은행민영화다. 정부가 상업은행을 소유하고 있으면 견제와 균형이 적절히 살아 있는 경제구조를 구축하는데 어려움이 발생한다.

미국에서 도덕적 해이가 위기를 가져온 대표적 사례가 1980년대 말에 발생한 저축대부조합사태다. 은행 및 저축은행처럼 예금을 수취하는 기관의 가장 큰 채권자는 예금자다. 예금에 보험이 되면 예금자는 은행 또는 저축은행이 그 자금을 어디에 운영하는지 관심이 적다. 은행이 파산해도 예금에 보험이 되니 예금자가 채권자로서의 역할을 다하지 않아 경영자(주주) 모니터링에 소홀해진다. 1980년대 초 미국은 저축대부조합의 예금보험 한도를 은행과 같이 10만 달러로 올렸다. 이 때 저축대부조합 주주 또는 경영자는 부동산이나 정크본드 같은 위험한 자산에 공격적으로 투자했다. 1980년대 말 미국 남부 지역을 중심으로 경제가 쇠퇴하면서 저축대부조합이 대량 부실해졌다.

미국은 1930년대 대공황 이후 예금인출사태를 막고자 예금보험제도를 도입하고 은행과 증권 업무를 분리하여 은행의 건전성을 보호하는 제도 변경을 했다. 이후 약 50여 년간 큰 금융위기 없이 경제적 번영을 구가하다 처음으로 도덕적 해이라는 복병을 만나 위기를 겪게 된 것이다. 이후 저축대부조합 기금은 연방 예금보험 기금에 통합되고 정부 재정이 투입되었다. 1993년 금융시장의 도덕적 해이를 방지하기 위해 차등 예금보험요율제도, 적기시정조치, 대마불사 원칙 폐기 선언 등 제도를 개선했다.

고통스러운 구조조정

"아니 어떻게 박사님이 이런 험한 곳에서 근무하세요?" 공적자금 특별감사를 위해 40여 명의 감사팀을 이끌고 예금보험공사에 온 감사원 감사팀장이 예보 이사로 근무하던 필자를 보면서 한 말이다. 재경부장관 자문관 근무를 약 1년 한 뒤 이규성 장관이 퇴임하며 필자는 예금보험공사 금융분석부장으로 자리를 옮겼고 2년

뒤 임원이 되었다. 금융연구원으로 돌아가 다시 연구 활동을 하기
보다 외환위기 수습과정에 직접 참여하고 싶었다. 금융연구원에 근
무할 때 감사원 자문위원을 하면서 알게 된 감사원 팀장을 피감사
인 신분으로 다시 만나게 된 것이다. 당시 세금이 기반이 된 공적
자금을 경제를 살리기 위해 은행 등 금융기관에 투입했는데, 공적
자금 투입의 원인이 된 부실대기업의 일부 기업주들은 책임도 지
지 않고 잘 살고 있다는 언론 보도 등이 잇따랐다. 구조조정의 대
상이 된 금융기관 직원 및 서민 등의 분노가 폭발하며 국가적 이슈
가 되었다. 공적자금관리 특별법이 제정되었고, 공적자금관리위원
회가 설치되었다.

예금보험공사에서 필자의 첫 미션은 외국의 구조조정 경험을
배우는 것이라고 생각했다. 외환위기 이후 이어지는 구조조정과 공
적자금 투입 등은 사실상 한국이 한 번도 경험해 보지 못한 일이었
다. 미국은 대공황 당시 예금인출사태를 경험했고 이를 방지하기
위해 예금보험제도를 도입한 선도적인 국가다. 더욱이 1990년대 초
저축대부조합 위기를 겪으면서 정부 재정과 예금보험기금을 동원
해 위기를 극복한 경험이 있었다. 당시 미국 연방 예금보험공사 사
장인 도나 타노에게 한국 사정을 설명하고 방문하고 싶다는 메일
을 보냈다. 도나 타노 사장은 하와이계 여성 변호사 출신으로 미국
감독기구 중 하나인 예금보험공사의 사장이 되었다. 남궁훈 예보
사장과 필자는 타노 사장을 워싱턴으로 방문하여 면담하고 직원을
파견해 주겠다는 약속을 받았다. 구조조정 업무 관련 직원 2명이
2주에 걸쳐 한국을 방문하여 한국 예보직원들과 워크숍을 했다. 추
후에 1명은 1년간 장기 파견하여 미국의 위기 극복 경험을 한국 예

금보험공사 직원들에게 자문했다. 한편 우리나라에서 경험이 없는 공적자금이라는 국민의 세금을 기반으로 하는 대규모의 자금을 집행 관리하다 보니 소통의 문제가 존재했다. 이에 자문위원 제도를 도입하자고 제의했다. 정운찬 서울대교수, 어윤대 고려대교수, 하성근 연세대교수, 정광선 중앙대교수 등 당시 중견 교수들로 자문위원단을 구성하여 분기에 한 번 공적자금 집행, 관리에 대해 설명하고 의견을 교환했다. 이후 어윤대 교수, 정광선 교수는 공적자금 관리 위원회 산하 매각소위 위원장으로 공적자금 관리업무에 참여했다.

한국에서 예금보험공사는 1996년 6월 설립되어 1997년 1월부터 예금보험 업무를 시작했다. 그로부터 얼마 지나지 않아 IMF 위기가 발생했다. 다수의 대기업이 부실해져 은행들이 파산위기에 이르자 예금자들이 불안해했다. 정부는 3년간 예금전액을 보장하기로 하고 보험, 증권, 저축은행, 신협의 예금보험 업무도 예금보험공사로 통합했다. 부실채권이 많아진 은행은 BIS 자기자본비율을 맞추고자 자산을 줄여나갔다. 이 과정에서 은행이 위험자산인 대출규모를 축소하니 우량한 기업들까지 부도위험에 몰리게 되었다. 이른바 신용경색 현상이 나타났다. 시급히 은행을 정상화하는 것이 무엇보다 중요한 과제로 떠올랐다. 은행정상화는 공적자금을 은행에 출자하여 자본을 확충하는 것으로부터 시작했다. 공적자금은 충분하고 신속하게 지원하는 것이 원칙이다. 구조조정은 외화 유동성 확보, 공적자금을 투입하여 누적된 부실제거로 금융시장 안정 도모, 기업 재무구조 개선, 기업과 은행의 경영구조 개선 등의 순서로 진행되었다. 부실기업의 매각을 원활히 하기 위해 구조조정 전문회사가 설립되고, 부실채권 매각은 자산관리공사가 맡아 시장조성을 했다.

공적자금은 은행 등 금융기관의 증자, 파산한 금융기관의 예금자 보호, 부실금융기관 매각을 위한 출연 등 목적으로 사용되었다. 공적자금은 민간은행이 경영을 잘못해 발생한 손실로 부실화되어 정부가 시스템 붕괴를 초래하는 것을 막기 위해 정부가 투입한다. 따라서 부실 책임을 물어야 하고 실제 책임을 물었다. 주주는 기존 주식 감자로, 경영자는 경영진 교체로, 직원은 구조조정을 통해 책임을 진 후에 공적자금이 투입되었다. 더욱이 예보는 공적자금 투입을 유발한 금융기관 부실에 책임이 있는 의사결정 임직원을 조사하여 개인에 대한 손해배상 소송을 제기했다. 구조조정은 대단히 고통스러운 과정이었다. 1997년 말 기준 33개에 달하던 은행 숫자는 인가취소, 합병 등에 따라 2013년 말 18개로 줄었다. 특히 30개에 달해 기업의 단기 금융 및 리스 등 업무를 담당하던 종합금융회사는 예금보험공사가 예금대지급 약 18조 원 등 총 21.7조 원이라는 엄청난 규모의 공적자금을 투입했고 사실상 모두 사라졌다.

경영자의 책임은 어디까지인가?

"그렇게 많은 개인에 대해 손해배상 소송을 제기했습니까?" 2001년 인도네시아 자카르타에서 우리나라의 예금보험공사와 자산관리공사를 합친 기능을 수행하는 인도네시아 은행 구조조정청IBRA 초청으로 한국의 구조조정 경험을 강연했다. 한국과 유사한 과정을 겪은 인도네시아는 전직 은행장 단 1명에 대해 손해배상 소송을 했고 그마저 패소했다. 다음날 인도네시아 일간지들은 한국의 대규모 민사소송을 통한 경제위기 책임추궁을 부러운 논조로 크게 보도했다. 대규모 손해배상 소송은 우리 금융시장과 경제에 엄청난 영향을 끼쳤다. 예금보험공사는 2013년 말 기준으로 공적자금이 투입된 457개 부실금융기관의 9,013명에 대해 손해배상 소송을 제기했다. 또한 책임 대상자들로부터 2,726억 원을 회수했다. 소송 대상자의 대부분은 퇴출 숫자가 많은 신용협동조합, 저축은행 관계자지만 은행, 보험사 관계자도 191명, 276명에 각각 달하고 있다. 금융기관 소송 대상자는 대부분 대주주가 아닌 대표이사 등 임원들이었다. 대주주의 지시에 따라 의사결정을 했거나, 오랜 관행으로 별 주저 없이 실행한 결제 등이 소송대상이 되니 대상자들이 힘들어했다.

또한 소송대상자들은 대부분 봉급생활자들로 개인 재산이 많지 않다. 그러나 금융기관에 끼친 책임 손해금액이 크기 때문에 소송 금액이 컸다. 따라서 소송에서 패소하면 경제적 파산선고를 받은 것이나 다름없다. 대규모 손배소송의 영향으로 우리나라 기업지배구조와 의사결정 시스템은 급격하게 변화했다. IMF 전에 세레머니로 지적 받던 금융기관 이사회는 사외이사들로 충원되었고, 이사들은 사후 책임을 염두에 두고 안건을 면밀히 검토하기 시작했다. 또한 과거에는 불법이나 규정위반이라도 대주주의 지시를 당연히 따랐지만 소송을 염려하여 부당한 지시를 거부하는 문화가 만들어지고 지금까지 영향을 주고 있다. 한편 사후 책임을 고려해 의사결정을 미루거나 업무를 적극적으로 하지 않는 부작용도 나타났다. 필자는 일본 예금보험공사를 방문하여 부실 책임 추궁과 관련하여 논의했다. 일본 예금보험공사 역시 공적자금 투입에 대한 부실 책임

조사를 하여 손해배상 소송을 진행하고 있었다. 일본의 경우 부실책임자의 개인 재산을 조사하여 예금보험공사와 합의를 하는 경우가 많았다. 미국의 경우에도 저축대부조합 위기 당시 연방예금보험공사FDIC는 정크본드 시장을 크게 만든 드렉셀Drexel Burnham Lambert사의 마이클 밀켄 및 4대 회계법인과도 부실책임과 관련하여 천문학적 규모의 배상금을 합의한 바 있다.

미국의 경우에는 민사소송이 결론이 나기 까지 대부분 매우 긴 시간을 요하고 변호사비용이 워낙 크기 때문에 법정에서 끝까지 다투기보다 당사자 간에 합의할 유인이 있다. 일본에서도 많은 경우 적절한 금액으로 합의를 했다. 당시 일본 예보 사장이 일본 검찰청 차장 출신으로 국민들의 신뢰를 받고 있어 부실책임자와의 합의를 사회적으로 용인하는 분위기였다. 그러나 우리나라에서는 법원 판결 이전에 행정기관이 금액합의를 하기가 사실상 불가능했다. 필자는 소송에서 예보가 패소하는 비율이 40%를 넘고, 소송 대상이 대부분 봉급생활자인 관계로 개인재산이 크지 않아 소송 실익이 적다는 논리로 경우에 따라서는 합의를 하자는 의견을 갖고 있었지만 결국 실현하지 못했다. 이에 경영자의 책임을 주제로 대규모 세미나를 개최했다. 예보에서 담당 업무를 지휘하고 있던 검찰 관계자 등이 모두 참여했다. 세미나에서 외국의 사례 등이 발표되었고, 열띤 토론도 있었다.

경영자는 주주의 위임을 받아 경영의사 결정을 하기 때문에 선량한 관리자로서의 주의의무가 있다. 일반적으로 경영자가 자신의 이익을 추구하지 않고, 의사 결정을 하기 위해 자료를 수집하는 등 최선의 노력을 기울인 뒤 내린 결정은 사후적으로 회사에 손해가 되었다고 하더라도 무죄가 되는 경영판단의 법칙business judgement rule이 적용된다. 그러나 경영자가 최선의 노력을 기울였는지 사후적으로 판단하는 것 자체가 쉽지 않다. 결국 법원의 판례를 참고하는 수밖에 없다. 미국 델러웨어주 법원은 경영자책임을 엄격하게 묻는 판결로 유명하다. 이에 기업들이 본사를 타주로 옮기면서 주 경제가 타격을 받기도 했다. 한편 우리나라의 대규모 민사소송은 해당 경영자들에게 큰 고통을 주었고 오랜 기간 관행적으로 수행하던 행위에 대한 처벌이 본인에게만 가혹하게 내려진다는 억울한 심정도 있었다. 그러나 자신이 내린 의사결정은 본인이 책임진다는 교훈을 모든 경영인들에게 주게 되어 우리 경제의 도덕적 해이 방지에 큰 역할을 한 것도 사실이다.

대기업 지배주주에 대한 경영 부실 책임추궁

예금보험공사는 종합금융회사 및 은행 등 공적자금이 투입된 금융기관의 경영진에 대해 공적자금 투입을 초래한 책임을 물어 손해배상 소송을 제기하기 시작했다. 책임질 행위 당시 임원을 대상으로 했다. 또한 민사소송을 제기하면서 피소송인의 개인재산에 대해 법원에 처분금지 가처분신청을 했다. 이 때 민사소송에 대비해 재산을 차명으로 빼돌리면 사해행위 금지법에 의해 형사처벌 대상이 된다. 책임 행위 실행 2년 전부터 소송 대상자의 재산 및 자금 흐름을 조사한다. 금융기관 경영진은 본인들이 해야 할 선량한 관리자로서의 의무를 수행하지 못한데 대한 책임이다. 반면에 지배주주가 있는 금융사나 대기업의 경영진은 많은 경우 지배주주의 부당한 지시를 수행한 책임을 갖고 있다. 그런데 금융기관이나 기업의 지배주주들은 실제로 분식, 부당대출 등을 지시했지만 법률적으로 책임을 물을 증거가 부족했다. 결국 책임은 실제 서류에 서명하고 결제한 경영자만 지게 되고, 이는 불공평하다는 지적이 제기되었다.

부도가 난 대기업의 지배주주들은 개인재산을 빼돌려 해외에서 호화롭게 살고 있다는 뉴스 등이 전달되면서 공적자금이 잘못 쓰여 지고 있다는 여론이 커졌다. 이어서 국회의 공적자금 국정조사가 진행되었고 감사원이 공적자금 관리 및 집행에 관한 특별감사를 실시했다. 감사원은 공적자금 특별감사 결과를 발표했고, 국민의 세금에 기반을 둔 공적자금이 경제를 살리기 위해 지원되었지만 책임을 져야 할 기업주는 충분한 책임을 지지 않는 사실을 언론이 집중 조명했다. 기업의 회계장부를 분식해서 은행돈을 대출해 간 기업의 책임을 묻기 위해 예금보험공사에 부실채무기업 특별조사단이 설치되었다. 단장을 맡은 부장검사를 포함하여 5명의 검사가 예금보험공사에 파견근무를 시작했다. 예금보험공사에 부실책임자에 대한 재산 조사권 등을 부여한 법도 제정되었다. 부실책임조사의 실무는 주로 은행 퇴직자들인 검사역들이 담당했다. 부실책임이 있는 대기업 오너 및 협조한 경영진들에 대한 조사는 특별조사단이 맡았다. 조사 결과에 따라 주거래 은행이 손해배상 소송을 제기하고, 형사소추도 하기 시작했다.

부실 책임이 있는 대기업 경영진 일부는 소송 대상 개인재산이 차명으로 은닉되어 있거나 해외에 빼돌린 경우도 있어 찾아내기가 쉽지 않았다. 당시 부실 책임 조사 담당 임원이었던 필자는 부실책임자의 해외재산을 일부라도 찾아내는 것이 우리나라에 두고 두고 교훈이 될 것이라고 생각하고 미국의 해외재산 추적회사 관계자를 만났다. 미국 경찰이나 정보국 등의 전직 직원들로 구성된 회사는 특정인의 해외재산을 찾아주는 대신 엄청난 수수료를 요구했다. 재산 추적조사 의뢰는 계속 검토하기로 하고 우선 신고 포상시스템을 만들어 신고 제도를 지하철 등에 광고를 했다. 광고 목적은 재산회수도 있지만 책임이 있으면 끝까지 책임을 묻는다는 원칙을 국민들과 공유함으로써 우리 경제에 교훈을 주기 위한 것이었다. IMF 위기라는 사상 초유의 상황을 당해 수많은 국민들이 실직, 자산 가격 하락, 부도 등 고통을 당했다. 또한 위기 극복을 위해 국민의 세금으로 귀결되는 천문학적 규모의 공적자금을 투입했다. 대규모의 손해배상 소송은 우리 모두가 자신이 잘못한 것은 자신이 책임지는 관행을 뿌리내리는 계기가 되기 위한 조치였다.

우리금융지주사 설립

2001년 초 예금보험공사에서 금융분석부장으로 근무할 당시 정부의 고위관계자로부터 전화를 받았다. 정부는 예금보험공사가 대주주인 금융사들을 통합하여 우리나라 최초의 금융지주사를 설립할 계획을 세웠다. 2000년 말 금융지주회사법을 제정하고 최초로 우리금융지주사를 설립하기로 했다. 한빛은행, 경남은행, 광주은행, 평화은행의 4개 은행과 영남종금, 중앙종금, 경수종금을 합병한 한아름 종금사 등 5개 금융사를 하나의 지주회사로 전환 설립하기 위한 설립사무국을 만들고 필자가 사무국장에 임명되었다. 임명받고 다음날 사무국장으로 기자회견을 했다. 사무국이 할 일을 브리핑했다. 금융지주의 설립과 관련하여 금융당국에 설립인가신청을 하고 금융지주사와 자회사의 관계설정 및 업무범위와 지배구조를 구축해야 했다. 한빛은행 본점직원 명단을 구해 사무국에서 파견근무할 직원 30여 명을 우선 발령을 내서 일할 진용을 만들었다. 여타 지주사 편입 금융사로부터 1~2명씩 파견을 받아 약 40명 정도의 설립사무국을 4개 팀으로 만들어 업무를 시작했다. 예금보험공사에 별도 공간을 만들어 출입을 엄격히 통제하는 사무실 공간도 구축했다. 거대한 규모의 금융사들이 지주사 체제로 바뀌는 과정에서 도덕적 해이의 발생을 막는 것이 시급했다. 지주사 편입대상 금융사들의 경영권이 안정이 안 되니 설립 사무국에서 관리를 해야 했다. 당장 지주사 편입대상 5개 금융사에 공문을 발송해 구매계약, 채용 등 비용과 예산이 수반된 경영사항은 금융지주사 설립 사무국과 사전에 협의해 달라고 요청했다.

금융지주사는 금융 겸업을 지원하기 위한 경영구조다. 미국은 대공황 이후 경제시스템을 안정시키는데 은행의 안정성이 중요하다고 보고 은행과 증권을 분리하는 법을 만들었다. 이후 은행, 증권, 보험이 각각 별도 회사로 영업하는 전업주의를 채택했다. 전업주의는 2차 대전 이후 미국의 영향을 받은 일본과 한국에서 채택되었다. 반면에 유럽은 하나의 금융사가 은행, 증권, 보험업을 동시에 영위할 수 있는 유니버셜뱅킹 체제를 갖고 있다. 소비자 입장에서는 겸업하는 금융사가 편리하다. 한 장소에서 원스톱 서비스가 가능하기 때문이다. 금융이 국제화되어 금융기관 영업에서 국경이 소멸되어 가고 국내외 금융기관간 경쟁이 치열해 지며 전업주의는 소멸해 가는 추세다. 미국도 금융 산업 경쟁력 강화를 위해 하나의 금융지주사 산하에 은행, 증권, 보험을 영위할 수 있게 제도가 바뀌었다. 일본 역시 부실 금융사를 하나로 묶어 금융지주사를 탄생시켰다. 미즈호 금융지주사가 최초로 만들어졌고 이후 3대 지주사인 미즈호, UFJ, SMBC 등 메가뱅크 체제로 현재까지 이어지고 있다. 한일, 상업은행을 합병한 뒤 공적자금이 투입되어 탄생한 한빛은행은 최초로 투입한 공적자금 규모가 부족하여 2차 투입이 필요했다. 이에 금융지주사로 전환하며 공적자금이 추가로 투입되었다.

한국 최초의 금융지주사인 만큼 시행착오를 줄이기 위해 외국계 자문사를 선정해 자문을 받기로 했다. 설립사무국을 자문하면 설립 후 한국 최초의 금융지주사 구조조정 등 업무에서 유리한 위치에 서기 때문에 자문사 선정 경쟁이 치열했다. 미국의 대표 투자은행인 골드만삭스는 제안서 제출 및 프레젠테이션을 돕기 위해 본사에서 지원단을 한국으로 파견하기도 했다. 서류 전형을 통해 선정된 최종 7개사가 1시간씩 하루에 모두 제안 설명을 했는데 필자와 대학교수 등 6명으로 구성된 평가위원회에서 평가했다. 온갖 청탁이 직간접으로 다가왔다. 프레젠테이션 당일 오후 6시에 평가위원들의 채점표를 합산 집계하여 무조건 1등을 언론에 발표시킨 다음 전화를 끊고 퇴근했다. 청탁과 부탁이 들어 올 시간을 두지 않고 결정했다. 일본의 미즈호 금융그룹 설립자문을 맡았지만 한국에서는 비교적 활동이 많지 않았던 에이티 커니사가 선정되어 금융지주사 설립자문을 맡았다.

금융지주사는 영업은 하지 않고 계열사를 지배할 목적으로 설

립된 회사다. 따라서 직원 숫자가 적다. 100명 안팎이다. 우리은행
은 직원이 만 오천 명에 이른다. 지주사 회장이 은행장을 통솔하기
가 구조적으로 쉽지 않다. 경남은행, 광주은행, 평화은행도 계열사
였지만 규모가 크지 않아 결국 우리은행과 지주사의 관계가 지배
구조의 핵심이었다. 지주사 회장이 은행장 인사권을 형식적으로 갖
고 있지만 지배주주가 아니기 때문에 실질적으로 행장 임명권을
갖게 될 지 불투명했다. 지배구조 고민을 많이 했지만 뚜렷한 해결
방안이 나오지 않았다. 지배구조가 흐트러지고 회장의 리더십이 확
립되지 않으면 경영이 어려워 질 게 뻔하다. 그래서 회장 밑에 부
회장 3명을 두고 그 중 한 명이 지주 산하 최대 은행인 우리은행
행장을 맡는 구조를 만들었다. 회장 중심의 경영구조를 만들기 위
한 고육책이었다. 두 명의 부회장은 그룹 전체 전략 및 재무를 각
각 맡고 우리은행장은 영업 담당 부회장인 셈이다.

　새로운 지배구조하에 임원진을 구성하는 작업이 시작되었다.
회장 추천위원회가 만들어지고 설립사무국은 회장 추천위원회 운
영을 뒷받침하여 초대 회장에 윤병철 전 하나은행장을 선임했다.
그러나 우려는 현실로 나타났다. 지주사 설립 이후 우리은행장은
조직의 법적 책임자로서 경영책임을 져야 하기 때문에 회장 지시
를 무조건 따를 수 없다고 주장하는 등 경영 불협화음이 발생했다.
3년 후 우리금융은 경영 불협화음을 본질적으로 없애기 위해 회장
이 은행장을 겸임하는 체제로 바꾸었다. 일사불란한 경영체제였지
만 미국 서브프라임 관련 CDO, CDS 투자로 1조 6천억 원의 대규
모 손실이 발생했다. 이에 회장의 과도한 업무 로딩 문제와 그룹
내 견제와 균형이 필요하다는 공감대가 형성되어 3년 후 다시 회장

과 은행장이 분리되었다.

윤병철 신임 회장 내정자는 금융지주사의 이름을 만드는 작업을 시작했다. 회장선임 전에도 설립사무국에서 직원대상으로 이름 공모를 하는 등 작업을 했다. 최종적으로 '우리'가 결정됐다. 실제로 '우리'는 누구나 쓸 수 있는 보통명사이기 때문에 설립 인가시 문제가 될 수 있었다. 그러나 국민의 공적자금으로 살아난 금융사인 만큼 '우리'라는 이름이 허가되었다. 이후 타 은행들이 법원에 소송을 제기했다. 한국에서는 일반적으로 말할 때 서두에 "우리 △△은행은 ..." 등 표현을 쓰는데 실제 우리은행이 등장해 혼선이 온다며 상표권 등록을 취소해 달라는 소송이었다. 2009년 대법원은 우리은행은 '우리'라는 이름을 독점적으로 사용할 수 없다고 판결했다. 그러나 이미 브랜드로 자리 잡은 상황이라 독점적인 사용권이 없어도 경영에 문제가 발생하지는 않았다.

이후 대부분의 은행들이 지주사체제로 전환했다. 대주주 없는 금융지주사의 지배구조가 자생적으로 뿌리내리지 못하면서 나타난 문제점의 하이라이트는 최근에 발생한 KB금융 사태다. KB금융지주에서 회장과 은행장의 지휘체계가 송두리째 흔들리며 모두 임기 중 물러나고 경영 공백 상태가 생기는 초유의 사태가 벌어진 것이다. 금융지주사 지배구조의 핵심은 사외이사 제도인데 복수의 전문성과 실력, 명망 있는 사람들로 구성된다. 보통 금융지주사 이사회는 7~10명 정도의 사외이사와 소수의 사내이사로 구성되어 경영권을 행사한다. 한국 은행산업에서 금융지주 이사회가 바람직한 경영 지배구조의 중심으로 자리 잡아야 하는 과제가 중요한 이슈로 떠올랐다.

상업은행에 대한 정부주주의 역할

정부가 대주주인 금융기관이 많이 있다. KDB산업은행, 수출입은행, IBK기업은행은 정부가 단독주주 또는 대주주로 있다. 정부의 정책 목표를 달성하기 위한 특수 목적을 갖고 있는 은행이다. 부실화되면 정부가 재정으로 증자를 통해 자본을 메꿔 준다. 은행장 임명권도 정부가 행사한다. 정부 소유의 특수은행과 달리 일반 상업은행은 주식회사로서 주주가치 극대화를 목표로 경영된다. 물론 시스템 안정을 목표로 하는 정부의 감독을 받는다. 은행이 주주가치 극대화를 목표로 경영될 때 리스크관리, 외부 청탁 배제 등이 이루어지고 결과적으로 합리적인 자원배분이 이루어진다. 따라서 상업은행의 주식을 정부가 소유하는 것은 바람직하지 않다. 정부는 주주가치 보다 정책적 목표를 우선시 할 유인이 있기 때문이다.

정책적 목적을 갖고 있지 않은 상업은행의 경우 위기 극복 과정에서 일시적으로 정부가 대주주가 되었을 때 경영권을 어떻게 행사할지 방법을 고안해 낸 제도가 경영진과 대주주로서의 예금보험공사가 채결한 양해각서MOU다. 우리금융지주 설립을 마치고 예금보험공사 이사로 임명된 후 필자에게 주어진 첫 번째 임무는 예보가 대주주로 있는 금융기관 관리업무였다. 당시 예금보험공사는 우리금융 및 계열사, 조흥은행, 서울은행, 대한생명보험, 서울보증보험, 대한투자신탁, 한국투자신탁, 수협 등 금융사의 대주주였다. 일부에서는 예금보험공사가 아시아 최고의 금융지주사라고 평가하기도 했다. 정부가 민간금융기관의 경영권을 행사하는 것은 바람직하지 않다. 정부는 상업성 보다 공공성을 항상 우선시하기 때문에 정부와 상업은행의 경영 관점이 다르다. 정부 뜻대로 은행 경영을 하면 은행의 경쟁력이 떨어지고 자생력이 없어 결국 자원배분의 효율성을 기할 수 없다. 금융사가 상업적 목적에 투철하게 경영을 하면 효율적인 자원배분이라는 결과로 이어진다. 특히 금융이 국제화되어 국내외 시장에서 해외 은행과 직접 경쟁을 해야 하는 현대에는 말할 나위도 없다.

그렇다고 공적자금이 투입되었는데 예보가 공적자금특별법에 따른 관리의무를 저버릴 수도 없다. 예보는 금융사들의 경영자율은 보장하되 공적자금 투입 금융사와 구체적으로 경영목표를 제시한 MOU를 통해 사후적으로 감독하고 성과급 지급체계 등을 조절했다. 그러다 보니 우리금융 등 금융사는 금융감독원의 감독은 당연히 받아야 하고 공적자금 투입 은행으로서 예보로부터 MOU관리를 받고 감사원으로부터 정부출자기관으로 감사를 받게 되어 경영에 집중하기 보다는 감사받기 바쁘다는 이유 있는 불만이 나왔다. 빨리 민영화하는 것이 정답이다.

2015년 현재 자본금 확충을 위해 공적자금이 투입된 금융기관은 대부분 민영화되고 우리은행, 수협신용사업, 서울보증보험이 예보와 MOU를 맺고 있다. 예금보험공사 지분을 매각하면 시장의 힘에 의해 스스로 경영효율성을 찾아갈 것이다. 조흥은행은 신한은행이, 서울은행은 하나은행이 인수했고 예보는 공적자금을 회수했다. IMF 위기 이후 자본금이 부족한 산업은행, 기업은행 등 정부출자은행은 정부가 직접 증자를 통해 자본을 확충했다. 외환은행은 독일의 코메르츠 은행의 출자를 받았고 1999년 외환은행의 대주주인 한국은행은 수출입은행을 우회하여 증자를 했다. 이후 2003년 미국 텍사스에 본사가 있는 미국계 사모펀드인 론스타는 정부로부터 외환은행 지분 51%를 인수했다가 2009년 하나금융지주사에 매각했다.

상업은행에 대한 위기 극복을 위해 정부가 출자를 해서 자본금을 확충한 사례는 전 세계적으로 매우 많다. 그리고 위기 극복 이후에는 민영화를 서두르는 것이 대부분이다. 1990년대 초에 스웨덴에서 금융위기로 다수 은행의 정부지분이 증가한 뒤 다양한 방법으로 민영화를 추진했다. 스웨덴의 노르디아 은행은 정부지분의 일반 공모매각, 자사주 인수, 해외은행에 매각 등을 통해 경영권에 간섭하지 않을 정도까지 정부지분을 낮추어 갔다. 글로벌 위기 이후 미국의 씨티은행노 성부지분이 일시적으로 승가했지만 2년에 걸쳐 민영화를 추진해 경영정상화를 달성했다.

2015년 현재 우리은행은 2001년부터 14년 넘게 정부 은행으로 남아 있다. 한국에서 가장 역사가 깊은 한일은행과 상업은행이 합병해서 탄생한 우리은행이 상업은행의 면모를 잃게 되면 안 된다. 여러 정부 기관의 감독과 간섭을 오랫동안 받게 되면 자생력과 자율성이 떨어질 수밖에 없다. 한국의 금융산업은 상대적으로 가장 발전이 늦은 분야로 평가된다. 대표 선수 중 하나인 우리은행을 신속히 민영화시켜 마음껏 경쟁하고 경쟁력을 키워나가게 해야 된다. 민영화가 늦어지는 것은 민영화를 통해 정부가 얻고자 하는 목표가 너무 높게 설정된 측면도 있다. 정부 지분 매각은 공적자금 회수 극대화, 금융 산업 발전 등이 함께 고려되는 것이 바람직하다. 그러나 빠른 민영화가 가장 중요하다는 인식이 필요하다. 민영화 시기 선택이 공적자금 회수에 미치는 영향을 사전적으로 알기 어렵다. 또한 금융 산업 발전은 민영화 이후 은행 스스로 찾아가도록 하는 것이 효율적이다.

한국 금융위기 극복에 대한 전 세계 관심

존 피에르 사보린Jean Pierre Sabourin 캐나다 예금보험공사 사장은 프랑스계 캐나다인이며 외교적 역량이 대단한 사람이다. 그는 2001년 전 세계 예금보험공사에 메일을 보내 국제예금보험기구협회IADI를 만들자고 제의했다. 스위스 바젤에 위치한 국제결제은행BIS 본부에서 준비모임을 가졌다. 국제결제은행은 각국 중앙은행간 협력 기구로 1988년 회원국들이 모여 은행의 건전성 유지를 목표로 자기자본규제(BIS 비율)를 합의한 것으로 유명하다. 한국은 외환위기 극복 과정에서 출범한 지 얼마 지나지 않은 예금보험공사가 큰 역할을 했다. 한국 예금보험공사에 대한 관심이 클 것으로 예상했다. 필자는 한국 대표로 스위스 바젤로 가면서 어떤 의제를 제기할까 생각했다. 준비 모임으로 공식적인 의제는 없었다.

준비모임에서 조직과 기구 등을 만들고 본부는 스위스 바젤에 두기로 했다. 2002년 5월 창립 총회를 하고 매년 연차 총회를 열어 전 세계 예금보험자들 간에 정보를 교환하고 금융 안정을 도모하기로 했다. 필자는 한국의 예금보험제도가 가장 최근에 위기 극복에 큰 역할을 했으므로 한국에서 창립총회를 개최하는 것이 각국 예금보험기구간 정보획득의 장도 되고 의미있는 행사가 될 것이라고 제의했다. 준비모임에 참여한 각국 대표들간 갑론을박이 있었으며 최종적으로 창립총회는 본부가 두어질 스위스 바젤에서 개최하고 한국 서울에서 2003년 제 2차 총회를 개최하기로 합의했다.

2003년 10월 서울에서 제 2차 세계예금보험자총회가 개최되었다. 세계 50여 국의 예금보험공사 대표 등 200여 명이 롯데호텔에

묵으며 총회를 진행했다. 필자는 총회에 앞서 열리는 연차 대회의 의장으로 세미나를 주재하며 외환위기 극복 과정에서의 한국 예금보험공사의 역할에 대해 설명했다. IMF 위기 직후 처음 예금보험공사에 들어와서 미국 예금보험공사의 구조조정 경험을 배우고자 방문하고 직원을 파견 받고 공동 워크숍을 하던 일들이 생각났다. 그런데 외환위기 이후 한국의 위기 극복 경험을 앞장 서 다른 나라들과 공유하게 되었다. 불과 몇 년 만에 400%가 넘던 재벌기업들의 부채비율이 100% 수준으로 떨어졌고, 파산위기로 몰리던 은행들의 자기자본 비율은 11~12%에 달해 국세기준에 맞는 충분한 사본을 보유하게 되었다. 회계투명성은 크게 높아졌고 지배구조는 사외이사 중심으로 개선되었다. 그 이후 어느 국제회의에 참석해도 각국 대표들은 한국의 경험을 질문하고 배우려했다. 특히 중국의 한국 경험 배우기 열의는 대단했다.

2002년 중국의 대표적인 정부산하 경제 연구소인 국무원발전연구중심DRC, Development Research Center의 거시 연구부장인 웨이쟈닝은 5명의 연구원들과 함께 한국을 방문하던 중 필자와 위기극복 과정에 대해 의견을 교환할 기회를 가졌다. 중국의 한국 관심은 일리가 있다. 중국은 당시 금융자유화 및 금융국제화를 위한 계획을 세우고 있는 중이었다. 한국은 금융자유화, 금융국제화를 추진했고, 위기를 당했으며 또한 위기를 극복했다. 따라서 중국으로서는 한국의 케이스만 잘 연구하면 위험부담을 줄이며 금융개혁을 추진할 수 있었다. 중국으로 돌아간 웨이쟈닝은 비공개 워크숍을 개최하여 필자를 초대했다. 참여자는 인민은행 부총재, 중국 자산관리 사장 등 약 20명이었으며 외국 참여자는 필자와 미국 하버드 대학교의 중국 전문가인 쿠퍼 교수였다. 아침 9시부터 오후 6시까지 진행되었는데 실제로 필자에 대한 한국 상황 및 경험에 대한 질문이 대부분이었다. 중국의 향후 금융발전을 돕고자 성심 성의껏 한국의 경험을 설명했다. 약 6개월 후 또다시 북경에 유사한 워크숍에 초청받아 방문했다. 관계자들과 친밀해졌다. 2011년 KB금융 경영연구소장으로 재직할 당시 북경에서 중국 공상은행연구소와 상호협력 MOU를 맺었다. 이 때 웨이쟈닝을 다시 만났다. 그는 저녁을 같이하자며 예금보험제도 도입과 운영에 대해 끝없이 질문했다. 중국은 2015년 5월부터 예금보험제도를 도입 시행하고 있다. 2012년에는 북경에서 KB금융 현지법인 설립을 기념하여 중국 금융전문가들을 초청하여 한중 경제포럼을 개최했다. 웨이쟈닝도 초청했다.

중국 상해는 금융중심지로 발전하고 있었다. 2001년 상해 재경대학에서 대학원생들을 대상으로 한국 구조조정 경험을 강연했다. 강연 후 경제학과 교수들과 만찬을 하며 한국과 중국의 금융발전에 대해 의견을 교환했다. 그들은 한국의 금융발전 및 위기극복 경험에 특히 관심을 갖고 있었다. 귀국 후 경제학과 과장인 지강시예 교수는 필자에게 메일을 보내 상해 재경대학 대학원에 초빙교수로 와주면 좋겠다고 초청했다. 대학원생들에게 생생한 경험을 전수해달라는 것이었다. 재경대학은 문화혁명 이후 중국에서 첫 번째로 학생을 받기 시작한 대학으로 졸업생들이 상해 금융기관의 중심역할을 하고 있어 그들과 좋은 관계를 맺게 해주겠다는 설명도 곁들였다. 지강시예 교수는 재경대학을 새로 연 뒤 1회 졸업생이다. 그러나 당시 예금보험공사는 엄청난 규모의 공적자금을 집행, 관리, 회수하는 업무에 쌓여 있어 필자는 그야말로 눈코 뜰새 없이 바빴다. 정중하게 거절했다. 지금 와서 생각해보니 그 때는 상해가 중국의 금융 중심지로 이제 막 걸음마를 하는 단계라 제안을 받아들였다면 더 많은 기회를 가졌을 수도 있었겠다는 아쉬움도 남는다. 어쨌든 이렇게 세계 각국에서 한국의 경험을 높이 평가하고 배우고자 할 정도로 위기 극복은 성공했다. 과연 한국의 금융은 경쟁력을 뽐내며 한국 경제를 이끌 차례가 되었나? 그 때만 해도 국가 전체적으로 금융산업에 대한 자신감이 넘쳤다. 인적자원만 가지고 경쟁하는 금융은 한국에 가장 적합한 산업이라는 생각도 들었다. 그런데 그 후 금융 현장에서의 경험은 전혀 예상과 달랐다.

제 3 장

자율화 이후
한국금융의 현장

한국 은행산업 성장 · 발전의
핵심적인 요인은 무엇인가?

은행자율과 양적 성장 경쟁

"기업은행에 와서 경영을 좀 도와줘." 2004년 예금보험공사에서 3년 이사 임기를 마치고 집에서 3개월 정도 쉬고 있는 필자에게 당시 기업은행장이던 고 강권석 행장이 전화를 했다. 책을 잔뜩 사서 강원도 평창 시골집에 내려와 읽고 있었다. 퇴직할 때 도서 상품권을 직원들이 선물했는데 요긴하게 썼다. 시골로 내려올 때 시외버스를 탔는데 버스 터미널에서 헌병이 검문을 했다. 아직 젊어 보이나 보다 생각했다. 예금보험공사에서 부장으로 2년, 임원으로 3년 근무하며 외환위기 극복과정에서 다양한 경험을 했다. 공공기관의 임원은 3년 단임 원칙이 지켜지고 있었다. 최근에는 그마저 2+1 시스템으로 바뀌었다. 즉 임원으로 임용되면 2년 계약을 하고 1년을 연장할 수 있다. 평가 중심으로 인사제도가 발전하는 측면도 있지만 하고자 하는 사람, 또는 시켜줘야 하는 사람이 많아져서 여러 명이 돌아가며 하기 위한 방편이라는 지적도 있다. 우리금융지주사 설립을 주도했기 때문에 내용을 잘 알고 있는 우리금융지주의 경영진으로 가고자 했지만 우여곡절 끝에 40대 나이에 직장을 잃었다. 몇 달의 공백 기간을 거친 후 기업은행 연구소 초빙연구위원으로 은행 근무를 시작했다. 은행장 주재 회의에 참석하며 경영 아이디어를 은행장에게 전달하고 행장 스피치를 도와주었다.

은행에서 처음 근무한 2004년은 370만 명의 신용불량자가 발생한 카드사태가 막 끝나가는 시점이었다. 카드사태는 개인이 제도권 금융기관으로부터 빚을 쉽게 내고 부채로 소비할 수 있는 시대가 열리며 발생한 사건이다. IMF 위기 전까지 개인이 은행 등 제도금융권에서 돈을 빌리는 것이 대단히 어려웠다. 은행 자금은 대기업으로 흘러 들어갔고 은행 문턱은 높았다. 정부는 IMF 위기 이후 외화유동성 위기에서 벗어나자 내수를 통해 경기를 부양코자 소비진작 정책을 펼쳤다. 신용카드 사용액에 소득공제 혜택을 주는 것은 소비 진작도 되고 거래의 투명성도 높이는 효과가 있다. 신용카드사들은 서로 카드사용액을 높이기 위해 경쟁을 했다. 신용카드업은 매출에 대한 수익률이 높다. 당시 황금알을 낳는 사업으로 평가되기도 했다. 특히 LG그룹은 그룹차원에서 LG카드사를 전략기업으로 육성코자 했다. 삼성카드 역시 1등을 지켜야 했고 다른 은행계 카드사들도 고객확보 경쟁에 돌입했다. 여기서 1등은 매출 경쟁, 즉 양적 경쟁이다. 카드 결제 능력이 없는 개인들에게 카드가 무차별 발급되고 길거리에서 간단한 서류만 만들면 카드를 발급해 주었다.

리스크를 관리하지 않는 양적 경쟁은 재앙을 촉발한다는 것을 바로 수년 전에 IMF 위기에서 생생하게 경험했지만 교훈이 되지 못했다. 수입이 없거나 적은 젊은 계층이 카드를 통해 소비에 나섰다. 카드 결제일이 다가오면 다른 카드에서 대출을 받아 돌려막기를 하고 한도가 다 차면 또 카드를 발급받는 식이다. 두려운 상황이 벌어지는 것은 시간 문제였다. 우리 속담에 "빚이 범보다 무섭다"는 말이 존재하는 것을 보면 우리 조상들은 부채를 경계한 것 같다. 최근에는 정보통신이 발달하여 개인의 소비나 생활양식이 서로에게 많이 노출된다. 빚을 통해서라도 다른 사람의 소비를 따라가는 이른바 소비의 전시효과가 크다. 한국의 카드 사태 당시 전형적인 소비의 전시효과가 나타났다. 결과적으로 대규모의 신용불량자가 양산되었다.

외환위기 이후 공적자금이 투입된 은행의 건전성과 수익성이 개선되었다. 2002년 카드사태가 벌어졌을 때 은행은 부실 카드계열사를 합병하고 카드사가 발행한 채권을 인수하여 카드부실이 시스템위기로 전이되지 않고 정리되는데 결정적인 역할을 했다. 은행들이 자신감을 갖고 있었다. 은행간 경쟁이 치열했다. 서로 1등 은행이라고 직원들에게 자부심을 고취시키고 있었고 신입직원은 전사라 부르며 극기 훈련을 했다. 그러나 불행하게도 은행간 경쟁은 규모 키우기 경쟁으로 흘렀다. 그럴 수밖에 없는 이유가 있다. 은행장 임기는 3년인데 성과를 보여야 연임을 하든지 다른 자리로 영전할 수 있다. 해외 지역을 리서치해서 투자하고 진출하거나 내부시스템을 개선해서 성과를 내는 것은 시간이 많이 걸린다. 은행이 양적 성장 전략을 취해 규모가 커지는 것은 눈에 확 띄게 할 수 있다. 그리고 대단히 쉽다.

은행은 예금을 받거나 또는 채권을 발행하여 자금을 조달하고 대출을 하거나 채권을 보유하는 등 자금을 운용한다. 대출을 늘리면 자산규모가 커진다. 예금을 단기간에 증대하는 것은 어렵지만 대출을 늘리는 것은 상대적으로 용이하다. 만약 리스크를 덜 고려하면 대출은 쉽게 늘릴 수 있다. 미국의 서브프라임 위기도 은행이 주택 구입 능력이 부족한 계층sub-prime에게 대출을 늘리다 주택가격이 하락하자 대량 부실화되며 발생했다. 미국에서는 대출을 증권화해서 자금을 조달해 주택대출을 늘릴 수 있었다. 당시 한국 은행들은 CD나 채권을 발행해서 자금을 조달해 주택담보대출을 경쟁적으로 늘려 갔다. 이외 같은 자금조달은 조달금리가 높고 시장 금리 및 유동성의 변동에 은행이 노출되어 리스크가 커진다. IMF 외환위기 이후 대기업들은 더 이상 은행 자금의 주 고객이 아니었다. 또한 오랜 기간 인플레이션이 지속되며 주택가격이 계속 오를 것을 아무도 의심하지 않았다. 주택담보대출은 은행과 주택가격 상승을 기대하고 있는 소비자들의 이해를 동시에 충족시켰다. 특히 아파트는 표준화되어 있고 거래가 잘 되어 시장가격이 잘 나타나는 등 담보물로서 좋은 조건을 갖추었다. 2000년대 들어 주거형태가 아파트 중심으로 바뀌었다. 2000년 아파트가 525만 가구였으나 2010년 817만 가구로 늘어난 반면 단독주택 가구는 동기간 711만 가구에서 687만 가구로 24만 가구 줄었다.

2005~2007년 국내은행의 자산은 매년 30% 이상 늘었다. 전세를 끼고 대출을 받아 주택을 구입하는 것이 유행이었다. 그러나 은행과 주택 구입자 모두가 만족하는 시간은 그리 오래 가지 않았다. 2008년 미국발 글로벌 위기는 우리 경제의 가장 취약한 고리인 은행 리스크와 주택담보대출을 파고 들었다. 국내 은행들은 달러를

조달하기 위해 글로벌 은행들과 크레딧 라인을 열어 놓고 있다. 그런데 미국의 서브프라임 위기로 금융시장이 경색되자 글로벌 은행들도 자금을 긴축적으로 관리했다. 특히 글로벌 은행들은 한국 은행들이 예금이 아닌 시장에서 자금을 조달해 주택 담보대출을 크게 늘린 점을 주목했다. 당시 국내 은행들의 예금 대비 대출 비율이 130%가 넘었다. 즉 국내은행들이 대출을 안정적인 자금조달 수단인 예금규모 보다 크게 늘렸다. 부족한 자금을 CD, 채권 등 시장 조달로 충당했다. 글로벌 은행들은 만약 주택가격 하락으로 대출이 부실해지면 은행의 리스크가 급격하게 높아질 수 있다고 평가했다. 국내 은행의 달러 크레딧 라인을 줄이거나 폐쇄했다. 거기다가 조선사 등 수출기업들은 달러가 들어올 것을 예상하고 선물환을 매도해서 미리 자금을 썼다. 그러나 예상과 달리 글로벌 위기로 조선 수주가 취소되는 등 달러가 들어오지 않자 미리 매도해 쓴 달러를 시장이나 은행에서 구해서 갚아야 했다. 은행은 달러 크레딧 라인이 끊기고 해외 달러채권 발행도 어려워 달러 구하기가 갑자기 어려워졌다.

은행의 달러 수요가 공급을 초과할 뿐 아니라 자본시장에서도 달러는 해외로 급격히 빠져나갔다. 서브프라임 위기로 큰 손해를 본 미국계 펀드나 운용사들은 유동성확보를 위해 해외투자 자산을 회수하기 시작했다. 달러 수요는 늘고 공급은 경색되니 환율은 천정부지로 올라갔다. 국제 포트폴리오 투자를 위해 국내에 들어온 주식, 채권 투자자금은 투자자들의 본국 사정에 따라 언제든 빠져나갈 수 있다. 이상적으로는 이 때 은행들이 해외에서 달러를 들여와 균형을 이루어야 한다. 거꾸로 경상흑자 등으로 달러가 넘쳐 원화가 강세가 되면 해외로 대출 투자 등을 늘려 달러를 유출시켜야 한다. 글로벌 시대에 은행의 또 다른 기능이 달러 유출입을 통해 시장원리에 따라 환율을 안정시키는 역할이다. 2008년 위기 때 국내 은행들은 자본시장 유출쇼크를 다소라도 완화시키기 보다 크레딧 라인까지 끊겨 달러 수요를 증폭시키고 문제를 악화시켰다. 단기간에 환율은 920원에서 1520원으로 67%나 치솟았다. 위기 당사국이 아닌 국가에서 전 세계 세 번째로 높은 상승률이다. 약 10년 만에 또 다른 외환위기 가능성으로 전 국민은 공포에 떨었다. 미국 중앙은행과 원 달러 스왑으로 겨우 위기를 넘겼나.

은행 경영진은 어느 정도 이코노미스트 자질을 가져야 한다. 국내 은행들은 자산규모가 300조 원을 훌쩍 넘어섰다. 은행의 대규모 자금을 어느 산업 어느 부문으로 배분하느냐에 따라 경제를 위기로 이끌 수도 있고 역동성과 활력을 유지시킬 수도 있다. 또한 경제의 국제화, 세계화가 진행되면서는 국내 경제, 국내 산업, 국내 기업만 분석하여 자금배분을 해선 안 된다. 글로벌 경제를 보는 통찰력을 갖고 있어야 한다. 자원 배분을 맡고 있는 은행들이 자산규모 키우기, 즉 양적 경쟁을 하는 상황은 최악이다. 은행 경영도 망가지겠지만 경제에서 차지하는 비중이 막대한 은행의 실패는 경제 전체를 위기로 빠뜨린다.

기업은행의 강권석 행장은 재임 중에 돌아가셨다. "은행간 과당 경쟁을 제발 막아야 한다." 그가 마지막에 한 말이다. 그나마 은행간 규모경쟁에서 기업은행은 다소 비켜나 있었다. 그럼에도 국내은행들이 군집 행동[6]herd behavior를 보이면서 구성원들이 어쩔 수 없이

---

6 다른 금융회사 또는 투자자의 의사결정을 무조건적으로 따르는 것을 의미한다.

뱅크스토리: 한국의 은행산업

따라가는 현상이 나타났다. 경제학 이론에서 과당 경쟁은 시장에서 자연히 해소되는 것으로 본다. 그러나 현실에서는 경영자가 주주이익만을 항상 추구하지 않는 이른바 대리인 비용이 발생할 수 있고 경영자들이 동일한 방향으로 움직이는 군집행태 등을 보일 수도 있다. 이 때 구성의 오류[7]fallacy of composition가 발생하기도 한다.

길거리에서 카드를 발급하다 카드사태가 발생했다. 돌이켜 보면 어처구니없는 일이다. 카드사태가 마무리된 뒤 당시 카드사 사장에게 물어봤다. "카드사들이 경쟁적으로 카드를 발급하면 결국 카드사 모두가 파국을 맞을 것을 정말 몰랐습니까?" "다른 카드사들이 모두 매출을 늘리는데 가만히 있으면 인사조치 당합니다. 어쩔 수 없습니다. 우선 내가 살아남아야 하니까." 금융에서 양적 성장을 목표로 한 과당 경쟁은 경영자의 자리를 파국이 올 때까지 다소 연장시키지만 국가 전체 경제를 위험에 빠뜨리기도 한다.

실제로 자산수요가 계속 증가하면 자산 가격이 상승할 것이라는 합리적 기대에서 발생한다. 반대의 경우도 성립한다. 그러나 때로는 금융자산의 변동성을 크게 해서 시스템리스크 확대 요인이 될 수 있다.

7 개인이나 기업이 합리적인 의사결정을 내렸더라도 이런 결정들이 모여서 비합리적인 나쁜 결과로 귀결되는 현상을 구성의 오류라고 한다. 예를 들어 미래가 불확실한 사회에서 육아비용 부담을 느낀 개인들이 출산을 적게 하는 것은 개인의 합리적인 판단일 수 있다. 그러나 모든 개인이 저출산에 나서면 사회 전체적으로 경쟁력 저하를 가져오고 궁극적으로는 세금 등 개인의 부담이 늘어나는 결과를 가져 온다. 금융기관 경영에서도 구성의 오류와 유사한 상황이 종종 벌어진다. 은행 또는 카드사 등 금융기관이 경영목표를 달성하기 위해 매출을 늘리는 것이 합리적일 수 있다. 금융기관의 매출 증대는 개인이나 기업의 부채가 많아진다는 의미가 된다. 어느 정도 기간이 지나면 사회전체의 리스크를 높이고 위기의 원인이 되기도 한다. 따라서 정부는 금융기관이 양적 성장 경쟁을 하면 위기로 이어지지 않는지 면밀히 살펴 볼 필요가 있다.

한국 금융의 국제화 걸림돌: 실패에 대한 트라우마

금융의 국제화는 한국 금융의 오랜 숙원 사업이다. 자원이 없는 우리나라는 우수한 인적자원만으로 눈부신 경제 성장을 이루어냈다. 금융은 인적자원 중심으로 세계 경쟁이 이루어지는 분야이다 보니 국민적 기대감이 컸다. 제조업은 세계시장에서 국민들이 자부심을 가질 만큼 선전하고 있다. 반면에 금융은 기대가 컸던 만큼 국민들에게 큰 실망을 주고 있다. 국내은행들은 총자산 중 해외에서 운용하는 자산 비중이 2013년 기준 3.9%에 불과하다. 일본의 미쓰비시 UFJ 은행의 경우는 37%를 넘는다. 지난 20여 년간 국내 금융기관 해외점포들의 영업이 현지 진출 국내기업과 재외국민을 중심으로 이루어져 왔다. 국내 은행들은 글로벌 은행에 비해 금리, 서비스 면에서 뒤떨어져 적극적으로 해외로 진출하고 있는 대기업을 고객으로 확보하지 못했다. 왜 금융에서는 삼성전자처럼 못하냐고 질책하는 목소리가 있었으나 최근 KB사태 등을 지켜보면서 금융 글로벌화 주장이 크게 위축되었다. 사실상 "그게 가능하겠냐?"라는 의견이 많아졌다.

한국 금융이 해외에서 돈을 벌어오고 제조업처럼 해외에서도 경쟁력을 갖기에는 몇 가지 핸디캡이 있다. 가장 큰 어려움은 달러의 조달문제다. 해외에서 대출을 하든지 투자를 하든지 대부분 달러로 해야 한다. 국내 은행의 달러 조달은 주로 달러표시 채권을 발행하거나 해외은행에서 빌린다. 조달금리가 해외에서 경쟁하는 글로벌 은행보다 높다. 또 다른 어려움은 환율 변동이다. 달러의 조달과 운용의 규모와 만기가 일치하지 않는 경우 환율 변동성에 노출된다. 환율은 역사적으로 봐도 변동성이 워낙 크기 때문에 은행이 감당하기에 벅차다. 따라서 조달과 운용의 규모와 만기를 일치시킨다. 그러다 보니 해외 영업에 제약이 따른다. 해외 영업을 등한시 하다 보니 경험과 네트워크도 취약하다. 최근 국제화에 성공한 해외 은행들의 특징은 외화예금 수단을 확보하여 금리경쟁력과 환율변동성 대처 능력을 높였다는 공통점이 있다.

　한국 금융 국제화의 또 다른 걸림돌은 실패에 대한 트라우마다. IMF 위기 전 종합금융회사를 중심으로 국내 금융기관들의 해외진출이 러시를 이루었다. 당시 홍콩에서는 지금보다 많은 숫자의 국내 금융기관 해외점포가 영업을 하고 있었다. 특히 종합금융사들은 해외영업인가를 받아 해외에서 조달한 달러자금으로 인도네시아 태국 등 동남아 국가의 채권에 투자를 많이 했다. 경험과 실력이 부족한 국내 금융기관들이 무리하게 해외진출에 나선 것은 당시 세계화라는 정부정책에 편승한 측면도 크다. 아시아 위기로 투자자산이 부실화되자 외화수급에 큰 어려움을 겪었다. IMF 위기 직후 한국 금융기관의 해외 영업은 초토화되었고 그 후 적극적인 해외진출은 엄두도 못내고 있었다. 그런데 2000년대 이후 경상수지 흑자가 지속되어 달러가 국내에 풍부해졌다. 또한 삼성전자, 현대차 등 대기업들은 해외시장에서 괄목할 만한 성과를 내고 있었다. 금융도 전략산업으로 키우자는 주장이 대두되었다. 정부는 2005, 2006년부터 금융기관의 해외진출을 독려하기 시작했다.

　2006년 기업은행 역시 해외진출 전략을 짜고 있었다. 필자는 기업은행 해외진출 전략 조사차 2006년 가을 약 한 달간 글로벌 금융시장을 둘러 볼 기회를 가졌다. 홍콩, 싱가포르, 인도, 독일, 폴란드,

카자흐스탄을 차례로 방문했다. 각 나라별로 대표 금융사 방문과 전문가 면담 일정을 짰다. 홍콩과 싱가포르는 중국, 인도의 금융지원 거점으로 이들의 경제성장, 발전을 이끌고 있었다. 중국, 인도가 세계시장에 편입되면서 자금의 조달, 운용 시장이 폭발적으로 커지고 있었다. 글로벌 시장 조사 마지막 방문국인 카자흐스탄에서는 예금보험공사 근무시 친분이 있던 카자흐스탄 예보사장 바킷 마제노바의 주선으로 BCC은행을 방문했다. 약 1년 뒤 KB국민은행이 인수한 후 곧바로 카자흐스탄 경제의 붕괴와 주식가격의 쓰라린 폭락사태를 맞았고 당시 KB국민은행 CEO가 책임을 지고 물러나게 된 바로 그 은행이다.

카자흐스탄은 카스피해 연안에 석유가 매장된 자원부국이다. 석유채굴비용이 중동국가 보다 높아 빛을 보지 못하고 있었으나 유가가 배럴당 100달러를 넘어서자 자원부국 대열에 합류하며 성장을 구가하고 있었다. 한국의 건설사, 정유사, 은행 등이 진출하기 위해 러시를 이루고 있었다. 그러나 필자가 방문 후 내린 결론은 부동산 버블이 피크에 있는 나라라는 것이었다. 단기간에 주택가격이 올라 일부 아파트는 서울과 비슷한 가격을 형성했고 호텔에서도 현금결제가 일상적일 정도로 경제 시스템은 허술하기 짝이 없었다.

"우리는 지금 대박을 냈어요." 바클레이즈 은행에 합병된 당시 ABN Amro은행 카자흐스탄 지점장이 알마티에서 필자에게 한 말이다. 1990년 초반에 ABN Amro은행은 어느 나라도 중요하게 보지 않던 카자흐스탄의 자원개발 잠재력을 보고 지점을 개설하고 인맥을 구축하는 등 투자를 시작했다. 그동안 맺은 인맥을 기반으로 카자흐스탄 경제가 부흥하자 대형 정부가스회사 공개 주간사업무를 맡았고 카드업에도 진출하며 인력을 대폭 증원시켰다. 그럼에도 그는 부동산 가격이 최근 단기간에 급등해 버블이 형성되었다고 충고했다. KB국민은행이 BCC를 약 9천억 원에 인수계약 한 시점이 2008년 3월이니까 2007년부터 검토했을 것이고 이미 부동산 버블에 대한 우려가 카자흐스탄 내부에서도 나오고 있던 시점이다. 2008년 9월 리먼 브러더스가 파산하며 글로벌 위기가 본격화 되었다. 세계화라는 구호를 뒷받침하고자 1990년대 중반 겁 없이 해외에 진출한 결과는 IMF 위기 발생에 큰 역할을 했다. 그 후 KB국민은행의 BCC 투자 역시 대표적 해외진출 실패 사례로 기록되며 그렇지 않아도 뒤처지고 있던 한국 금융의 해외진출을 위축시키는 데 일조했다.

은행의 내부통제 시스템

2001년 우리금융 설립 작업을 주도한 이후 직접 경영에 참여하고 싶다는 의사표시는 했지만 우리은행 이사회가 필자를 상근감사위원으로 추천한 것은 뜻밖이었다. 2007년 3월 우리은행 주총에서 3년 임기의 상근감사위원으로 선임되었다. 은행은 사외이사 중심의 감사위원회를 구성하고 상근감사위원은 감사위원회 일원으로 활동한다. 은행의 감사(상근감사위원)는 법적으로 보호된 독립적인 지위를 갖는다. 은행이라는 공공성이 큰 거대한 조직의 CEO를 포함한 경영진을 견제 감시할 수 있는 여러 장치와 권한을 갖고 있다. 상근감사는 임원들이 결제한 모든 서류를 사후 결제하기 때문에 은행의 모든 업무를 파악할 수 있다. 행장과 부행장 등 경영진이 은행의 모든 경영 판단을 하지만 결정과정에서 견제와 균형이 이루어지는 건전한 내부통제 시스템을 구축해야겠다고 결심했다. 그런데 상근감사로 선임된 지 한 달도 안 되어 금융사고가 났다. 지점 직원이 시재금을 갖고 잠적해 버린 것이다. 그래서 금융사고 방지 프로그램을 먼저 구축하기로 했다.

은행은 항상 돈을 만지고 굴리기 때문에 금융사고 위험에 노출되어 있다. 사람은 세상을 살다 보면 돈이 급하게 필요할 때가 있기 마련이다. 임직원이 돈에 접근할 방법이 있는 은행은 금융사고 가능성을 갖고 있어 여러 내부통제 장치를 마련해 놓고 있다. 시스템도 중요하지만 결국은 사람이라고 생각했다. 그래서 20분짜리 동영상을 만들었다. 과거에 금융 사고를 낸 은행원들의 말로가 비참하다는 내용을 담았다. 음향도 자극적으로 세팅하고 첫 장면은 주식투자에 실패한 뒤 고객 돈을 횡령했다가 감사를 받던 중 아파트에서 투신한 은행원의 현장 핏자국을 클로즈업하며 시작했다. 해외로 도피해도 피할 곳이 없어 모두 실패했다는 내용도 포함되었다. 은행원들이 자금을 횡령해서 필리핀, 중국 등 해외로 도피하면 인터폴에 의해 경찰의 추적도 받지만 현지 조직 폭력배 등도 자금을 탈취하기 위해 추적하기 때문에 대부분 실패한다. 실제로 한 은행원은 고객 돈 수십억 원을 갖고 필리핀으로 가서 도박 등에 탕진한 뒤 숨어 살기 힘들어 본사에 비행기표를 보내달라고 연락해 자수한 경우도 있다. 동영상의 마지막은 "감사업무를 수십 년 하며 수많은 금융 사고를 감사했지만 성공한 케이스는 하나도 보지 못했다."는 감사실 직원의 멘트였다.

동영상이 완성된 뒤 해외지점까지 포함한 전국의 모든 직원이 업무 시작 전 사내 망을 통해 동시에 시청했다. 그날 오전 우리은행 홈페이지는 서버가 다운될 지경에 이르렀다. 동영상 시청 후 직원들이 시청후기를 너무 많이 올리며 서버가 감당을 할 수 없었다. 지점별로 모여서 시청하는 동안 숨소리 하나 들리지 않았다는 내용과 먼 곳이 아닌 바로 이웃 동료가 금융 사고에 휘말려 나락으로 떨어지는 것을 보고 대부분 충격을 받았다는 내용이었다. 내부 경영진들 사이에 너무 자극적이라는 일부 비판이 있었지만 예방효과를 위해 경각심을 고취할 필요가 있다고 생각했다. 어쨌든 필자가 상근감사로 근무하는 동안 금융 사고 빈도는 크게 줄었다.

금융 사고 예방의 긴장을 늦추지 않기 위해 감사실에서 순차적으로 실시하던 전국 지점 감사를 순서 없이 하는 불시 감사로 바꿨다. 또한 내부 통제의 경각심을 높이기 위해 은행 임원급 이상의 결제가 필요한 서류에는 최종결제 전 준법감시인이 법과 규정이 맞는지 확인토록 했다. 감사실 직원들을 대상으로 동료들의 잘못을 눈감아 주는 것이 결국 동료에 도움이 되지 않는다는 것을 주지시켰다. 감사실의 위엄이 움직이지 않아도 서슬이 퍼렇도록 유지해야 한다는 내용의 교육을 수시로 했다.

또한 감사의 역할이 단순히 금융 사고의 방지 차원을 넘어 경영의사결정의 견제와 균형을 이루는데 기여하도록 노력했다. 신규 사모펀드에 일본 증권사와 공동으로 거액의 주축투자anker investment를 결정한 결제서류가 규정에 따라 약 2주 후 감사실로 넘어 온 경우가 있었다. 필자는 투자 의사결정이 공개적으로 이루어져야 한다고 판단했다. 규정에는 투자결정이 의사회 의결이 필요한 금액을 밑돌아 이사회 의결은 필요하지 않았다. 고민하며 규정을 살펴보니 상근감사에게는 어떠한 의제도 이사회 안건으로 상정할 수 있는 권한이 있었다. 사모펀드 투자 안건을 이사회 안건으로 상정토록 했다. 박병원 당시 우리금융 회장 겸 이사회 의장께는 사전에 왜 안건을 상정할 필요가 있는지 설명했다. 이후 이사회에서 격렬한 토론이 벌어지며 투자 안건은 일단 보류되었다. 상근감사가 사전적으로 투자의 적절성을 판단하는 것은 바람직하지 않지만 의사결정의 견제와 균형이 이루어지도록 하는 것은 필요하다고 판단했다.

우리은행, 거액의 CDO, CDS 투자 실패

우리은행 상근감사로 근무한 지 약 6개월 정도 지난 2007년 가을 우리은행이 엄청난 규모의 미국 서브프라임 모기지를 기초자산으로 한 부채 담보부 증권CDO: collateralized debt obligation, 신용부도 스와프CDS: credit default swap에 투자했다는 사실을 알게 되었다. 약 1조 6천억 원이 투자되었는데, 신규투자 결제가 더 이상 없었기 때문에 처음에는 알지 못했다. CDO는 많은 대출자산을 모아서 집합pooling시킨 뒤 이를 기초자산으로 발행한 신용 파생상품증권이다. CDS는 수수료(고정금리)를 받고 부도위험만 거래하는 신용 파생상품계약이다. CDO, CDS 모두 금리 및 수수료가 매우 높아 수익성이 좋은 것처럼 보이지만 만약 두 상품의 기초자산인 미국 서브프라임 대출이 부실화되면 막대한 손실을 입을 수 있는 매우 위험한 상품이다. 더욱이 두 상품은 거래 시장이 없다. 따라서 매입자를 찾아 팔아야 하지만 이미 위험이 커진 뒤에는 아무도 상품을 사려고 하지 않았다. 일단 상황을 정확히 조사를 해서 내용을 파악한 뒤 감사가 필요하면 내부감사를 벌이기로 했다. 그런데 CDO, CDS의 구조가 너무 복잡해 직원 중에 내용을 정확하게 아는 직원이 극소수였다. 이들 직원들과 공부를 해 가며 내용을 파악하니 등에서 식은 땀이 흘러내렸다. 즉시 감사팀을 구성하여 투자 과정 및 리스크 관리의 적정성 등에 대해 대대적인 내부감사를 벌였다.

2007년 들어서며 미국 경제의 어두운 면이 부각되기 시작했다. 중국, 일본, 한국 등 동아시아 국가들은 물건을 만들어 미국에 팔고 달러를 받아 내부에 외환보유고로 축적한다. 미국은 세계 최강의 군사력 등을 유지하기 위해 정부의 재정 적자가 커지고 이를 메꾸기 위해 국채를 발행한다. 물건을 팔아 달러를 벌어들인 동아시아 국가들은 외환보유고로 미국 국채를 사서 보유한다. 즉 미국 국민들이 동아시아 국가들이 만든 제품을 소비하고 달러를 찍어내 물건 값을 지불하는데, 동아시아 국가들이 이 달러로 다시 미국채를 구입하기 때문에 달러는 미국으로 되돌아온다. 동아시아 국가들은 수출로 성장을 구가한다. 미국은 부채를 통해 소비를 즐긴다. 그 과정에서 미국은 달러를 찍어 발행해 순환시키고 장부상 부채가 늘어난다. 글로벌 불균형global imbalance이라고 불리는 세계 경제의 리스크 요인으로 부각된 현상이다. 어쨌든 미국은 달러만 찍어내면 무역적자, 재정적자에도 불구하고 소비를 즐길 수 있어 매직경제, 심지어는 주술경제라고 불리는 현상이다. 매직은 눈속임이고 주술은 허상이며 불균형은 지속될 수 없다. 어떤 계기를 통해 균형으로 회귀하느냐만 남았다.

미국의 주택시장에 버블이 형성되었다는 경고는 수년 전부터 지적되었다. 영국의 저명한 경제 주간지인 이코노미스트는 2006년 특집 판을 만들어 미국 주택가격 폭락을 예측하기도 했다. 주택가격이 계속 오르니 주택 구입 능력이 떨어지는 서브프라임(차상위) 계층에게 은행이 대출을 해 주며 주택구입을 부추겼다. 대출 상환 능력이 부족한 계층이 대거 주택 구입에 나서면서 일정기간 주택가격이 올라갔지만 결국 하락하며 대량 부실이 발생한 것이다. 빚으로 소비하고 주택가격을 올리며 모든 사람이 부자가 되는 미국 경세의 주술은 2007년부터 풀리기 시작했다.

　　2008년 1월 파산 위기에 몰린 미국 최대 모기지 업체인 컨트리와이드 파이낸셜은 BOA은행에게 매각되었다. 또한 3월 유동성위기에 처한 미국 2위 규모의 베어스턴스는 주당 2달러에 제이피 모건 체이스JP Morgan Chase가 인수했다. 1년 전 주가는 145.48 달러였다. 주택을 대거 구매한 서브프라임 계층이 원리금을 갚지 못하면서 주택모기지대출을 기초자산으로 만든 파생상품에 투자한 금융기관들이 속속 파산하기 시작했다. 주택담보대출을 기초로 한 CDO, CDS는 아무도 사려고 하지 않았기 때문에 미국 주택시장이 살아나지 않는 한 보유하고 있는 은행이 손실을 보는 수밖에 없었다. 우리은행은 1조 6천억 원 규모를 투자하고 있었는데 잔존 가치가 3% 정도로 추정되었다. 2007년 하반기부터 미국 금융시장은 시시각각 먹구름이 다가오고 있었지만 한국의 금융 시장은 상대적으로 평온했다. 심지어 감사계획을 짜고 있는 와중에도 미국 CDO에 거액을 투자했다는 서류가 감사실로 왔다. 주택이 아니라 뉴욕의 상업용 부동산을 기초자산으로 한 상품이라 위험이 없다는 설명과 함께.

당장 담당 임원에게 리스크 관리 계획을 세우도록 하고 은행장에게도 통지를 했다. 주택시장이 나빠지면 주택 부문에 대출, 투자한 금융기관들이 대량 부실해질 테고 개인은 재산 감소로 소비가 위축되면 시차를 두고 상업용 부동산의 공실률이 높아질 것이 예상된다. 아직까지 공실률이 양호하다고 수수료 수익을 위해 투자를 하는 것은 위험하다고 판단되었다.

이후 천문학적 손실은 본 우리은행 CDO, CDS 투자는 내부감사 외에도 금융감독원, 예금보험공사, 감사원 등의 집중 감사를 받았다. 담당 직원들은 초죽음이 되었다. 필자는 과거로부터 고민하던 두 가지 이슈를 생각했다. 과연 경영진의 책임은 어디까지인가? 담당자들은 CDO가 금리도 높고 무디스 등 신용평가사들로부터 트리플 A를 받은 우량 채권으로 분류되어 투자했다고 주장한다. 실제로 미국의 유수 금융기관들도 동일한 이유로 대규모 투자를 하고 큰 손실을 보았다. 결국 주의 깊게 관리 의무를 다 했는지 여부인데 채권의 거래시장이 없어 부실이 현재화되면 리스크 관리할 방안이 없다는 사실을 알았는지, 그리고 투자 의사결정 과정에서 견제와 균형이 잘 되어 충분한 검토가 되었는지 여부를 따져 봐야 했다. 또 하나의 이슈는 이제 한국의 은행 경영진은 글로벌 경제의 움직임을 보고 있어야 하며 경제 식견을 항상 유지해야 한다는 사실이다. 단지 고객을 관리해서 예금을 유치하고 타 은행의 거래처를 뺏어 오는 능력만으로 막대한 규모의 자산을 관리하기에는 크게 부족하다.

미국의 서브프라임 위기 중에도 일부 펀드매니저나 투자은행은 파국을 예상해 오히려 돈을 벌었다. 미국에서 2006년까지 10년간 주택의 실질 상승률은 92%로써 장기 평균의 약 세 배에 달했다. 1993년 가계부채/개인가처분소득 비율은 80% 수준이었으나 2007년 위기 직전에 127%까지 치솟았다.[8] 미국은 위기의 징후가 곳곳에서 감지되고 있었지만 증권화를 통한 금융시스템의 혁신 등으로 별 문제 없다는 주장이 주류였다. 더욱이 정치인 출신 쿠우모 주택장관은 저신용, 소수계들에게 주택 대출을 늘려 주택 소유를 높이고자 했는데, 이 같은 선의의 정부정책이 갈채를 받고 있었다. 빅숏big short이라는 책에 기술된 것을 보면, 마이클 베리 등 소수의 펀드매니저들은 시브프라임 계층의 주택매입이 지속될 수 없다고 판단하고 파국이 온다는 예상에 자신의 개인재산과 운용자산을 투자했다. 서브프라임 부도위험보험을 매입했다. 추후에 보험을 판 AIG 등 보험사는 서브프라임 대량 부도 후 보험 손실을 배상하느라 정부의 공적자금을 수혈 받았다. 특히 2005년 서브프라임 대출이 많이 발생했는데 낮은 미끼 금리가 적용되는 2년이 지난 2007년에 위기가 발생할 것으로 예상했고 그가 맞았다. 위기발생에 돈을 걸고 난 이후에도 주택가격이 계속 오르자 불안해진 그는 무디스를 찾아가 서브프라임 채권에 최고 등급을 매기는 담당자를 만났다. 무디스 건물을 나오며 그는 중얼거렸다. "나는 세계 최고의 부자가 될 것이다. 그들은 현실을 잘 모르고 있다."[9]

---

8 2014년 한국의 동 비율은 164%에 달한다.

9 마이클 루이스, "빅숏(Big Short)", 비즈니스 맵, 2010.

은행 경영진에 대한 정권의 불신임

"방금 뉴스에 나왔습니다." 2008년 5월 9일 10시 경 필자는 경기 지역 지점장들과 미팅 겸 오찬을 위해 약속 장소로 이동 중이었다. 감사실장의 전화를 받은 나는 올 것이 왔다고 생각했다. 약속을 취소하고 은행 본점 사무실로 돌아왔다. 이명박 정부는 모든 정부 출자 기관 임원들을 분류해서 재신임 여부를 발표하고 있었다. 재신임을 묻기 위해 사표는 일괄적으로 제출했다. 우리은행은 상장회사로 등기임원은 이사회 의결을 거쳐 주주총회를 통해 인사가 이루어져야 하지만 이런 절차 전에 뉴스로 나온 것이다. 이제 이사회, 주주총회 절차를 밟을 것이다. 상법상 은행 감사는 공석으로 두면 안 되고 주주총회를 통해서만 해임 및 선임하게 되어 있다. 경영상 불안정성을 예방하고자 상법에서 등기 임원의 임기를 3년으로 정하고, 특히 은행 감사는 임기 전에 해임할 수 있는 요건을 특정하고 있다. 필자는 CDO 투자 건으로 모든 임원들의 상여금 지급이 취소당했을 때도 감사 업무를 충실히 수행했다는 근거로 보너스를 정상적으로 지급받았다. 즉 경영상 문제도 없었다. 그러나 어떤 경우에도 본인 스스로 건강상의 이유 등으로 그만두겠다고 하면 된다. 따라서 이 경우에는 사표를 내고 정부가 수리할지 여부를 결정하는 모양새를 만들었다. 문제는 이와 같은 일괄 사표는 본인의 의사에 반한 결정이기 때문에 법적인 효력이 취약하다.

우리금융은 회장, 은행장, 감사가 일괄 물러났다. 물러난 지 몇 달 만에 회장, 은행장이 청와대 경제수석, 국민연금공단 이사장으로 각각 영전했다. 도대체 설명이 불가능한 상황이었다. 산업은행,

수출입은행, 기업은행은 정부가 대주주고 설립 법에 의해 경영 목표가 있고 정부가 행장 임명권을 갖고 있다. 그러나 우리금융은 공적자금이 투입되어 예금보험공사가 대주주지만 상법에 의해 설립된 주식회사다. 따라서 상업적 경영을 보장하기 위해 예금보험공사와 MOU를 맺고 경영에 간섭하지 않는 것을 목표로 했다. 그러나 설명 이유가 궁색한 상황에서 경영성과와 관련없이 경영진을 일괄적으로 해임한 것은 후임 경영진에게도 메시지가 된다. 민영화가 필요한 이유다.

정권의 불신임 결정이 발표되니 사무실에 있기도 불편해 집에 들어가 마음을 정리하고 다음날 출근해서 약속 취소 등 잔무 처리를 한 다음 그 날짜로 사직 처리를 했다. 서울에서 지인들과 만남을 지속하면 울분만 토로할 것 같아 시골집으로 또다시 내려가 몇 달을 책을 읽으며 보냈다. 정부를 상대로 불신임 취소 민사 소송을 하면 승소할 수 있다는 변호사의 조언도 있었지만 정부 상대로 소송을 제기하고 싶지 않았다. 그러나 생활을 해야 하기 때문에 직장을 계속 알아보았다. 곧 코람코 자산신탁 자문위원, GM대우 사외이사, 대우증권 상임고문 등을 맡아 금융 전문성을 살려 활동을 재개하게 되었다.

코람코 자산신탁회사는 이규성 전 재경부 장관이 설립한 우리나라 최초의 부동산 리츠회사다. GM대우는 대우그룹이 해체되는 과정에서 2002년 대우자동차를 GM이 인수하며 바뀐 회사이름이다. 산업은행이 약 17%의 지분을 갖고 있어 2대 주주다. 미국 GM측 7명과 산업은행에서 추천한 한국측 3명으로 10명이 이사회를 구성하고 있다. 대우증권 상임 고문으로 근무할 때는 한 달에 한

번 경제 관련 책을 읽고 요약해서 사장과 임원들에게 제공했다. 증권사의 투자 및 고객관리에 세계 경제 흐름 등을 참고토록 자료를 만들어 제공했다. 2010년 8월 초 대우증권 상임고문 1년 계약이 끝나갈 무렵 여름 휴가를 동해안에서 보내고 있었다. 새로 선임된 지 한 달 남짓 된 어윤대 KB금융지주 회장으로부터 KB금융 경영연구소를 맡아달라는 전화를 받았다. 유사한 전화가 내 인생에서 몇 번째일까 전화를 끊고 생각했다.

은행 경영의 업그레이드 노력

휴가를 접고 서울로 올라왔다. 원래 KB국민은행 소속인 연구소를 지주사 내부조직으로 바꾸며 소장을 맡았다. 즉 지주사 임원으로 담당업무가 연구소장인 셈이다. 2010년 입사 때 KB금융지주의 전무로 임명받고 2013년에 부사장으로 승진했다. 연구소장으로 임명을 받고 세 가지 업무를 중점적으로 추진해야겠다고 생각했다. 우선 경영 의사결정이 리서치에 기반을 두고 이루어져야 한다고 믿었다. 두 번째는 KB금융그룹이 지식집단의 이미지를 갖게 하여 브랜드 가치를 높이는 일이다. 그리고 세 번째는 리서치 결과물을 고객마케팅의 수단으로 활용하는 것이었다.

KB국민은행의 과거 잘못된 투자 결정 등은 사전에 제대로 된 연구가 없었기 때문이라고 판단했다. 필자가 2006년 기업은행의 프로젝트로 카자흐스탄을 방문했을 때 거시경제가 버블로 대단히 위험해 보였는데, 어떻게 그 즈음에 BCC은행 매수라는 대형 투자가 이루어질 수 있었는가? 사후적으로 경영 의사결정이 잘못된 결과를 가져올 수는 있다. 그러나 의사결정에는 사전적으로 항상 치열하게 연구하고 철저한 조사가 필요하다. 연구소가 경영의사 결정을 뒷받침해야겠다고 생각했다. 또한 KB금융그룹이 고도의 지식집단이라는 이미지를 만들어 기업의 브랜드가치를 높이는 일이 필요하다고 생각했다. 어윤대 회장도 관심이 많은 분야였고 아이디어가 많으셨다. 은행은 더 이상 예금보다 대출수요가 많아 자금배분 순서만 정하면 되는 기업이 아니다. 은행원은 고객의 금융수요를 맞추어 금융서비스업을 수행하는 그야말로 전문가라야 한다. 대출 포트폴리오의 조정은 경제흐름에 앞서 선제적으로 이루어져야 한다. 특히 은행은 경제흐름을 잘 파악해서 고객들의 자산을 투자할 상품배분을 조언해야 한다. 만약 은행의 담당자들이 고객의 금융 또는 경제지식을 따라가지 못하거나 잘못 조언한다면 은행의 신뢰는 떨어질 수밖에 없다.

특히 고객의 자산관리 조언을 하는 개인자산관리 담당 직원PB들은 경제 현안에 대한 이해나 지식이 절대적으로 필요하다. 연구소에서 매주 약 4페이지 지식비타민이라는 자료를 만들어 배포하고 한 달에 한 번 정기적으로 시험을 보았다. 업무량이 늘어난다고 직원들이 불평하고 특히 노조에서는 시험 성적을 평가하지 않더라도 시험 보는 것 자체를 노사 협상의 의제로 삼을 정도로 반대했다. 일부 반대에도 불구하고 2년여 지속하니 PB직원들의 실력이 향상되었다는 신호가 여기저기서 들려 왔다. 따라하는 다른 금융회사들도 생기고 심지어 훈련 받은 PB직원들을 스카우트하려는 움직임도 있었다. 금융 산업의 경쟁력 향상은 직원 한명 한명이 실력과 역량을 끊임없이 높이려는 동기가 부여되어야 가능하다. 업무에 맞춤 자료를 배포한다면 이론적으로는 직원들이 돈을 내고도 공부하겠다고 참여해야 맞다. 그래서 고객들로부터 실력을 인정받고 신뢰를 획득하며 본인의 몸값을 올려서 연봉 협상을 하고 연봉을 많이 준다면 직장을 옮기는 것이 자연스럽게 받아들여져야 한다. 이른바 프로들의 집단으로 변모해야 한다. 그러나 현실은 그렇지 않다. 연봉을 차별화하기도 쉽지 않고 실력을 쌓아도 인정받을 기회도 적고 특히 잘못해도 차별받지도 않는 이른바 '좋은게 좋은' 문화가 존재한다. 은행간 직장 변경은 대단히 어렵고 타은행으로 직장을 옮긴다고 해도 살아남기 어려운 자행이기주의 문화가 있다. 은행의 문화를 당장 바꾸기 어렵다면 업무 지식과 실력이 절대적으로 필요한 직종군에서라도 성과 중심 체제로 시급히 변모해야 한다.

대학을 졸업하고 은행에 들어온 뒤 모두가 비슷하게 대우받기를 원하며 다른 은행으로 옮기기도 어렵고 타은행에서 살아남기도 어려운 문화는 프로를 육성하는 데 어려움이 많다. 우리나라는 자원이 없는 대신 인적자원은 우수하다고 믿고 있다. 따라서 은행 등 금융산업이 세계적으로 두각을 나타낼 것으로 기대했는데 사실상 그 기대는 무산되었다. 여러 이유가 있지만 이와 같이 평가하기 어렵고 차별화되지 않는 구조가 경쟁력을 높이는 데 어려움을 주고 있다. 경영진도 마찬가지다. 회의 때 어떤 의견을 피력했고 결과가 어땠는지 평가되고 역할이 주어져야 하는데 배경으로 경쟁을 해서 경영진이 되는 길이 주어지면 은행이 경쟁력을 갖기란 요원한 바램이다.

항상 그렇지는 않지만 가끔 경력과 능력을 갖추지 못한 엉터리 같은 CEO가 배경을 기반으로 나타나 직원과 노조의 반발을 사고 직장문화를 냉소적으로 만드는 데 결정적인 기여를 한다. 이런 구조적인 문제가 반복되니 직원들이 각자 은행 내에서 생존하는 방법을 찾는 것이 하나도 이상하지 않다. 우선 동일한 출신을 기반으로 뭉치는 것이 생존의 방법이다. 심지어 합병된 지 10년이 훌쩍 지난 은행에서도 각각 원래 은행 출신들끼리 뭉친다. 낮에는 모두 같이 일하지만 밤에는 출신 은행에 따라 모임을 갖기도 한다. 종종 은행 내에서 벌어지는 풍경이다.

은행의 브랜드 가치 제고

KB금융 경영연구소는 자료를 끊임없이 생산해서 직원들에게 다양한 통로로 배포했다. 연구소가 은행 등 계열사들의 현장 상황과 동 떨어진 연구나 활동을 하지 않도록 연구소 직원들과 은행의 본부 계열사 등과 정기적으로 관심사항을 논의했다. 은행의 각 본부 및 계열사들의 고민과 현안을 우선 파악하고자 노력했다. 연구소의 또 다른 활동은 은행이 지적 공동체라는 대외적 이미지를 높이는 것이다. 처음에는 은행고객들이 관심이 큰 연구주제를 선정한 뒤 연구결과물을 시장에 내놓는 전략을 취했다. 또한 은행이 직접 영업을 하는 데 도움이 되거나 은행의 브랜드 가치를 높이는 주제를 선정했다. 금융연구원이나 KDI 같은 정부 정책 중심의 연구소와 차별화 전략을 써야 했다. 예를 들어 그동안 우리나라에서 연구가 소홀했던 한국의 부자실태, 자영업 업종별 생존기간, 베이비붐 세대의 은퇴준비 등 주제를 선정했다.

국민 대다수가 관심을 가질 만한 연구결과물들이 언론의 관심을 불러 일으켰다. 한국경제신문은 1년에 두 번이나 KB경영연구소의 연구 결과물을 1면 톱으로 게재했다. 특히 한국의 부자보고서가 국내에서 처음으로 연구되어 발표되었을 때 조선일보는 경제면 한 페이지를 전부 할애해서 소개했고 매일경제신문은 2개 페이지를 전부 할애했다. 은행 홍보 담당 부서가 제일 좋아했다. 무료로 엄청난 홍보 효과를 누렸기 때문이다. 언론에 소개된 보고서를 PB센터 등을 통해 고객들에게도 배포했다. KB금융그룹이 항상 연구하고 고민하는 지식집단이라는 이미지를 만들어갔다. 은행 및 연구소의 브랜드 가치가 커지고 연구원들의 역량이 높아졌다.

이에 세 번째 과제로 생각한대로 자료로 고객서비스를 시작했다. 금리, 환율, 원자재가격 등 동향과 예측은 대부분의 고객 기업들이 어려워하고 있는 주제다. 그나마 대기업들은 증권사나 경제연구소들로부터 자료도 받아보고 있지만 중소기업은 자료 접근도 어려운 것이 현실이다. 최고의 자료를 만들어 고객 중소기업들에게 배포하고 도움을 주고 싶었다. 고객 메일 리스트를 만들어 금리, 환율 등 경제 동향 예측과 헷지 등 대처 방안을 월간지로 만들어 배포했다. 자료의 질을 높이기 위해 외부 전문가들과 정기적으로 미팅을 가졌다.

금융의 국제화는 금융 전문가들이 항상 주창하는 주제다. 한국의 대부분 은행들은 해외자산이 전체 자산의 5%에 미치지 못한다. 왜 그럴까? 앞서 논의한 대로 달러가 국내에 풍부해 질 때 국내 은행들이 해외로 진출했다. 그런데 국내에 외화가 풍부해 질 때 전 세계 경제로 보면 버블이 붕괴되기 직전이 된다. 국제화는 장기적인 관점에서 한 발짝씩 접근해야겠다고 생각했다. 은행의 국제화를 위해 중국 시장을 주목했다. 중국은 외국은행들의 영업을 제한적으로 허용하고 있지만 지리적으로 가까워 엄청난 규모의 시장이 될 것은 틀림없는 사실이다. 연구소가 국제화를 지원하고 전략을 짜는 일도 도와야 하지만 중국은 전통적으로 관계를 중시하는 나라라는 점을 감안해서 직접 나서야겠다고 생각했다. KB금융은 북경에 현지법인을 개설하는 작업을 진행 중에 있었다. 공상은행ICBC은 중국에서 가장 큰 은행이고 전 세계에서도 가장 자산규모가 큰 은행이다. 직원 숫자가 39만 명에 이른다. 2011년 공상은행 싼샹양 노시금융연구소장을 북경으로 가서 만났다. 공상은행 연구소장과 한국과 중국의 경제 및 은행 경영에 대한 의견을 교환하고 정기적으로 교류하기로 합의하여 MOU를 맺었다. 2012년 봄에 공상은행 연구소 부소장과 연구원 6명이 한국을 방문해서 공동 세미나를 개최했다.

2012년 가을에는 북경에 현지법인을 오픈했다. 오픈 기념 한중 경제포럼을 개최했는데, 북경에서 가장 영향력 있는 금융권 학자와 금융인들을 토론자로 초청했다.[10] 공상은행 도시금융 연구소에서 중국의 금융지도층 인사를 초청하는데 협조했기 때문에 가능했다. 중국은 관계를 중시하는 나라이기 때문에 오랜 기간 상호 교류를 하며 네트워크를 만들어가야 비즈니스도 성공할 수 있다.

---

10 지바오청 전 인민대 총장, 쟈오시진 인민대 재정금융학부 부학장, 쟈캉 재정부 재정과학연구소장, 리우야 대외경제 무역대학교 부총장, 송펑밍 칭화대학교 금융연구센터 소장, 왕이밍 국가개발위원회 거시경제연구원 상무부원장, 궈텐용 중앙재경대학교 중국은행 산업연구센터 주임, 쥐궈위 북경대학교 경제연구소장, 허챵 중앙재경대학교 증권선물연구소장, 왕궈강 중국사회과학원 금융연구소장, 짠샹양 공상은행 도시금융연구소장, 웨이자닝 국무원 발전연구중심 부국장 등이 한중경제포럼에 참석해서 발표했다.

경영진 갈등의 뿌리

KB경영연구소 일에 몰두하는 사이 그룹 CEO 3년 임기가 끝나가고 있었다. 경영진간 갈등이 모락모락 피어나고 있었다. 은행은 주도적인 대주주가 없고 주식이 분산되어 있기 때문에 이사회 구성의 과반수를 넘는 금융지주사 사외이사가 경영권을 행사하는 구조다. CEO를 선임하는 권한을 경영권이라고 정의하면 금융지주사 이사회가 경영권을 갖고 있다고 할 수 있다. 사외이사를 포함한 이사들은 주주총회에서 최종 선임되며 주주로부터 경영권을 위임받는다. 사외이사들로 구성된 회장추천위원회는 CEO를 선출하는 권한을 갖고 있다. CEO는 주주총회에서 최종 선임되지만 은행의 분산된 소유구조로 볼 때 이사회에서 사전에 결정된 안을 주주총회에서 추인하는 것이 일반적이다. 또한 이사회 활동의 견제와 균형이 작동하도록 사외이사 숫자를 7~9명으로 한다. 이사회의 독립성을 제고하기 위해 다수의 사외이사를 선임한다. 사외이사 숫자가 많기 때문에 은행 내부 또는 외부에서 영향력을 행사하기가 쉽지 않다. 또한 사외이사 숫자가 많아 소수의 사외이사들이 담합하여 사적 이익을 추구하는 것도 어렵다.

미국 서부지역의 대표은행인 BOA^{Bank Of America}에 대해 지역민들과 주주들은 뉴욕 등 동부지역 은행들에 경쟁할 최고의 은행으로 만들고 싶은 열망을 갖고 있었다. 재산이 많고 존경받는 지역의 최고 원로를 이사회 의장으로 추대했다. 이사회 의장이 이끄는 이사회가 CEO 인선을 맡는다. 우리나라 은행들과 같이 주식은 분산되어 있지만 주주들은 이사회가 최선의 선택을 했을 것으로 신뢰를 보낸다. 불행하게도 우리나라 은행들의 경우 이와 같은 과정이 신뢰를 받지 못하는 경우가 종종 있다. 정부의 영향력이 존재한다는 의심을 받기도 한다.

2012년 하반기 이후 KB금융에서 한국 금융사에 남을 전무후무한 사건이 계속 이어졌다. ING 생명보험 M&A추진부터 갈등이 표면화하기 시작했다. KB금융은 은행비중이 전체 그룹에서 차지하는 비중이 대단히 높다. 금융지주사를 설립한 목적은 은행, 증권, 보험 등 금융사들이 하나의 지주사를 중심으로 경영시너지를 높이려는 것이다. 그런데 은행 수익이 전체 그룹수익의 80%를 훨씬 넘으니 왜 지주사를 만들었냐고 지적을 받기도 한다. 더욱이 KB금융은 외환은행, 우리금융 인수가 불발되며 내부 자금도 풍부하고 비은행 비중을 높이는데 대한 공감대가 형성되어 있었다. 유럽계 생명보험사인 ING는 유럽의 재정위기로 내부 경영이 어려워지자 전 세계 투자에서 철수를 계획하고 있었다. 한국의 ING도 매각하기로 결정했고 KB금융은 유력한 인수 후보사로 떠올랐다.

ING 생명보험사 인수 안건이 이사회에서 부결되었다. 우리나라 은행의 이사회는 안건 찬성률 99%로 거수기라는 비판을 받기도 한다. 그러나 실상은 중요한 안건인 경우 이사회 전에 안건에 대해 이사들에게 설명하고 의견을 묻는 과정이 상당 기간 이어진다. 따라서 반대의견이 많을 경우 안건은 수정되거나 폐기되는 것이 일반적이다. 이사회 안건을 상정하는 것은 CEO 또는 이사회 의장이기 때문에 부결될 안건을 상정하는 것은 이례적이다. 이는 이사회에 갈등구조가 존재한다는 증거일 수 있다. 물론 다수의 이사들을 사전에 충분히 설득하지 못해서 이사회에서 논의를 통해 안건이 부결될 수도 있다.

2013년 3월 정기 주주총회에서 갈등이 폭발했다. 일부 사외이사 불신임안이 권고되는 해프닝이 발생한 것이다. ISS[11]가 이례적으로 KB금융의 일부 사외이사에 대한 불신임을 외국인 주주들에게 권고했다. 경영진중 한 명이 ISS에 자료를 주었고, 이것이 적절했냐는 분쟁이 있었다. 우리나라 금융지주사들의 단일 최대주주는 국민연금이다. 단일 주주로는 가장 많은 약 8~9%를 확보하고 있다. 물론 국민연금은 특별한 경우 아니면 주주총회에서 의사표시를 하지 않는다. 합쳐서 60%가 넘는 지분을 갖고 있는 외국인 투자가들은 그 수가 많기 때문에 공동으로 의사표시를 하기가 쉽지 않다. KB금융의 사외이사 선임 안은 국민연금이 찬성하며 예상대로 주주총회에서 통과되었다. 곧이어 임기가 끝난 CEO는 스스로 연임하지 않겠다고 선언하고 새로운 CEO로 당시 KB금융지주 사장이 선임되었다.

신임 CEO는 지주사 은행 및 계열사의 임원 등 경영진을 대부분 교체했다. 필자를 포함한 약 40여 명의 임원이 물러났다. 그런데 신임 CEO는 은행장과의 내부알력이 언론에 크게 보도되며 선임된 지 1년을 갓 넘기고 감독당국으로부터 중징계를 받아 은행장과 함께 물러났다. 윤종규 전 KB금융지주 부사장이 CEO로 선임되며 1년여 기간 일하던 약 50여 명의 임원이 물러나고 또다시 바뀌었다. 이후 사외이사 모두가 동시에 물러났다. KB사태로 불린다.

---

11 ISS(Institutional Shareholder Services)는 세계 주요기업의 주주총회 안건을 분석해 전 세계 170여 개 대형 금융기관에게 찬성 반대 형식으로 의견을 제시하는 주주의결권행사 자문사이다.

금융현장 에필로그

2013년 7월 또 다시 임기 중에 직장에서 물러났다. 미국 대학에서 재무관리를 전공해서 박사학위를 받고 한국에 돌아와 직장을 잡은 금융연구원에서 연구를 계속하고 차분히 지냈으면 이렇게 험하게 살지 않았을 것이라는 생각도 들었다. 연구자가 금융 현장으로 들어와 부대끼는 것이 외환위기 때문이라는 생각이 들었다. 외환위기는 우리나라 금융을 송두리째 바꾸는 계기가 되었다. 당연히 재무관리 지식과 금융연구 경험에 대한 수요가 많았다. 또한 필자도 금융위기 극복 현장으로 들어가 일하고 싶은 욕구가 컸다. 그러다 보니 금융 현장에서 필자에게 많은 과제, 업무가 주어졌다. 그러면 주어진 업무를 잘 하고 금융 발전에 기여하고 싶었다. 또한 주어진 과제를 달성하기 위해 어떻게 접근하고 어떤 단계를 거칠 것인지 전략을 생각하고 실행에 옮겼다. 어떻게 생각하면 금융을 공부한 학자로서 다양한 실무 경험의 기회를 가졌다는 것은 대단한 행운이기도 하다.

이후 금융연구원에서 비상임 연구위원으로 초빙되어 후배들과 세미나에 참여하기도 하고 다시 연구 활동을 시작했다. 지속되는 저성장체제에서 은행의 수익성을 어떻게 회복할 것인가에 관심을 가졌다. 일본의 장기 불황기에 일본은행들의 경영상황이 어떠했는지 살펴보고 싶었다. 최근 일본 은행들의 성과는 대단히 좋다. 미쓰비시 UFJ 등 일본 3대 메가뱅크는 수수료 수익이 전체수익의 25%를 넘고 해외영업 수익은 30%를 넘는다. 2014년 총자산이익률ROA은 1% 수준으로 견조한 수익성을 나타내고 있다. 불황 초기에 약

10년간 적자를 면치 못하던 일본 은행들이 2000년대 중반부터 수익성 회복의 전기를 마련했다. 우리나라도 저성장체제가 지속되고 있다. 일본 은행들의 경험은 많은 시사점을 줄 것으로 판단했다. 이에 "저성장기 일본 은행의 경험과 시사점" 보고서를 금융연구원에서 2016년 2월 출간했다. 2014년 봄 학기에 고려대학교 경제학과 대학원에 재무 경제학 특수연구 강의를 개설해서 은행론을 강의했다. 왜 은행이 중요하고 왜 위기가 반복되는지 현장 경험을 포함해 학생들에게 문제의식을 불러 일으키려고 노력했다. 강의를 하며 책으로 강의 내용을 남겨야겠다는 생각이 들었다. 2015년 3월 주주총회에서 하나금융지주 사외이사로 선임되어 은행, 금융지주사와의 인연을 이어가고 있다.

제 4 장

은행경영과
반복되는 금융위기

BANK STORY

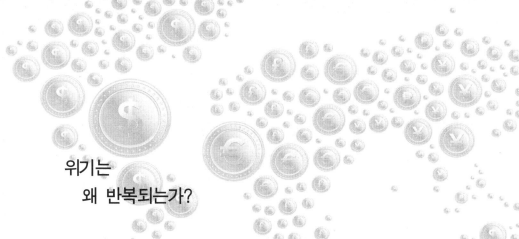

위기는 왜 반복되는가?

은행은 왜 특별한가?

세계 최대의 경제대국인 미국에서 은행이 특별하다고 정부가 판단한 것은 1929년 발생한 경제대공황 이후라고 볼 수 있다. 1929년 주식시장 붕괴로 시작한 미국의 대공황은 대규모 은행 파산이 수반된 은행위기로 진전되며 장기불황으로 이어졌다. 은행은 불특정 다수로부터 예금을 받아 대출을 하는 중개기관으로 자기자본이 상대적으로 작다. 은행의 전체 자산 중 부채인 예금이 차지하는 비중이 높다. 따라서 일시에 예금자들이 인출을 요구하면 대부분의 은행은 예금자들에게 예금을 모두 지급하기 어렵다. 따라서 고객이 한꺼번에 예금인출을 시도하지 않도록 은행이 안전하다는 신뢰를 고객들에게 주어야 한다. 1929년부터 1933년까지 미국의 은행 숫자는 2만 6천 개에서 만 5천 개로 줄었다. 약 1/3에 달하는 은행이 파산했다. 당시 은행이 파산 가능성이 있다는 소문이 돌면 은행 앞에 서로 먼저 예금을 인출하려는 고객들이 길게 줄을 서는 일[12]이 다반사가 되고 많은 은행의 연쇄 파산이 발생했다. 하나의 은행이 부실화되거나 파산하면 경제에 주는 부정적 영향이 대단히 크다. 즉 은행은 외부성이라는 공공재적 성격을 갖고 있다.

대공황 이후 미국은 금융 시스템을 보호하기 위해 여러 가지 제도를 신설했다. 그 중에서도 은행 시스템을 보호하려는 조치가 두드러진다. 1933년 글래스 스티걸 법Glass-Steagall Act의 제정으로 은행의 중요성이 부각되었고 은행은 정부가 우선적으로 보호할 대상으로 자리매김했다. 글래스 스티걸 법에 따라 은행의 증권투자와 증권 발행 주간사 업무가 금지되었다. 위험이 큰 증권 업무로부터 은행을 떼어냈다. 글래스 스티걸 법에 기반을 두고 연방예금보험공사 FDIC, Federal Deposit Insurance Corporation를 설립하여 개인당 2,500달러까지의 예금은 공적기금으로 보호하게 되었다. 은행은 예금에 대해 FDIC에 예금보험료를 지불한다. 고객들은 예금이 보호되니 은행이 불안해 보여도 예금인출을 서두를 필요가 없어졌다. FDIC는 현재 개인당 25만 달러까지 예금을 보호해 금융안정을 지키고 있다. 정부가 은행이라는 기관을 보호하기 보다 은행기능을 보호해야 한다는 개념을 대공황 이후 대부분 나라에서 받아들이고 있다. 이후 은행 파산이 종종 발생했지만 예금인출사태는 현저히 줄었다.

은행기능의 기본은 경제의 자금 잉여 부문에서 자금 부족 부문으로 자금을 중개하는 것이다. 불특정 다수로부터 예금을 받고 대출을 한다. 돈을 맡긴 예금자를 대신해 대출된 자금이 제대로 운용되는지 모니터한다. 만약 대출 등 자금 운용의 모니터가 잘못되어 은행이 파산해 예금자가 손해를 보게 된다면 피해자 숫자가 대단

---

12 뱅크런(bank run)이라고 한다.

히 많다는 현실에 직면한다.

또 다른 중요한 은행기능은 예금 등 금융상품을 통해 개인의 자산을 얼마든지 쪼갤 수 있다는 것이다. 이 기능이 뒷받침되어 지급결제 기능이 완성되고 거래를 종결시킬 수 있다. 만약 이와 같은 은행기능이 없으면 물물 교환을 하거나 거래비용이 크게 늘어난다. 또한 비유동 자산을 유동화한다. 예를 들어 비유동 자산인 부동산을 담보로 대출을 일으켜 부동산 가치의 일부를 현금으로 전환할 수도 있다. 이와 같이 다양한 은행기능이 없는 경제활동을 더 이상 상상할 수 없다. 은행기능은 경제를 뒷받침하는 시스템이다. 한편 은행은 유동성, 신용, 금리 등의 위험에 노출되어 있고 지급결제는 은행간에 서로 연계되어 있어 내재적 불안정성이 있다. 그러다 보니 종종 은행에서 발생한 위험이 경제 전반으로 파급되거나 유동성 부족으로 은행간 자금시장에서 연쇄적인 자금회수가 발생하는 등 시스템리스크가 커지고 금융위기가 발생하기도 한다.

은행은 대표적 규제 산업이다. 정부는 시스템 붕괴를 막아야 할 책임이 있기 때문에 은행의 경영을 규제하고 감독한다. 저축은행도 은행기능을 제한적으로 수행한다. 영업의 지역 제한 등이 있지만 불특정 다수로부터 예금을 받고 은행과 같이 개인당 5천만 원까지 예금보험 대상이 된다. 돈이 돈을 번다는 속담이 있다. 저축은행 경영자 입장에서는 돈을 조달할 수단을 가지고 있으니 더할 나위 없이 좋은 비즈니스로 인식될 수 있다. 그러나 리스크 관리를 소홀히 하고 자금을 운영한다면 파국은 언제든 벌어진다.

IMF 위기 이후 저축은행이 대량으로 부실화되는 상황을 여러 번 경험했다. 수신기능을 갖고 있는 저축은행이 수신금리를 조금만

올리면 예금보험 대상이 되는 예금규모가 증가하는 것은 시간문제다. 특히 2000년대 중반 이후 예금으로 조성된 자금 중 상당 부분이 리스크가 크지만 수익성이 좋은 부동산 프로젝트 파이낸스에 운용되었다. 자금운용에서 부실이 커지며 대량 영업정지 사태가 벌어졌다. 5천만 원 미만 예금은 예금보험공사에서 대신 지급한다. 결국 예금보험기금의 저축은행계정은 대규모 손실이 불가피하다. 5천만 원이 넘는 예금보유자들은 해당 저축은행의 파산 이후 배당을 일부 받고 손해를 감수할 수밖에 없다. 은행이라는 이름을 믿고 원금이 떼일 것으로 예상치 못한 예금자들이 많이 있다. 은행기능에 대해서는 시스템 안정을 지키기 위해 정부가 개입할 수밖에 없고 세금으로 귀결될 수 있는 예금보험 기금 손실을 최소화하기 위해 사전에 감독을 통해 집단 부실화를 예방해야 한다.

금융 감독은 위기를 예방하지 못하나?

1929년 대공황이 발생하기 전 미국의 경제 운용 방식은 자유방임주의였다. 1913년 연방준비제도이사회FRB, Federal Reserve Board가 출현하며 통화정책으로 경기순환 역시 사라질 것으로 기대되었다. 시장의 보이지 않는 손이 모든 문제를 해결해 줄 것으로 믿었다. 소득세, 법인세도 사상 최저로 낮아졌다. 부유층은 여유자금으로 주식투자에 나섰다. 1921년부터 1929년까지 주가는 약 4배 올랐다. 그러나 1929년 10월부터 주가는 폭락하기 시작하여 1932년 7월까지 고점 대비 90% 하락했다. 이후 3년간의 디플레이션과 8년간의 장기침체를 거쳤다. 1941년에 가서야 1929년 명목 GDP 수준으로 회복했다. 1933년 글래스 스티걸 법을 제정하여 금융규제를 강화했다. 은행을 위험이 큰 증권시장으로부터 분리시켜 어떤 상황에서도 은행시스템의 붕괴는 방지해야 경제의 장기침체를 막을 수 있다고 판단했다.

은행의 주식투자 금지 및 예금보험공사 설립 이후 약 60년간 미국은 큰 금융위기 없이 안정된 금융시스템을 유지했다. 그러나 1980년대 말 미국의 저축대부조합S&L이 대량으로 부실화되는 어려움에 처했다. 정리신탁공사RTC를 설립하여 부실 S&L을 정리했다. RTC는 국회 동의를 받은 재정자금 913억 달러와 회수자금 및 차입금으로 1,360억 달러, 총 2,273억 달러의 공적자금을 집행해서 위기를 수습했다. 저축대부조합은 은행기능을 갖고 있었고 예금보험의 대상이다. S&L의 위기는 예금보험제도에 내재된 도덕적 해이 때문에 발생했다고 지적되었다. 예금이 보호되니 예금자들이 저축은행을 모니터할 유인이 떨어지며 저축은행이 고객의 예금으로 리스크가 높은 자금운용을 했다는 지적이다.

1991년 연방예금보험공사 개선법FDICIA, FDIC Improvement Act이 제정되었다. 도덕적 해이를 방지하기 위한 법이다. 우선 예금보험료를 은행의 리스크에 따라 차등화했다. 리스크가 높은 투자 및 대출을 많이 하는 은행은 예금보험료를 더 내야 했다. 아울러 적기시정조치PCA, Prompt Corrective Action를 도입했다. 은행의 부실화가 진행되면 파산할 때까지 기다리지 않고 감독 당국이 단계별로 개입해서 부실처리 비용을 최소화하기 위한 조치다. 또한 부실처리 과정에 대마불사too big to fail가 없다는 원칙을 천명했다. 즉 은행의 규모가 커 파산시 경제 전체에 영향을 주더라도 경영을 잘못해 부실화 되면 구제금융을 주지 않고 파산시키겠다는 선언이다.

1990년대 미국 경제는 신경제로 불리는 호황을 구가했으나 2000년대 초 닷컴 버블이 붕괴되며 미국 다우지수 및 나스닥지수가 2001년 9월 최고점 대비 각각 24%, 69%나 하락했다. 그럼에도 은행시스템의 위기로는 이어지지 않았다. 오랜 호황으로 시스템에 자신감을 갖게 된 미국은 1999년 그램리치 브라일리 법Gramm-Leach-Bliley Act으로 불리는 금융서비스 현대화법을 제정했다. 은행과 증권, 보험이 하나의 지주사 밑에서 경영할 수 있게 되었다. 은행은 증권, 보험사를 자회사로 둘 수 있게 되었고 증권이나 보험 상품을 고객들에게 제공할 수 있게 되었다. 글래스 스티걸 법으로 오랜기간 은행과 증권 등 여타 금융업무를 분리해 오던 미국이 글로벌 금융기관들간 경쟁이 치열해지자 고객의 편의성 제고를 위해 금융서비스 현대화법을 제정하여 겸업화로 선회한 것이다.

그러나 2008년 서브프라임 위기가 닥치며 분위기는 또다시 반전되었다. 2000년대 들어 금융기관들은 대출 등 자산을 증권화securitization시켜 유동성을 늘려 금융자산 규모를 키워갔다. 예를 들어 주택담보대출을 기초로 몇 개 신용등급의 증권을 발행하고, 발행된 증권들을 모아 같은 과정을 거쳐 다른 증권을 또다시 발행하는 과정이 여러 번 이어졌다. 은행은 대출자산을 매각해 유동성을 확보하고 주택담보대출을 늘려나가니 주택가격은 계속 올랐다. 과거에는 주택을 구입할 여유가 없던 서브프라임 계층에게도 대출을 제공하여 주택구입을 부추겼다. 상환능력이 부족한 서브프라임 계층은 집값이 더 이상 오르지 않자 대규모로 대출의 원리금 상환을 연체하기 시작했다. 이에 따라 주택담보대출을 기초로 발행된 증권 가격이 폭락하고 이런 증권을 보유하고 있던 금융기관들이 유동성 위기에 처하게 되었다. 은행위기가 발생한 것이다. 정부는 은행 등 금융기관에 긴급 구제 금융을 투입해 시스템 리스크의 붕괴를 방지할 수밖에 없었다.

2010년 미국은 도드 – 프랭크 법Dodd-Frank Act을 제정했다. 이는 은행이 자기계정으로 증권 및 파생상품 트레이딩과 헤지펀드 및 사모펀드PEF, Private Equity Fund를 제한하는 볼커룰Volker rule 내용을 담고 있다. 1933년 글래스 스티걸 법이 제정될 당시 존재하지 않았던 파생상품, 헤지펀드, 사모펀드가 포함되었지만 그 지향점은 동일하다. 변동성이 크고 위험한 금융상품으로부터 은행시스템을 분리해서 금융위기를 예방하는 목표를 갖고 있다. 그런데 왜 항상 사전에 예방하지 못하고 위기를 겪고 나서야 법을 제정하고 규제를 강화할까? 규제와 감독은 위기를 예방하는 목표를 갖고 있지만 금융의 창의성을 해쳐 효율성을 떨어뜨리는 측면이 있다. 또한 위기예방을 위해 규제를 강화해도 시간이 지나며 금융기관들이 규제를 회피해서 영업을 하게 된다. 규제의 실효성이 떨어져 규제완화deregulation를 추진한다. 규제가 완화되면 위기가 발생한다. 이 때 다시 규제를 강화reregulation한다. 이와 같은 과정을 반복한다. 이를 규제의 변증법regulation dialectic이라고 한다. 역사적 경험으로 보면 금융 감독과 규제는 위기를 예방하기 위해 발전되어 왔지만 시장은 항상 규제를 회피하는 상품을 만들며 자원배분의 효율성을 높인다. 그러나 부채가 많아지고 유동성에 의한 자산 가격 상승이 있을 때 위기는 또다시 찾아 왔다.

금융소비자 보호와 건전성 감독의 균형

금융 감독이 소비자 보호를 중시해야 하는지 또는 금융위기 예방을 위해 건전성 감독을 중시해야 하는지는 오랜 논쟁거리다. 물론 두 가지 모두 중시해야 하지만 중점을 어디에 두느냐에 따라 감독기구가 변천해 왔다. 금융기관은 종종 우월적 지위를 이용해 소비자의 권리를 침해하는 경우가 있다. 금리, 수수료 등 가격 산정에 담합을 하기도 하고 상품을 판매할 때 정확하게 내용을 전달하지 못할 때도 있다. 이를 불완전 판매라고 한다.

금융이 전 세계에서 가장 발전한 나라 중 하나인 영국은 전통적으로 소비자보호에 치중한 감독 제도를 갖고 있었다. 2008년 금융위기가 발발하기 전까지 영국 금융감독청FSA, Financial Services Authority이 금융감독 업무를 담당했다. 소비자 보호업무를 중요하게 다뤘으며, 거시감독은 중앙은행BOE, Bank of England이 맡고 재무성이 금융 관련 법률제정을 맡는 체제다. 2008년 영국의 금융위기는 노던록Nothern Rock 은행에서 시작했다. 주택담보대출을 주로 취급하던 노던록 은행은 2007년 부실화되었고, 정부로부터 구제금융을 받아 살아난 뒤 2008년 완전 국유화되었다. 5,500여 명의 직원 중 약 절반인 2,500명이 해고된 뒤 2012년 버진머니에 매각되며 민영화되었다. RBSRoyal Bank of Scotland은행 역시 국유화되고 로이즈 은행은 절반이 국유화되었다.

당시 FSA는 소비자 보호에 감독의 우선순위가 있었다. 많은 전문가를 고용해 금융기관을 방문하고 소비자 보호 모델을 만들기 위해 노력했다. 여기서 감독 자원 배분의 문제가 발생했다. 노던록 은행에서 건전성 문제가 발생했으나 FSA 내 건전성 감독 부서의 인력 부족으로 현장 방문도 하지 못했다. 또한 자본의 적정성과 유동성위험을 평가할 전문가도 부족한 상황이었다. 금융위기를 겪은 뒤 은행의 건전성 감독을 강화하기 위한 감독제도 개편이 이루어졌다. 기존의 FSA는 은행, 보험 및 시스템적으로 중요한 투자은행의 건전성규제를 담당하는 PRA^{Prudential Regulation Authority}와 은행과 보험을 제외한 브로커, 헤지펀드, 자산운용 등 금융기관을 감독하고 시장경쟁 또는 공정거래 등 금융기관의 행위규제를 담당하는 FCA^{Fianancial Conduct Authority}로 분리되었다. 이른바 쌍봉체제다. PRA는 BOE 산하 기구로 편입되었고 FCA는 재무성의 지휘를 받는다.

우리나라는 IMF 외환위기 이후 기존의 은행감독원, 증권감독원, 보험감독원 및 신용관리기금을 통합하여 금융감독원을 출범시키고 합의제 행정기구 형태의 금융감독위원회를 설치했다. 2008년 글로벌 금융위기 이후 재정경제부의 금융정책국과 금융감독위원회를 통합하여 금융위원회를 설치하여 금융정책과 감독정책을 모두 담당케 했다. 그리고 금융위원회와 금융감독원의 수장을 분리하여 감독의 정책기능과 집행기능을 분리했다. 일반적으로 금융위기발생 이후 감독정책은 효율성을 추구하고 건전성 감독을 강화하는 방향으로 기구 개편이 이루어진다. 즉 IMF 위기 이후에는 위기극복을 위한 감독정책의 효율성을 목표로 금융감독기구를 통합했다. 2008년 글로벌 위기 이후에는 금융정책 기능과 감독정책 기능을 통합했다. 그러나 두 기능 사이에는 견제와 균형이 요구된다는 지적이 있다. 정부는 금융부실에 대한 감독유예^{regulatory forbearance} 유인을 갖고 있다. 즉 정책 실패를 인정하기 싫어하기 때문에 금융부실이 적기에 노출되는 것을 꺼린다. 되도록 부실처리를 유예하며 낙관적인 시각에서 시장이 반등하기를 기다린다.

글로벌 금융위기 이후 저축은행 사태 및 동양증권 CP 불완전판매 사건이 발생했다. IMF 위기 이후에도 수차례에 걸쳐 저축은행 구조조정이 진행되었음에도 2011년, 2012년 20개 저축은행이 영업정지를 당했다. 이중 솔로몬, 부산 저축은행은 당시 전북은행의 자산규모(7조 원대) 보다 규모가 컸다. IMF 위기 이후 구조조정으로 저축은행의 영업환경이 나빠지자 저축은행 경영에 대한 규제완화가 이루어졌다. 은행명 사용이 가능해졌고 저축은행간 합병 추진으로 대형화가 이루어졌다. 그러나 은행보다 숫자가 훨씬 많은 저축은행에 대한 건전성 감독은 느슨한 상태였다. 예금금리를 은행 보다 높게 주고 은행과 동일하게 5천만 원까지의 예금은 예금보험 대상이 되니 저축은행의 자산규모는 더욱 커졌다.

부동산 경기가 좋은 2000년대 중반부터 저축은행들은 경쟁적으로 부동산 개발금융을 취급했다. 심지어 예금보험 대상이 아닌 후순위 채권을 발행해서 자금을 조달해 부동산 개발금융에 투자했다. 은행기능을 가진 저축은행이 부동산 경기에 과도하게 노출된 상태였다. 2008년 글로벌 위기 이후 부동산 경기가 급격히 냉각되자 부동산 프로젝트 파이낸스에 주력하던 저축은행들이 대량으로 부실화되었다. 저축은행은 은행기능을 갖고 있어 부실화되면 정부가 개입해야 되고 대규모의 공적자금이 소요된다. 이와 같은 경우를 대비하여 미국에서 1991년 저축대부조합 위기 이후 부실화가 끝까지 진행되기 전에 정부가 개입하여 부실처리 비용을 최소화하는 적기시정조치 제도가 도입되었다.

저축은행의 부실화가 진행된 이후 상당기간이 경과된 2011년부터 구조조정이 실행되어 예금보험공사 저축은행기금의 엄청난 손실과 사회적 혼란을 겪었다. 선진국에서도 금융기관의 부실에 대해 적기에 개입하지 못해 추후에 큰 비용을 치르게 되는 규제유예 해결에 골몰하지만 쉽지 않다. 특히 은행기능을 가진 금융기관이 부실화되어 구조조정에 나서게 되면 다른 금융기관도 동시에 어려움을 겪게 되어 시스템리스크로 전이될 것이 염려된다. 또한 은행 등이 동시에 부실화되었다는 것은 거시경제 전체가 크게 침체되어 있는 경우가 많다. 이때 구조조정을 당장 실행하면 그렇지 않아도 경제 상황이 어려운 때에 고통이 배가된다. 결국 경제가 회복되길 기다려 구조조정에 나서고자 하는 유인이 생긴다. 그런데 경제가 회복되면 다행인데 경제가 계속 침체되면 구조조정 비용이 크게 증가한다. 이와 같은 규제유예의 폐단을 막기 위해 금융 감독 기구의 의사결정이 견제와 균형이 이루어지도록 디자인되어야 한다.

한편 2011년부터 저축은행이 영업 정지되며 금융상품의 불완전판매가 크게 이슈화되었다. 저축은행들은 예금보험 대상이 아닌 고금리의 후순위 채권을 발행하여 자금을 조달했다. 많은 소비자들이 저축은행 창구에서 후순위 채권을 매입할 때 원금보장이 안 된다는 설명을 정확하게 듣지 못했다고 주장했다. 또한 2013년 동양그룹은 부실화되기 직전 계열증권사를 통해 기업어음[CP]를 매도해 자금을 조달했다. 일반투자자 약 4만 명이 피해를 당했다. 피해 고객들은 CP 판매과정에서 불완전판매가 있었다고 주장했다. 소비자보호 이슈가 지속되며 정부는 금융감독원으로부터 금융소비자보호원을 독립시켜 금융 감독의 쌍봉체제를 만드는 방안을 추진했다. 그러나 2016년 금융감독원내 소비자보호처 신설로 마무리되었다.

　　미국의 경우 대형은행moneycenter bank은 연방준비제도이사회FRB: Federal Reserve Board에서 연방정부가 라이센스를 발행한 국법은행 national bank은 통화감독청OCC: Office of the Comptroller of the Currency에서 주로 감독한다. 주정부가 인가한 은행들은 연방예금보험공사와 주정부가 감독기능을 수행한다. 감독제도에서도 미국의 특징이 드러난다. 획일적이고 통합된 의사결정 보다 비용이 더 들더라도 다양하고 복잡한 감독제도를 택하고 있다. 최근 글로벌 위기 이후 미국은 금융시스템 안정성제고를 위한 통일적인 정책수립올 위해 거시건전성 감독 및 정책 최고의사결정기구인 금융안정 감시위원회 FSOC: Financial Stability Oversight Council를 설치했다. 재무부 장관이 의장을 맡고 연준의장 등 총 9명의 멤버로 구성된다.

은행 자기자본비율(BIS 비율)의 특징

　　은행 부실화는 시스템리스크에 직접적으로 영향을 주기 때문에 정부의 규제를 받지만 은행은 주식회사로서 자기자본을 유지하고 영업을 하며 수익성을 추구한다. 자본금은 다른 기업과 마찬가지로 예금, 채권발행 등 다른 자금이 조달되기 전에 최초 설립된 은행을 운영할 자금원천이 된다. 은행의 자본금 규모는 시장 및 대중의 신뢰를 유지시킨다. 은행이 손실이 나면 이를 자본금으로 흡수한 뒤 수익이 날 때까지 시간적 여유를 가지고 영업을 지속할 수 있게 한다. 충분한 자본금이 있어야 은행은 성장을 위한 투자를 감행할 수 있다. 은행자본은 성장에 꼭 필요한 요소다. 만약 예금과 대출을 늘리며 자산을 확대하면 시장과 규제당국은 커지는 리스크에 걸맞게 자본을 늘리든가 아니면 성장률을 떨어뜨리도록 요구한다. 현재 은행자본은 감독당국이 그 규모가 어느 수준을 하회하지 않도록 규제하는 대표적인 지표다. 감독당국은 은행의 파산 위험을 낮추고, 대중의 신뢰를 유지하며, 파산시 정부 손실로 귀결될 수 있는 예금보험기금 손실을 최소화하기 위해 은행 자본규모의 하한을 규제한다.

1988년 스위스 바젤에서 미국의 FRB를 비롯한 선진국 중앙은행 대표들이 은행 자기자본 수준에 대해 협약을 발표했다.[13] 이른바 바젤협약이다. 특히 주요국 중앙은행 대표들은 일본 은행들이 낮은 자기자본비율을 유지하고 신용을 과도하게 창출하며 자신들의 시장을 잠식하고 리스크를 높인다고 불만을 토로했다. 전 세계 은행들이 동일한 조건으로 경쟁하고 은행 리스크가 커지는 상황에 공동으로 대응하기 위해 바젤협약을 만들었다. 이와 같은 최초의 바젤 은행 자기자본 기준안이 바젤 I 이다. 바젤 I 은 은행자본을 보통주 및 잉여금 등의 핵심자본인 tier I 과 후순위채권, 전환사채 등 보충자본인 tier II 로 분류한다. 은행은 tier I 자본이 위험가중 자산의 4%를 넘어야 하고 tier I, II 자본을 합계한 총자본이 위험가중 총자산의 8%를 넘어야 한다. 은행의 건전성을 체크하는 기준인 BIS 자기자본비율 8%로 알려져 있다. 위험가중 자산이란 신용위험이 높은 대출 등 자산의 가중치는 높고 국채 등 신용위험이 낮은 자산의 가중치는 낮게 적용하여 계산한다.

---

13 미국 중앙은행 대표 외에 벨기에, 캐나다, 프랑스, 독일, 이태리, 일본, 네덜란드, 스페인, 스웨덴, 스위스, 영국, 룩셈부르크 등의 중앙은행 대표가 참여했다.

은행 자본에 대한 첫 번째 바젤협약이 채택된 이후 바젤Ⅰ의 여러 가지 약점이 나타났다. 예를 들어 위험자산의 분류가 너무 광범위하여 동일한 위험으로 분류되는 범위 안에서 은행들은 좀 더 위험이 높고 수익이 많은 자산의 비중을 자본증대 없이 늘려나갔다. 즉 바젤Ⅰ 자기자본 기준안이 은행의 위험을 오히려 높이기도 했다. 이에 2004년 국제 은행감독기구들은 바젤Ⅱ로 불리는 개정된 은행 자기자본 기준안을 만들었다. 미국의 20대 은행과 몇몇 기타 대형 은행에 적용하고 점진적으로 적용범위를 넓혀 나가기로 했다. 바젤Ⅱ는 각 은행이 스스로 신용위험, 시장위험, 운영위험을 측정해서 최소 자본을 산출한다. 감독당국은 위험측정 과정과 자본의 적정성을 심사한다. 또한 은행의 재무상태를 시장에 적극 공시하여 시장의 규율을 받도록 한다. 즉 바젤Ⅱ는 위험이 큰 자산에는 좀 더 많은 자본을, 위험이 적은 자산에는 좀 더 적은 자본을 요구하도록 설계되었다.

이와 같은 은행자본에 대한 국제적인 규제합의와 개선에도 불구하고 2008년 미국을 위시한 많은 국가에서 최악의 금융위기가 발생해 대규모 은행 파산과 더불어 시스템 붕괴 위험에 직면했다. 특히 바젤Ⅰ, Ⅱ에서 요구된 은행 자본규제는 2008년과 같은 신용붕괴 상황에 적절하게 대처하지 못하는 것으로 나타났다. 2010년 G20 국가들이 모여 새로운 은행 자본규제에 대한 협의를 시작하여 바젤Ⅲ를 만들었다. 바젤Ⅲ 자기자본규제안은 은행들이 대규모 손실에 따른 파산위험에 직면했을 때를 대비해 자본을 평소에 좀 더 확충하고 자본의 구성도 충실히 하는 내용을 담고 있다. 자본의 인정기준을 대폭 강화하여 은행의 위기시 대응능력을 크게 높였다.

은행 자본을 급격하게 확충하면 경제성장이 둔화될 것을 우려해 완충자본이라는 개념을 도입했다. 완충자본은 기준에 미달하더라도 감독당국의 제재를 받지는 않지만 배당 축소 등 내부 제한이 주어진다. 바젤Ⅲ 자기자본 규제안에 따라 2019년까지 단계적으로 은행 자본을 확충하기로 했다.

바젤Ⅲ 규제안의 또 다른 특징은 은행에 대한 유동성 규제를 포함한 것이다. 미국에서 서브프라임 모기지 투자 부실에 따른 유동성 부족으로 많은 은행이 파산했다. 예를 들어 미국 5위 투자은행인 베어스턴스Bear Stearns는 유동성 위기 관련 루머가 확산되면서 시장의 신뢰가 추락하여 2008년 3월 제이피모건체이스JP Morgan Chase에 인수되었다. 2008년 2월 말 BIS 자기자본비율은 13.5%로 충실한 자본력을 갖고 있었지만 2008년 3월 10일 181억 달러에 달했던 유동성은 2008년 3월 13일 20억 달러로 급격히 감소하며 은행 영업을 지속할 수 없었다. 영국의 노던록 은행은 1998년부터 2007년까지 총자산을 8배나 증가하는 외형성장을 추구했다. 성장에 필요한 자금의 대부분을 대출자산 유동화 및 은행차입으로 충당했다가 시장의 자금시장이 경색되자 2007년 9월 파산했다. 이와 같이 은행은 부실화에 따른 자기자본 감소 뿐 아니라 일시적인 유동성부족으로도 파산했다. 바젤Ⅲ는 두 가지 유동성 관리 감독 지표를 마련했다. 심각한 위기 상황에서도 은행이 한 달 동안은 견딜 수 있도록 유동성이 높은 자산을 확보하게 하는 감독 장치를 마련했다. 유동성 커버리지 비율LCR: Liquidity Coverage Ratio이 100%를 넘도록 했다.[14]

---

14 LCR＝고유동성 자산 규모(stock of high quality liquid asset)/향후 30일간 순현금 유출액(net cash outflows over 30 days)

또한 일반적인 위기상황에서 은행이 1년 동안 필요한 유동성 자원을 보유하도록 순안정자금조달비율NSFR: Net Stable Funding Ratio 역시 100%를 넘도록 감독지표를 만들었다.[15]

위기를 겪으면서 은행의 자본을 충분히 보유하도록 규제가 강화되고 있다. 그러나 한편으로 자본규제가 강화될수록 은행은 위험하지만 수익률이 좋은 투자를 포기하게 되어 수익성이 떨어지고 주가가 하락한다. 결국 투자자들이 은행을 외면하면서 자본을 늘릴 기회를 잃게 되는 모순이 발생한다. 그럼에도 위기의 고통을 다시는 겪지 않으려는 정부 감독당국은 은행자본에 대한 규제를 강화하는 추세에 있다.

금융과 산업의 분리에 대한 논의

금융과 산업의 분리 여부, 좀 더 정확하게 표현하면 은행과 산업의 분리 여부는 우리나라 뿐 아니라 많은 나라에서 격렬한 논쟁을 불러일으키는 주제다. 우리나라는 대기업들이 은행을 제외한 보험, 증권, 캐피탈 등 금융사들을 소유 지배하고 있지만 은행은 산업의 대주주 지분율 4% 한도를 유지하고 있다. 현행 은행법은 동일인의 은행지분 10% 초과 취득을 금지하고 있으며 10%, 25%, 33% 초과 보유시 금융위원회 승인을 받아야 한다. 또한 비금융 주력자인 산업자본은 은행지분 4%를 초과하여 소유할 수 없고 의결권 행사

---

15 NSFR=가용안정적 자금조달액(available amount of stable funding)/필요안정적 자금조달액(required amount of stable funding)

뱅크스토리: 한국의 은행산업

를 하지 않는다는 조건으로 금융위원회 승인을 얻어 10%까지 소유할 수 있다. 다만 지방은행의 경우에는 산업자본이라도 15%까지 소유할 수 있다.

과거 IMF 위기 전까지 재벌기업들은 부채를 통해 대규모 투자에 나서고 있었으며 은행 금리는 상대적으로 낮았기 때문에 은행을 소유할 유인이 컸다. 특히 기업이 은행을 소유하면 경기순환으로 어려움에 처하더라도 유동성 위기에 대한 보험을 들 수 있는 것으로 인식되기도 했다. 물론 기업이 대주주라 하더라도 은행에서 대출을 마음대로 일으킬 수는 없다. 2002년 은행법을 개정해서 대주주에 대한 신용공여액은 자기자본의 25%를 넘지 않도록 제한했다. 대주주가 복수일 경우 각 대주주는 자기자본의 25% 또는 대주주 출자비율 해당금액 중 적은 금액으로 제한했다. 또한 은행의 대주주 발행 주식취득을 자기자본의 1%를 넘지 않도록 대주주와 자본 거래를 제한하고 있다.

은행 대주주와의 자본거래를 법으로 엄격하게 제한하고 있음에도 기업의 은행 소유를 금지하고 있는 것은 기업의 경영이 어려워지면 편법을 동원해서라도 은행 자금을 활용할 가능성이 있고 결국 시스템리스크가 커진다는 이유 때문이다. 대기업의 은행소유를 허용하자는 논리는 은행의 경쟁력제고를 내세운다. 국내 일부 대기업은 전 세계 시장을 상대로 눈부신 성과를 내고 있지만 은행은 취약한 경쟁력을 보이고 있다. 관치금융이 원인으로 지적되기도 하고 경영진간 내부 분란이 종종 나타나는 등 지배구조가 취약하다는 지적을 받는다. 특히 관치금융이나 외부의 경영간섭 등으로 은행 경영진 사이에 분쟁이 발생하면 은행의 주인을 찾아 줘야 정부가 법과 규정을 넘는 경영 간섭을 할 수 없고 튼튼한 지배구조를 바탕으로 경쟁력을 키울 수 있다는 주장이 설득력을 얻는다. 일부 은행의 CEO 및 임원들은 상법상 등기임원의 임기인 3년도 채우지 못하고 있어 장기적인 관점에서 경영전략을 추진할 수 없고 자신의 연임에만 관심을 갖게 되어 결국 은행이 망가진다는 논리다.

반면에 기업과 은행에 장벽이 존재하지 않는다면 여러 가지 문제가 발생한다는 주장도 제기된다. 첫째, 기업이 금융기관을 소유하면 이해상충 문제가 존재한다. 예를 들어 은행은 대주주 기업의 경쟁업체에 대한 대출을 거절할 수 있다. 또한 은행 예금은 예금보험 대상이기 때문에 시장금리 보다 낮은 금리로 조달된 자금을 대주주 기업에게 공급할 수 있다. 은행은 대주주 기업의 상품을 판매할 때 대출 권리를 활용하는 등 은행이라는 공공재적 성격이 대주주 기업의 경영에 배타적인 편리를 제공할 수 있다. 2013년 동양그룹이 부도 가능성이 큰 자기 기업어음을 계열 증권사를 통해 판매한 것이 대표적 예라고 할 수 있다. 동양그룹이 은행을 소유하고 있었다면 기업이 어려워질 때 어떤 행동을 취할 지 유추할 수 있다. 둘째, 은행과 산업이 분리되지 않으면 경제력이 하나의 경영권 밑으로 집중될 수 있다. 셋째, 산업과 은행의 결합은 금융안정을 해칠 가능성이 있다. 기업의 부실이 은행으로 전이될 수 있기 때문이다. 기업은 위험한 자산을 은행으로 이전하여 위험을 분산시킬 수 있지만 은행의 리스크 상승은 시스템리스크 상승으로 이어지기 때문에 금융안정성이 취약해진다. 산업과 은행의 결합은 경제적 비효율성을 야기시키고 경우에 따라서는 국민세금으로 귀결되는 손실이 발생할 수 있다. 이에 많은 나라들이 은행과 산업의 결합을 금지시키고 있다.

미국은 산업과 은행의 분리 원칙을 갖고 있다. 미국 은행들에 대한 기업소유가 금지되어 있기 때문에 산업 대주주가 존재하지 않는다. 은행은 자본금규모가 크기 때문에 기업의 소유를 일정 한도로 제한하면 개인 대주주 출현이 어렵고 소유가 분산되는 효과를 가져 온다. 은행 소유가 분산되어 있다 보니 우리나라에서와 같이 은행 주인 찾아주기 논쟁이 벌어지기도 한다. 1990년대 미국에서 은행과 기업의 결합을 허용하는 법안에 대해 청문회가 열렸다. 당시 미의회 청문회에서 반대 의견이 설득력을 얻었다. "미국은 자유경제를 추구하는 나라다. 그런데 기업이 은행을 소유하면 정부는 시스템리스크의 붕괴를 예방하기 위해 은행은 물론 기업까지도 들여다보고 감독을 해야 한다. 이것은 자유 시장경제 정신에 위배된다. 차라리 은행과 기업을 분리하고 기업의 자유로운 활동은 보장하되 은행만 감독하는 것이 바람직하다." 은행과 기업의 결합을 허용하자는 법안은 폐기되었다.

은행의 금리 및 유동성 리스크관리

은행의 경영은 대부분의 의사결정이 서로 연계되어 있다. 기업에 대출을 할 때 대출이자는 자금 조달 비용 중 가장 비중이 큰 예금이자에 연계되는 구조다. 은행의 자산과 부채는 대부분 이자율 변동에 민감한 특징을 갖고 있다. 이자율이 바뀌면 대출로부터 발생하는 이자수익이 변하고 보유하고 있는 채권 등의 가격이 변한다. 이에 은행은 자산과 부채를 동시에 관리한다.[16] 이자율을 예측하는 것은 대단히 어렵기 때문에 이자율에 연동된 자산과 부채의 규모 차이를 만기별로 관리한다.[17] 자산과 부채의 만기를 감안해서 분석하면 좀 더 정확한 정보를 얻을 수 있고 전략을 수립할 수 있다.[18] 은행은 이자율, 환율 등 금융시장의 가격변동에 노출되어 있고 이와 같은 위험에 따른 손실을 헷지하기 위해 파생상품을 활용한다. 금융 선물 상품은 이자율 변동에 따른 위험을 피하기 위한 은행과 위험으로부터 수익을 취하고자 하는 투자자들간 거래를 만들어준다. 선물거래는 시금 낭상 현물이 오고간 거래가 아니라 미래 특정 시점에 특정가격으로 거래하기로 약정한 계약이기 때문에 은행 대차대조표에 부외거래로 표시된다.

은행 금리 리스크를 줄이기 위한 가장 보편적 방법은 금리를 교환하는 이자율 스왑interest rate swap이다. 은행은 일반적으로 자산의 만기가 부채의 만기 보다 짧다. 예를 들어 자금조달 중 큰 비중을 차지하는 상품은 1년 만기 고정금리의 정기 적금, 예금이다. 반면에 대출은 3개월 또는 6개월 간격으로 변동금리를 적용한다. 이자율이 하락하는 기간에는 대출이자는 바로바로 낮은 금리가 적용되기 때문에 이자수익은 줄고 이자비용은 상당기간 높은 예금 이자에 고정되어 은행의 금리 수익이 감소한다. 반면에 보험사는 자산의 만기가 부채의 만기보다 길다. 따라서 두 금융기관의 고정, 변동 금리에 대한 선호는 금리의 예측에 따라 서로 다르다. 이때 이

---

16 이를 ALM(asset－liability management)이라고 한다.

17 GAP 분석, Interest sensitivity gap＝Interest sensitive assets－Interest sensitive liabilities

18 duration gap analysis

자율 스왑을 통해 양 기관이 금리 변동 리스크를 감소시킬 여지가 발생한다.

은행 리스크관리의 가장 창의적인 방법은 증권화라고 할 수 있다. 은행 대출을 기반으로 또 다른 증권을 만들어 시장에서 매각하면 은행은 새로운 자금을 확보할 수 있다. 대출에서 발생하는 부도위험은 증권을 매입한 투자자에게로 이전된다. 2008년 글로벌 위기는 이와 같은 증권화의 홍수 속에서 발생했다. 미국 은행들의 주택대출은 새로운 금융기관으로 이전되고 은행의 대차대조표에서 사라진다. 새로운 기관은 이전된 대출을 모아서 이를 담보로 증권을 발행한다. 이 증권은 국제 금융 시장에서 투자가들에게 매각되고 투자가들은 대출의 이자와 원금을 현금흐름으로 수취한다. 주택대출을 담보로 새롭게 발행된 증권에 Moody's, S&P, Fitch 등 신용평가사들이 등급을 매겨 증권의 매각을 원활히 한다. 신용평가사들의 등급을 잘 받기 위해 다양한 방식으로 신용을 높이는 작업을 하는데 계층화tranche가 한 방법이다. 계층화 증권 중 선순위 증권에는 통상 최고의 등급이 매겨진다. 이와 같은 증권화는 은행들로 하여금 대출의 파산 위험 노출을 줄이고 신규 자금을 확보하여 또 다른 대출 및 투자를 가능케 한다. 이와 같은 새로운 증권을 만드는 과정에서 투자은행investment bank 등에는 수수료 수익이 발생한다. 그런데 금융시장을 효율적으로 변모시킨다고 믿었던 증권화가 왜 2008년 글로벌 위기의 단초가 되었는가?

증권화는 최초 대출을 일으킨 은행들에게 또 다른 자금원이 되어 대출여력이 커졌다. 따라서 상환 능력이 부족한 서브프라임 계층에 대한 대출을 늘릴 여력이 생긴 것이다. 또한 대출을 따로 모

아 발행한 여러 등급의 증권에 투자가 몰리는 과정에서 정보비대
칭성이 악화되어 실질적으로 리스크를 오히려 증폭시켰다. 즉 주택
담보대출을 기반으로 만들어낸 여러 등급의 증권을 또다시 집합
pooling시켜 또 다른 증권을 창출하는 과정이 계속 이어졌는데 일반
투자가들이 새로운 증권의 진정한 기초자산이 무엇인지 알아내기
가 사실상 불가능할 정도로 복잡해진 것이다. 신용평가사들의 등급
만이 투자가들에게 정보로서 활용되었다. 이때 신용평가사들의 도
덕적 해이가 발생하면서 재앙이 시작했다. 은행들은 주택대출의 금
리, 시역편중, 파산 등 위험을 증권화를 통해 방지하고자 노력했다.
그러나 주택 대출을 기초자산으로 몇 단계의 증권화 과정을 거쳐
새롭게 출시된 상품을 신용평가사의 등급만을 믿고 또다시 매입해
서 보유하고 있었다. 주택대출이 대량으로 부실화되자 주택대출을
기반으로 만들어진 파생상품을 보유하고 있던 은행이 큰 손실을
입게 되었다.

　　은행의 중요한 기능 중 하나는 항상 유동성을 확보하는 것이다.
그래서 고객이 필요할 때 유동성을 제공해야 한다. 유동성이 확보
되어야 대출을 일으킬 수도 있다. 은행의 유동성 확보에는 예금을
받거나 대출을 회수하거나 시장에서 빌려오는 등의 방법이 있다.
유동성의 수요와 공급을 일치시키기 위해 은행은 유동성의 부족
또는 잉여를 항상 관리해야 한다. 그런데 은행의 유동성과 수익성
은 정반대의 관계를 갖고 있다. 유동성을 많이 확보할수록 대출 등
수익성 좋은 자산의 규모가 작아진다. 은행은 종종 유동성 문제에
부딪치고 고객의 유동성 수요를 맞추지 못해 파산하기도 한다.

　　은행의 유동성 문제는 주로 다음과 같은 세 가지 이유로 발생

한다. 첫째, 자금의 조달과 운용의 만기가 다를 때 발생할 수 있다. 시장에서 단기 자금을 조달하여 장기 대출 등에 운용하면 단기조달 자금의 상환이 몰리는 월말 등에 유동성문제가 발생할 수 있다. 둘째, 이자율의 변화에 따른 유동성문제 발생이 가능하다. 예를 들어 시장금리가 상승하면 예금자들은 예금을 인출하여 좀 더 높은 수익을 추구하려는 유인이 생긴다. 아울러 신규대출은 미루고 기존 금리의 당좌대출을 최대한 활용하고자 할 것이다. 즉 금리의 변동은 은행 예금의 수요, 대출 수요에 영향을 주게 되어 은행의 유동성 포지션에 영향을 준다. 셋째, 은행이 금융사고 등으로 고객의 신뢰를 잃을 경우 대규모로 일시에 예금인출 요구가 생기면 유동성문제가 발생할 수 있다.

은행은 유동성 문제가 발생하지 않도록 경영전략을 구사한다. 가장 고전적인 전략은 시장에서 언제든 현금으로 전환할 수 있는 자산을 많이 확보하는 것이다. 그러나 유동성이 높은 자산, 예를 들면 국공채 등은 수익률이 낮고 현금으로 전환할 때 비용이 든다. 또 다른 유동성 관리 전략은 유동성이 필요할 때 시장에서 빌리는 것이다. 은행이 유동성을 시장에서 빌릴 수 있으면 은행내 수익이 나지 않는 현금 보유를 최소화해서 전체 은행의 수익을 높일 수 있다. 반면에 시장의 자금사정에 따라 자금조달의 어려움을 겪을 수 있고 시장금리 변동에 노출될 수 있다. 따라서 대부분의 은행들은 유동성이 높은 자산을 적절히 보유하고 필요하면 자금을 차입할 수 있는 외부 채널을 확보한다.

은행의 신용위험 관리

은행이 부실화되면 유동성 부족이나 구조조정 등 현상이 뒤따르지만, 은행의 실패는 근원적으로는 대출에 대한 신용위험 관리의 실패에서 시작한다. 기업, 개인 및 국가에 대출을 하는 것은 은행의 가장 중요한 역할이다. 그러나 은행의 이 역할은 최근 발생한 글로벌 위기 및 때때로 나타나는 금융위기의 원인을 제공한다. 대출은 리스크관리가 제대로 되지 않을 경우 은행의 가장 위험한 업무 중 하나라고 힐 수 있다. 경우에 따라서는 대출은 은행이 제공히는 편의 또는 특혜 중 하나로 인식되기도 한다. 이 두 가지 이유로 대출은 엄격하게 정부로부터 규제를 받는다.

대부분의 나라에서 은행임직원에 대한 대출은 원칙적으로 금지되거나 제한된다. 미국의 경우에는 대출에 관한 여러 종류의 법을 제정하여 대출기회의 평등과 은행의 리스크를 줄이고자 노력한다. 대표적으로는 지역재투자법CRA: Community Reinvestment Act에 따라 은행이 소재한 지역에 대한 대출을 소홀히 하면 안 된다. 또한 대출은 은행이 우월적인 위치를 선점할 수 있기 때문에 소비자를 보호하는 여러 가지 법을 갖고 있다. 평등대출기회법Equal Credit Opportunity Act에 따라 인종, 성, 종교, 나이 등에 따라 개인이 대출과정에서 차별받으면 안 된다. 대출진실법Truth-in-Lending Act에 따라 채무자가 대출을 받을 때 연율로 환산한 이자 및 수수료 등 모든 부대비용을 대출서류에 적시해야 한다. 공정신용보고법Fair Credit Reporting Act에 따라 소비자는 대출에 활용되는 자신의 신용스코어 파일에 접근하여 조사하고 부정확한 사실을 시정 요구할 수 있다. 공정신용청구

법Fair Credit Billing Act은 소비자가 카드사나 은행의 신용상환 청구서의 오류를 시정 요구할 수 있게 한다. 공정부채회수실행법Fair Debt Collection Practices Act은 부채회수과정에서 소비자를 괴롭히지 못하게 회수 방법을 제한하고 있다. 예를 들어 채권회수 독촉 전화는 적절한 시간에만 가능하고 근무지로 전화를 하지 못하며 제 3자에게 독촉 전화의 목적을 누설하지 못하게 규제한다.

또한 대출 등 신용이 소수의 대출자에게 과도하게 집중되어 은행의 신용리스크를 높이는 것을 법으로 제한한다. 예를 들어 국제 업무를 많이 하는 미국은행들의 리스크를 줄이고자 국제대출 및 감독법International Lending and Supervisory Act을 제정하여 하나의 국가에 대한 대출이 자본금의 15%, 또는 총자산의 0.75%를 넘지 못하도록 한다. 우리나라의 경우에도 대출 및 지급보증을 합산한 신용에 대한 규제를 엄격히 실행하고 있다. 동일한 개인이나 법인에 대한 신용공여를 은행자기자본의 20% 이내로 제한하고 동일인과 신용을 공유하는 계열기업 등을 합한 동일차주에 대한 신용공여를 자기자본의 25% 이내로 제한하고 있다. 이에 덧붙여 은행들은 내부적으로 모형을 만들어 산업별 한도, 국가별 한도, 중점관리 그룹별 한도, 부동산 PF 한도, 금융기관별 한도를 정해 운용하고 있다. 각 한도는 법에서 정해지지 않는 한 경제 상황에 따라 은행내 리스크관리 위원회 등을 통해 변경하며 운영한다. 대출은 담보 등이 있어 정상적인 회수가 확실시되는 채권으로 연체기간이 1개월 미만인 채권을 정상으로 분류한다. 반면에 담보 등이 있어 현재는 문제가 없으나 향후 세심한 주의가 필요한 연체기간 3개월 미만의 대출을 요주의로, 연체 3개월 이상된 대출금으로서 회수가 불확실한 대출을 고정으로 분류한다. 부실화가 더욱 진행될 경우 회수의문, 추정손실 등으로 대출금을 분류하고 정상 대출을 제외한 대출에 대해 충당금을 쌓아 추후에 발생 가능한 손실에 미리 대비한다.

은행에서 소규모 대출을 받으면 대출자가 빚 걱정을 하지만 대규모 대출을 받으면 은행이 걱정한다는 말이 있다. 대규모 대출이 부실화되면 은행경영에 타격을 주게 되고 경우에 따라서는 시스템 리스크의 증대로 연결되기 때문이다. 이에 일단 대출이 발생하면 대출자 뿐 아니라 은행, 감독기구가 여러 기법을 활용해 대출의 부실화 가능성을 평가하고 모니터한다. 감독기구는 은행의 대출여신을 면밀히 들여다보고 주기적으로 검사하여 종합 등급을 매긴다. 물론 대출여신 뿐 아니라 CAMELS라는 종합 평가 기법을 활용한다. 즉 자본적정성Capital adequacy, 대출을 중심을 한 자산의 질Asset quality, 경영진의 구성Management quality, 수익성Earnings record, 유동성Liquidity position, 시장위험에 대한 민감도Sensitivity to market risk 등을 종합평가 한다. 일정 등급 이하로 평가되면 은행의 활동이 제한된다.

약탈적 대출predatory lending은 은행의 소비자 신용과 관련된 가장 논쟁이 많은 이슈다. 약탈적 대출은 특히 주택담보대출과 관련하여 일부 은행이 소비자를 악의적으로 대하는 것을 말한다. 즉 신용이 낮은 계층에게 대출을 하며 이자나 수수료를 높게 받기도 한다. 신용이 낮기 때문에 대출에 따른 신용위험이 높아지고 따라서 신용프리미엄인 금리가 올라간다는 논리다. 경우에 따라서는 저신용 대출자들의 대출이 상환이 어렵다고 보고 과도한 대출보험 비용을 높은 대출 금리로 소비자에게 전가하기도 한다. 2008년 글로벌 위기를 가져온 서브프라임 위기는 약탈적 대출의 성격을 띠고 있다. 상환 능력이 부족하거나 없는 계층에게 높은 금리로 대출해 주어 주택 구입을 부추기는 것은 결국 소비자가 손해를 보는 결과를 가져온다. 파산한 소비자가 대량으로 발생할 경우 소비자 뿐 아니라 은행과 시스템위기로 까지 이어진다. 1994년 미국 정부는 주택 소유권 및 지분 보호법HOEP: Home Ownership and Equity Protection Act 을 제정했다. 주택대출 이자가 국채 이자율보다 10% 포인트 이상 높거나 대출 수수료가 8% 이상 되면 악의적이라고 정의한다. 만약 악의적인 금리나 수수료를 부과하면 은행이 비용과 위험을 충분히 설명하지 못할 경우 3년까지 소비자가 거래를 철회할 수 있는 기간을 가질 수 있고 손해는 은행이 보도록 한다. 글로벌 위기 당시 수많은 서브프라임 계층이 약탈적 대출의 피해를 받았지만 한편으로는 그들에게 신용에 접근하는 기회가 주어졌다는 점도 인정해야 한다. 따라서 정부가 약탈적 대출을 규제하기 위해서는 약탈적 대출에 대한 정의와 효과에 대한 정밀한 연구가 선행되어야 한다.

은행의 지배구조

2002년 대법원은 은행의 공공적 역할을 강조하는 판결을 했다. 즉 은행은 주식회사로 운영되지만 이윤추구만을 목표로 하는 영리법인인 일반 주식회사와는 달리 예금자의 재산을 보호하고 신용질서 유지와 자금중개 기능의 효율성 유지를 통하여 금융시장의 안정 및 국민경제의 발전에 이바지하는 위치에 있다고 판결문에서 밝혔다. 따라서 은행의 이사는 일반 주식회사 이사의 선관주의 의무에 더하여 은행의 공공적 성격에 걸맞는 내용의 선관주의 의무까지 다 할 것이 요구된다고 판결문에서 밝혔다. 은행의 주인을 만들어야 관치금융, 정치금융을 끝낼 수 있다는 주장이 제기되었지만 우리나라는 은행의 주인이 될 가능성이 가장 큰 산업의 은행 지배를 법으로 금지하고 있다. 은행이 기업의 사금고화 되는 것을 방지하는 목표가 우선이다.

2000년 은행의 겸업화, 대형화를 지원하기 위해 금융지주회사법이 제정되었다. 또한 당시는 IMF 위기 이후 금융구조조정이 마무리되지 않은 상황이라 지주회사는 구조소성의 수단으로 인식되기도 했다. 2001년 초 한일은행과 상업은행이 합병해 탄생한 한빛은행과 경남은행, 광주은행, 평화은행 및 한아름 종금사를 우리금융지주사로 통합하기 위한 사무국이 설립되었다. 2001년 4월 1일 국내 최초로 우리금융지주사가 출범했다. 이후 대부분의 은행들이 금융지주사 체제로 변신했으며 2013년 말 기준 총 13개의 금융지주사가 설립되었다.[19] 2015년 말 현재 은행을 소유한 금융지주사는 신한금융, 하나금융, KB금융, DGB금융, BNK금융, JB금융, NH농협금융 등 7개사다.

지배구조를 광의로 해석하면 주주, 경영자, 종업원 등 기업과 관련된 이해관계자들의 합의를 도출하는 제도라 할 수 있다. 그러나 일반적으로 일컬어지는 지배구조는 주주와 경영자간 관계를 설

---

19 은행 소유 금융지주사는 JB(전북은행, 광주은행), 농협, BNK(부산은행, 경남은행), DGB(대구은행), 신한, KB, SC, 우리, 씨티, 하나 등 10개사이며, 메리츠 및 한국금융지주가 자산운용 및 증권사를 기반으로 금융지주사를 설립했다. KDB금융지주는 정책금융공사를 산업은행과 통합하며 해체했다. 우리금융지주도 우리은행과 합병하며 해체되었다. 씨티금융지주 역시 해체되었다.

정하는 제도다. 기업이 성장하며 자연스럽게 주주와 경영자가 분리되고 경영자와 주주 사이에 필연적으로 이해관계가 불일치하는 면이 발생한다. 예를 들어 경영자는 자신의 권한을 이용하여 비금전적 이익과 안전(대규모 비서진 운용, 수익성보다 성장 추구, 위험 기피 등)을 추구할 수 있다. 이를 대리인 비용agency cost이라고 하며 지배구조가 잘 정착된 회사는 대리인 비용이 최소화되었다는 것을 의미한다. 회사의 주주들이 직접 경영에 참여하기 어렵기 때문에 이사회에 권한을 위임하고 이사회는 또 다시 업무집행을 대표이사에게 폭넓게 위임하는 것이 현실이다. 상법상 주주로부터 권한을 위임받은 이사들은 이사 개인적 이익과 회사 이익이 충돌할 때 회사 이익을 우선시킬 충실의무와 회사이익을 위해 행동을 해야 하는 선관주의 의무duty of care를 갖는다. 특히 대부분의 나라에서 은행은 공공성을 갖고 있어 인위적으로 대주주 형성을 막고 있거나 은행 규모가 커지며 대주주 형성이 현실적으로 어려운 경우가 대부분이다. 따라서 은행의 대리인 비용을 최소화하기 위한 효율적인 지배구조 구축은 금융산업 발전의 중요한 과제라고 할 수 있다.

효율적인 은행경영으로 금융안정을 꾀하며 국제경쟁력을 높이는 가장 기본적인 인프라는 안정적인 지배구조다. 능력과 경험을 갖춘 CEO가 선임되어 주주와 이사회로부터 권한을 위임받아 경영권을 행사하고 또한 안정적으로 경영승계가 이루어질 때 경영효율성이 극대화되고 안정을 찾을 수 있다. 만약 은행 CEO가 은행의 경영목표 보다 자신의 이익을 추구하며 리더십을 발휘하지 못한다면 은행의 실패를 넘어 전체 경제에 심대한 손실을 끼치게 된다. 은행 등 금융회사가 지배구조의 중요성을 인식하도록 모범규준 및 법이 제정되었다. 이사회 구성원의 자격을 제시하고, 이사회 활동 등을 공시하도록 한다. 그럼에도 이사회의 다수를 구성하는 사외이사의 독립성 및 경영 정보 접근의 한계 등으로 은행 및 금융지주의 지배구조가 정착되기까지는 어려움이 많을 것으로 예상된다. 또한 3대 금융지주사의 은행 비중이 높아 지주사의 역할이 모호하다는 지적도 받는다. 2014년 말 기준 신한, 하나, KB금융지주의 자산기준 은행 비중은 각각 78.3%, 89.9%, 90.1%에 달한다.[20] 더욱이 은행장과 지주사 회장이 알력을 빚는 경우가 종종 발생하기도 했다. 그럼에도 장기적인 관점에서 보면 금융 그룹내 비은행 비중을 높여 계열 금융사간 시너지를 높이고 해외진출 전략을 계열사 종합적으로 추진하기 위해 지주사 존재는 필요한 것으로 판단된다.

은행의 규모의 경제, 범위의 경제, 구조 · 행태 · 성과

은행은 시스템 안정을 지키는 공공재적 특징을 갖고 있지만, 본질적으로 생산 활동을 하는 경제주체로서 효율성을 추구하는 기업이다. 예금, 노동, 자본을 투입하여 대출, 유가증권 등 산출물을 만들어내는 생산 활동의 주체로 인식되기도 한다. 은행산업은 생산 활동의 특징으로 볼 때 규모의 경제scale economy와 범위의 경제scope economy가 존재할 가능성이 크다. 은행이 생산 활동을 통해 가치를 창조할 수 있는 것은 경제주체의 거래비용 또는 정보비용을 감소

---

20 신한금융지주는 증권, 보험, 카드사가 7.4%, 6.4%, 6.5%를 차지해 비은행 비중이 상대적으로 높은 편이지만 하나금융지주는 5.0%, 1.1%, 2.4%수준이며 KB금융지주는 그 비중이 1.2%, 2.3%, 4.7%에 그치고 있다.

뱅크스토리: 한국의 은행산업

시키거나 고객의 정보자산을 생산하여 활용하기 때문이다. 은행은 금융상품을 생산하고 소비자는 이와 같은 금융 상품을 구입하여 자신의 소비행위를 편리하고 스무드하게 변화시킬 수 있다. 또한 은행은 완벽하게 쪼개질 수 있는 예금 등 금융상품을 공급하여 거래 당사자들의 거래비용을 크게 떨어뜨린다. 즉 물물교환의 불편함을 해소한다.

한편 일반적으로 거래 당사자 사이에 거래 상품에 대한 정보를 다르게 갖고 있으면 거래가 성사되기 어렵다. 대표적인 거래 실패 사례로 중고차 시장의 거래 실패를 꼽을 수 있다.[21] 중고차의 상태나 상품가치는 오랫동안 자동차를 직접 몰아 본 매도자가 잘 알고 있다. 매수자는 내용을 정확히 모르기 때문에 해당 중고차의 평균 정도 가격을 제시한다. 상태가 좋은 중고차 주인은 안 팔겠다고 시장거래를 거부한다. 그러면 중고차 시장에는 평균보다 상태가 나쁜 물건들만 남는다. 이를 알게 된 매수자도 거래를 하지 않게 되고 결국 시장이 붕괴한다. 이와 같은 거래 실패를 방지하기 위해 믿을 만한 제3자가 거래 당사자 사이에서 정보에 신뢰를 부여해서 거래를 성사시킨다. 자금중개도 마찬가지다. 자금이 필요한 기업이 프로젝트 성공가능성에 관한 자신의 정보를 자금을 갖고 있는 개인 등 자금보유자에게(자신은 확신하고 있더라도) 정확하게 전달하는 것은 사실상 불가능하다. 이 때 은행이라는 신뢰할 수 있는 제3자가 정보의 변형된 형태인 금융상품을 생산하여 공급함으로써 자금수요자와 자금보유자 사이의 자금거래를 가능케 한다.

은행산업에서 규모의 경제가 존재할 수 있는 이론적 근거로서

---

21 레몬시장(The market for lemon) 사례로 인용되기도 한다.

평균 대리감독비용이 은행규모가 커감에 따라 감소하는 것을 꼽을 수 있다. 은행은 채무자의 성과에 대해 예금자를 대신하여 감독기능을 수행하는데 은행의 규모가 클수록 많은 채무자 및 예금자를 상대하게 되어 위험을 분산할 수 있다. 즉 규모가 큰 은행은 많은 다양한 고객을 확보하고 있어 대량 예금인출 및 부실채권 발생의 위험을 흡수할 능력이 향상된다. 은행의 운용자산은 대출과 채권 등 유가증권 투자로 구성되어 있다. 은행으로서는 대출이 보다 더 수익성이 좋은 자산이다. 왜냐하면 유가증권투자는 다른 금융기관이 생산한 금융상품을 단지 보유하는 것이지만 대출은 은행이 대출자의 정보를 직접 생산하고 생산된 정보를 기반으로 부가가치를 창출한 상품이기 때문이다. 대출이 보다 더 가치있는 자산임에도 은행은 유동성 확보 및 리스크관리를 위해 전체 자산 중 대출비중을 크게 높이기 어렵다. 그러나 은행의 규모가 커지면 소비자 기반이 넓어져 위험이 분산되어 대출비중을 더 높일 수 있다. 은행산업에서 규모의 경제가 존재할 가능성이 있는 또 다른 이유는 은행업무의 전산화 때문이다. 최근 은행거래가 전산화, 인터넷화, 모바일화 되면서 은행은 막대한 규모의 전산투자가 필요하다. 규모가 큰 은행이 전산투자 여력이 크고 거래 단위 비용이 떨어질 수 있다.

은행은 대출, 유가증권, 예금 등 여러 상품을 생산한다. 하나의 상품을 생산하는 것보다 여러 상품을 생산할 때 단위 생산비용이 감소하면 범위의 경제가 존재한다고 한다. 은행산업은 그 특징상 범위의 경제가 존재할 가능성이 크다. 우선 은행이 하나의 상품을 생산하는데 필요한 고정비용이나 간접비용이 또 다른 상품을 동시에 생산할 때 상대적으로 저렴하게 들 것이다. 또 다른 요인으로 정보의 재사용을 꼽을 수 있다. 예를 들어 대출을 하기 위해 수집된 채무자의 신용조사 정보는 다른 종류의 대출이 동일한 채무자에게 발생할 때 다시 사용될 수 있다. 이와 같은 비용 상의 비교우위 외에도 인적, 물적 자본이 쪼개지기 어렵다는 이유도 있다. 건물 등 덩어리가 큰 물적 자본이나 인적 자본 역시 하나의 상품만을 만들어낼 때는 불충분하게 이용되는 수가 많다. 또한 여러 가지 상품을 생산하고 있는 은행은 미래의 불확실성에 대처하는 능력이 단일 상품을 생산하는 은행에 비해 뛰어나다. 예상치 않은 충격이 시장에 왔을 때 여러 가지 상품을 생산하고 있는 은행은 생산 투입요소를 빠른 시간 안에 좀 더 부가가치가 높은 부문으로 이동시킬 수 있다.

이와 같이 은행은 규모의 경제, 범위의 경제를 추구하며 적정규모를 찾아가는 과정에서 은행합병을 통해 시장을 변모시킨다. 은행산업은 생산물이 유사하기 때문에 선도적 은행간 담합 가능성에 대해 관심이 크다. 미국 시장에 관한 구조·행태·성과structure-conduct-performance에 관한 많은 실증연구는 은행합병이 소비자 이익을 해치지 않는 것을 뒷받침한다. 전통적으로 시장의 유효 경쟁을 유지하기 위해 선도적인 기업의 독점적인 행위를 억제하는 정부 개입은 효율성 증대라는 측면에서 지지되어 왔다. 시장에서 생산 활동이 소수의 기업에 집중되어 있으면 담합가능성이 높아지고 결국 독점이윤을 얻을 가능성이 커진다. 시장집중을 유발하는 은행간 합병 등 행위는 규제되어야 한다는 논리가 있다. 그러나 효율적 구조 가설efficient structure hypothesis은 시장집중이 우연히 발생하는 것이 아니라 시장에 의해 형성되는 것이라고 주장한다. 소수의 은행에 의해 시장이 집중되어 있다고 하더라도 생산 활동의 비교우위에 의해 자연적으로 형성된 집중인 만큼 정부의 규제는 은행산업의 발전에 부정적일 수 있다는 논리다. 특히 우리나라와 같이 소규모 개방경제의 경우 시장집중을 국내 시장만을 대상으로 평가하면 국내외 시장의 경계가 뚜렷하지 않은 현실에서 왜곡된 결과가 나올 가능성이 있다.

은행의 개인 고객 자산관리 서비스

2000년대 초반 하나은행, 신한은행, 국민은행 등이 금융 고자산가를 대상으로 프라이빗뱅킹[PB][22] 센터를 선보이면서 우리나라에서 본격적인 개인자산관리 서비스가 제공되기 시작했다. 증권사들도 2000년대 중반부터 PB시장에 뛰어들었고, 이후 금융권에서 PB가 보편적인 업무로 등장했다. 한국 개인자산관리 시장의 특징은 금융자산 중심의 포트폴리오 구성 및 관리가 서비스의 핵심 업무로 간주되고 이와 같은 서비스는 수수료를 받지 않는다. 은행 등의 PB수익은 펀드, 보험, 주가연계상품[ELS] 등을 판매하여 판매수수료를 획득하는 것이다. 은행 등 금융사들은 판매수수료 확대를 위해 고객들에게 자산관리 상품을 팔아야 하기 때문에 불완전판매, 과잉 판매 문제가 발생할 소지가 구조적으로 존재한다. 소비자들에게 상품의 내용을 정확하게 전달하지 않고 판매해서 고객과 금융사간 분

---

22 1991년 구 씨티은행 서울지점이 고자산가 고객을 타겟으로 예금 및 대출 업무의 편의를 제공하는 "씨티골드" 지점을 오픈한 역사가 있다.

쟁이 발생하고 특히 경기가 나빠질 때 빈번하게 나타난다. 불완전 판매를 방지하기 위해 감독당국은 여러 가지 확인 절차를 까다롭게 만들었다. 소비자 자필로 계약서에 서명 및 확인하는 작업이 크게 늘어났다. 인터넷을 활용한 계좌이체 등으로 은행원들의 업무량이 크게 줄어들 것으로 예상되었지만 실제로는 지점에서 근무하는 은행원들의 업무가 크게 줄지 않은 것은 과거에는 없던 고객확인 및 상품설명 등 업무가 늘어났기 때문이다. 또한 고객의 여유자금이 장기 상품에 묶여 있으면 은행의 판매 수수료 수익을 올릴 기회가 줄어든다. 따라서 수익이 일부 발생하면 다른 상품으로 갈아타기를 권유할 유인이 있다. 이는 금융시장의 변동성을 높이는 하나의 요인이 되기도 한다.

국내 개인자산관리 시장 규모는 지속적으로 성장할 것으로 예상된다. 고령화가 진행되며 개인자산관리 대상 자산의 증대 유인이크게 늘어났다. 은퇴를 시작한 베이비붐 세대[23]의 자산이 동 시장에 빠른 속도로 유입될 가능성이 높다. 2012년 기준 금융자산 10억원 이상 보유 고자산가가 소유한 자산 중 이들 베이비부머 고자산가 세대가 보유하고 있는 자산은 총자산 규모 대비 61%, 총금융자산 규모 대비 64%를 차지하고 있기 때문이다.

한편 우리나라 개인의 경우 총자산 중 부동산 자산의 비중이상당히 높다. 2010년 상공회의소의 발표에 따르면 한국 개인이 보유한 총자산 중 부동산자산이 차지하는 비중이 78%로, 미국 35%, 일본 41%에 비해 대단히 높은 수준이다. 향후 저출산 고령화 등 인

---

23 베이비붐 세대는 1955~1963년생을 의미하며 2012년 기준 전체 인구의 약 14.6%를 차지한다.

구구조 변화에 따른 부동산 수요변화를 고려할 때 부동산과 금융 자산 간의 리밸런싱에 관한 자산관리 서비스 수요가 늘어날 것으로 예상된다. 또한 개인의 자산이 주택 등 부동산에 집중되어 있는 것은 주택가격 하락에 개인의 소비 등이 과도하게 연계되어 있어 거시 경제의 안정에도 부정적으로 영향을 주기 때문에 바람직하지 않다. 따라서 개인자산관리 시장이 커지고 서비스의 질이 높아지는 것은 안정적인 경제 운용을 위해서도 필수적이다.

2000년대 중반부터 개인자산관리 서비스 시장에 진입한 증권사들은 글로벌 금융위기를 거치면서 '투자빙하기'를 거치다가, 2009년 CMA(증권종합계좌서비스)에 결제기능이 허용되면서 자산관리 플랫폼으로 부상했다. 미국 증권업의 경우에도 1980년대에 CMA가 도입되고 1990년대에 퇴직연금시장이 발달하면서 전체수익 중 위탁매매수익 비중이 30% 미만으로 떨어지고 자산관리 부문과 투자은행 부문이 급성장했다. 국내 자산관리 시장에서도 은행과 증권사가 치열한 경쟁을 벌일 것으로 예상된다. 고객의 니즈를 충족할 상품을 만드는데 경쟁력이 있는 증권사와 광범위한 네트워크와 고객군을 확보하고 있는 은행을 함께 소유하고 있는 금융지주사들은 자산관리 부문에서 시너지 창출이 가능하다. 향후 금융지주사들의 경쟁력 차이가 발생할 부문 역시 자산관리 시장으로 예상된다. 글로벌 상업은행들은 금융위기 과정에서 성과 부진으로 훼손되었던 브랜드 이미지를 회복시키기 위해 적극적으로 자산관리 시장을 공략하고 있다. 개인자산관리는 전문가 육성이 성공의 주된 전제조건이다. UBS는 'UBS 비즈니스 대학' 운영, JP Morgan은 신입직원과 시니어급 직원을 커플로 묶어 현장 교육을 강화하는 등 글로벌 은행들도 전문가 양성에 주력하고 있다.

지금까지 국내 은행 등 금융회사들은 자산관리 수익원으로 펀드 등 수익상품 판매에 치중하고 있다. 이러다 보니 공격적인 상품 판매에 주력하게 되고 경제가 나빠지면 고객들로부터 불완전판매 등 금융민원이 발생할 여지가 크다. 그러면 금융회사에 대한 고객의 신뢰가 떨어진다. 따라서 앞으로 자산관리 시장은 다양한 고객 수요를 충족하는 상품 개발과 함께 단순판매가 아닌 자문 수수료를 중시하는 방향으로 성장해 나가야 할 것이다. 특히 전문가를 양성하고 확보할 수 있는 인사 시스템이 정착되어 고객들이 수준 높은 자산관리 서비스를 받도록 발전되어야 한다. 자산관리 시장은 서비스 담당자들에 대한 성과주의 평가 문화가 뿌리내려야 발전할 수 있는 분야라고 할 수 있다.

인터넷전문은행과 핀테크 산업

인터넷전문은행은 소수의 영업점만으로 또는 영업점 없이 업무의 대부분을 인터넷을 통해 처리하는 은행을 말한다. 지점이나 인력의 운용에 들어갈 경비를 절감해서 금융 소비자들에게 더 높은 예금금리, 더 낮은 대출 금리를 제공할 수 있다는 이점을 갖고 있다. 미국의 경우 인터넷이 처음 보급된 1995년부터 인터넷전문은행이 설립되어 부침을 겪고 있다.[24] 국내에서도 HSBC은행과 산업은

---

24 세계 최초 인터넷전문은행은 미국의 Security First Network Bank이며 현재는 증권사를 기반으로 한 Charles Schwab은행과 GM 자동차 매입을 전문으로 한 Ally Bank의 규모가 가장 크다.

행이 다이렉트뱅킹 개념을 도입하여 현재 논의되고 있는 인터넷전문은행과 유사한 영업을 시도했으나 큰 성과 없이 중단된 상태다. 2015년 11월 한국카카오뱅크와 케이뱅크은행이 인터넷 전문은행 예비인가를 받았다. 카카오뱅크는 카카오 등 11개사가 납입자본금 3,000억 원을 기반으로 설립했고, 케이뱅크는 KT 등 21개사가 납입자본금 2,500억 원으로 설립했다. 2016년 하반기 영업을 시작할 계획이다. 인터넷전문은행의 설립과 관련한 주요 이슈는 통장개설시의 실명확인이다. 현재 금융실명법의 적용을 받아 통장 개설시 대면으로 실명확인을 거치고 있고, 실명확인 절차를 위반하면 은행직원이 처벌을 받는다. 인터넷전문은행은 기본적으로 영업점이 존재하지 않기 때문에 통장개설에서 현재와 같이 대면으로 실명확인을 요구할 경우 영업에 어려움을 겪을 수 있다. 주요국들도 비대면 실명확인을 금지하고 있는 독일을 제외하고 미국, 영국 등 국가들은 대면확인 대비 보안을 강화하거나 전화연락과 신원보증서 수취 등 추가인증 의무조항을 두고 조건부로 비대면 실명인증을 허용하고 있다. 실명확인 부분은 기술의 발달을 수용하고 민간의 창의성을 존중하기 위해 본인확인을 담보할 수 있는 조건을 담보로 비대면 실명확인을 허용하는 것이 바람직하다고 생각한다.

인터넷전문은행의 또 다른 이슈는 은행과 산업의 분리 문제다. 현재 은행의 지분은 산업자본이 4% 이상 소유하지 못한다. 은산분리 원칙은 인터넷전문은행에게도 적용할 것인가 여부다. 산업자본의 은행소유는 미국과 우리나라에서 엄격하게 규제되고 있으며 유럽은 허용된다. 인터넷전문은행의 경우에는 미국에서 1억 달러 이내 규모에서 자산을 운용할 때 산업자본의 은행소유를 허용하는 제도ILC, Industrial Loan Company에 따라 산업자본의 소유가 가능해졌고, 유럽에서는 BMW은행 등 산업자본이 소유한 경우가 있다. 일단 정부는 인터넷전문은행은 산업자본의 지분보유 한도를 50%로 상향한다는 정책을 발표했고 법 개정을 추진하기로 했다.

핀테크Fintech란 금융Finance과 기술Technology의 합성어로 모바일 결제 및 송금, 개인자산관리, 크라우드 펀딩 등 금융관련 기술을 지칭한다. 핀테크는 모바일 소비 및 거래가 확대되고 관련기술이 발달하는 환경에서 보다 낮은 금융 비용으로 보다 편리한 금융서비스 제공을 목표로 미국, 영국 등 금융 선진국을 중심으로 시장이 급속히 커지고 있다. 핀테크 산업은 기술발달을 기반으로 하고 있지만 금융서비스를 생산하기 때문에 정부 규제의 범위 설정과 밀접한 관련이 있다. 국내 핀테크 산업은 기술발전이나 인터넷 보급 및 이용 등 부문에서는 매우 양호한 경영환경을 갖고 있다. 그러나 금융소비자 피해를 우려한 엄격한 규제가 시행되고 있고 이미 은행서비스가 인터넷, 모바일 기기를 기반으로 광범위하게 이루어지고 있어 사업 환경이 우호적이지 않다.

혁신적 기술을 기반으로 한 창업기업이 중심을 이루고 있는 미국은 전 세계 핀테크 투자의 80% 이상을 차지하고 있다. 2013년 전 세계 핀테크 투자는 약 30억 달러에 달한다. 2014년 기준 1억 5천 만 명이 이용하고 있는 페이팔Paypal은 미국의 대표적인 핀테크 기업이다. 페이팔 계정에 사전 등록된 결제정보를 이용하여 별도의 인증 절차 없이 결제 및 송금서비스를 제공한다. 온라인 결제로 시작해 대출중개, 오프라인 가맹점 결제 등으로 서비스 영역을 확대했다.[25]

---

25 그 외에 대표적인 핀테크 기업으로는 2014년 온오프라인 카드결제 서비스를 시작

영국은 민관 공동 협력을 통해 핀테크 기업이 육성된다. 영국 정부는 '핀테크 연구소'를 설립하여 멘토링 서비스를 지원하고 있다. 국제금융의 허브답게 외환송금서비스 핀테크 기업이 발달했다.[26] 금융인프라가 부족한 중국에서 핀테크 산업은 급속히 성장하고 있다. 검색, 포털업체인 바이두는 결제업무를 하는 바이두 월렛과 투자업무를 하는 바이주안을 설립했다. 전자상거래 업체인 알리바바는 결제, 송금업무를 담당하는 알리페이, 투자를 담당하는 위어바오, 대출업무를 하는 알리파이낸스를 운영중이고, 그리고 인터넷 전문은행인 왕샹은행 설립을 계획하고 있다.[27]

중국의 핀테크 산업은 최근 급속히 증대하고 있는 전자상거래와 함께 성장하고 있다. 중국의 전자상거래 규모는 2013년 10.2조 위안으로 2004년 대비 72배로 성장하여 미국에 이어 세계 제 2위로 부상했다. 중국의 대표적 전자상거래 업체인 알리바바가 설립한 알리페이는 신용카드 사용이 보편화되지 않은 상황에서 고객이 인터넷 쇼핑몰내 자신의 거래구좌에 현금을 예치하고 구매물건의 배송이 완료되면 결제대금이 판매자에게 지급되는 제 3자 결제 보증시스템을 갖고 있다. 알리페이, 텐페이 등 핀테크 업체는 10여 년이 넘는 기간에 걸쳐 거래기업도 크게 늘고, 서비스의 종류도 지속적으로 확대하는 등 발전했다. 특히 2013년 알리바바는 알리페이의

한 애플페이(Applepay), 소상공인 대상 온라인 대출 서비스를 하는 온덱(Ondeck), 개인간 대출 거래를 주선하는 렌딩클럽(Lendingclub) 등이 있다.

26 기존은행 외국환 수수료의 1/5 수준의 수수료를 받고 국제 송금서비스를 제공하는 트랜스퍼와이즈(Transferwise)가 대표적인 기업이다.

27 이외에도 SNS업체인 텐센트는 결제업무를 영위하는 텐페이, 송금업무를 담당하는 위챗송금, 투자업무를 담당하는 리차이통을 설립했고 인터넷 전문은행인 웨이쭈 은행 설립을 추진하고 있다.

고객 거래계정에 구매대금을 지불하고 남아 있는 여유자금을 투자해 수익을 창출하는 위어바오를 출시했다. 위어바오 계정은 2014년 기준으로 5~6%의 수익률을 지불하여 4,100억 위안의 자금을 유치했다. 이후 위어바오와 유사한 펀드가 출시되어 활발한 자금거래시장을 형성하고 있다.

핀테크 산업의 발전을 위해 정부의 규제와 감독의 수준이 어느 정도가 적당한 지에 대한 논의가 필요하다. 핀테크 산업이 기술을 활용하여 기존 제도권 금융이 제공하기 어려운 금융서비스를 제공하고 있는 것은 사실이다. 기술의 발전과 함께 발달하는 핀테크 산업이 정부의 규제 때문에 창의적 아이디어가 사장되는 일은 없어야 한다. 그럼에도 불구하고 금융행위, 특히 은행기능을 포함한 금융행위에 대한 적절한 규제 감독은 필요하다. 예를 들어 중국의 위어바오와 같이 불특정 다수로부터 자금을 예치받아 투자를 통해 수익을 올리는 금융행위는 규제 감독이 필요하다. 왜냐하면 경제가 좋고 투자수익이 잘 날 때는 어려움이 없지만 경제가 나빠지면 투자 및 유사 예금자들이 손실을 볼 수 있고 그 규모가 커지면 시스템에도 부정적인 영향을 줄 수 있기 때문이다.

금융의 신뢰위기

금융, 특히 은행산업은 광범위한 소비자들을 대상으로 영업을 하기 때문에 소비자들의 신뢰가 경영의 가장 중요한 기반이 된다는 것은 의심의 여지가 없다. 이론적으로 금융은 정보를 비대칭적으로 갖고 있는 자금잉여자와 자금수요자 사이에서 신뢰를 바탕으로 거래를 성사시킨다. 따라서 신뢰가 무너지면 금융의 역할이 축소되고 경제활동이 위축된다. 특히 사람들이 가장 중요하게 여기는 돈을 맡기는 행위는 신뢰가 훼손되면 가능하지 않다. 은행은 고객들의 돈을 안전하게 보관하고 증식시키며 금융상품을 생산하여 거래비용을 줄이는 등 경제활동을 뒷받침한다. 그런데 만약 은행직원이 고객 돈을 횡령했다는 소식이 들리면 당연히 내 돈은 안전할까 의심하게 된다. 즉 금융에 대한 신뢰가 떨어지게 된다. 극단적인 경우에는 여유 돈을 금고에 보관하거나 논을 맡기고 투자하고 대출받는 행위가 위축될 것이다. 금융에 대한 신뢰가 튼튼하면 향후에 은행이 경영을 잘 해서 성장하고 발전할 것이라는 믿음도 준다. 그러면 주식시장에서 은행주의 주가가 오르고 은행은 자금조달이 쉬워져 투자를 늘리고 더욱 성장하게 된다.

현재 우리나라 은행산업은 신뢰의 위기에 처해 있다고 할 만하다. 우선 대표적 금융지주사들의 주가순자산비율PBR, Price Book-value Ratio28이 1보다 훨씬 낮은 0.5 수준에 머물러 있다. 즉 회사 순자산을 주주들이 나누어 가지면 현재 주식 가격보다도 그 가치가 높다는 의미다. 주식시장이 금융지주사들의 향후 성장 및 수익성을 극도로 불신하고 있다는 증거다. 2014년 발생한 KB금융 사태는 한국 금융의 신뢰문제를 부각시켰다. 한국 최고의 금융 그룹에서 회장과 은행장이 공개적으로 충돌하며 상당 기간 경영이 파행을 겪고 동반 퇴진하는 초유의 상황이 발생했다. 우리나라 금융 신뢰 하락의

---

28 주가를 주당 순자산으로 나눈 값이다. 순자산은 자산에서 부채를 뺀 값이고, 회사가 청산할 경우 배당받을 수 있는 장부상 가치를 의미한다.

가장 큰 계기는 1997년 발생한 외환위기였다. 은행 등 금융기관이 리스크 관리를 잘못해서 국민들이 큰 고통을 당하는데 일조했다고 여겨졌다. 더욱이 은행 등 금융기관에 국민의 세금을 기반으로 한 공적자금이 투입되었는데 그 혜택은 금융종사자들이 누린다는 인식도 있다. 또한 은행이 공적자금을 통해 다시 살아났는데 금융허브전략의 실패, 해외진출 지지부진 등 금융의 발전된 모습을 보여주지 못하고 있다.

금융이 선제적인 리스크 관리에 앞장서지 못하며 카드사태, 하우스푸어 대량 발생, 부동산 PF부실 등으로 고통 받는 채무자를 양산했다는 지적도 있다. 고통 받는 대규모의 채무자 발생은 시한폭탄과 같은 이슈다. 미국에서도 서브프라임 사태 이후 채무자들의 분노가 금융기관을 향해 폭발한 경험이 있다.[29] 이와 같이 금융에 대한 국민들의 인식이 부정적인 상황에서 2013년 카드사들의 대규모 개인정보 유출 및 KB 사태 등은 금융에 대한 불신을 야기했다. 금융에 대한 신뢰회복은 금융산업의 성장 발전은 물론 거시경제의 균형적인 발전을 위해서도 필수적인 요인으로 판단된다. 어떻게 하면 금융이 신뢰를 받고 국민들로부터 사랑을 받으며 발전해 나갈 수 있을까? 우선 금융기관 내에서 내부통제가 철저히 되어 금융 사고가 발생하지 말아야 한다. 또한 건강한 조직문화를 만들어 금융 사고가 발을 붙이지 못하는 내부 환경을 만들어야 한다.

윤리적 개혁의 시작은 모든 조직원들이 수긍할 수 있도록 경영진부터 경력, 능력을 갖추어야 하고 인사관리로 조직에 공정성에

---

29 2008년 글로벌 위기 이후 주택을 빼앗긴 채무자들이 'Occupy Wall Street' 운동을 벌인 바 있다. 이후 양적완화 등 정책에 의해 경제가 신속하게 회복하면서 동 움직임은 소멸되었다.

대한 메시지를 주어야 한다. 금융신뢰 회복의 중장기적인 과제는 금융종사자들이 실력을 배양하고 고객서비스 질을 높이는 것이다. 고객들의 자산을 관리하고 부채를 조정하는 금융행위는 고도의 경제적 지식을 필요로 한다. 은행원들은 탁월한 전문성으로 경제흐름 및 시장분석을 통해 고객, 국민들의 재산을 잘 보호하고 증식시켜 줄 의무가 있다. 또한 무조건 양적 성장을 고집하여 고통 받는 채무자를 양산하는 일은 없어야 한다. 글로벌 위기 이후 세계적으로 가장 고객들에게 사랑 받고 신뢰 받으며 좋은 성과를 보이고 있는 은행은 엘스피고^{Wells Fargo} 은행이다. 엘스피고 은행은 고객 중심 경영이 문화와 철학으로 조직내에 뿌리내렸고, 한 명의 고객에 대해 7개의 교차판매를 하는 것으로 알려져 있다.[30] 고객들의 신뢰를 얻어 은행이 성장하고 발전하는 대표적 은행이 되었다.[31]

고객과 국민들에게 자랑스러운 은행이 되기 위해서는 개방경제에 걸맞게 해외수익 비중을 높이고 국내에서도 해외 금융기관보다 경쟁력을 높여야 한다. 은행의 해외진출은 외환의 유출입을 원활히 해서 환율 안정에도 도움이 된다. 또한 은행수익, 자산의 지역 포트폴리오가 분산되어 거시경제에 주기적으로 오는 충격을 흡수할 능력을 제고한다. 해외 네트워크가 취약한 중소기업 등의 해외진출을 뒷받침할 수 있어 경제의 균형발전에도 기여할 것이다. 금융의 신뢰회복이 금융발전의 가장 기본적이고 필수적인 요인이다.

---

30 교차판매(cross selling)는 한명의 고객에게 대출, 펀드판매, 보험가입 등 금융서비스를 얼마나 제공하느냐를 나타낸다. 우리나라 은행들은 평균 3~4개의 교차판매를 하고 있다.

31 그러나 일부 흠결이 나타나기도 했다. 2004년~2009년 사이 소수인종에 대한 차별적 대출조건을 적용한 혐의로 1억 7,500만 달러 벌금을 냈다. 또한 2016년에는 고객정보를 도용하여 유령계좌를 만들었다고 적발되기도 했다.

반복되는 금융위기

금융위기는 반복되었고, 앞으로도 반복될 것이다. 금융위기의 대표적 유형으로 해외 채권자들에 대한 채무가 부도위기에 처하여 발생하는 외환위기가 있다. 우리나라가 1997년 겪은 것이다. 외채 위기는 19세기 전에 8번이나 부도를 경험한 프랑스, 7번 부도를 선언한 스페인 등 유럽에서 빈번하게 발생했고 20세기에 들어서는 브라질, 칠레가 각각 7번의 부도 또는 채무재조정을 겪는 등 라틴 아메리카에서 빈번히 발생했다. 케네스 로고프 교수와 카르멘 라인하트 교수는 2차 대전 이후 IMF의 역할 등에 힘입어 국가 부도의 평균 지속 기간이 6년에서 3년으로 감소했다고 주장한다.[32] 한편 정부는 감당할 수 없는 국내 국가부채를 인플레이션으로 해결하거나 채무재조정을 하기도 한다. 인플레이션은 부채의 가치를 소멸시키기 때문에 국가가 부채를 많이 지고 있으면 인플레이션 유혹에 빠진다. 브라질이 겪은 1987~1990년 시기의 하이퍼 인플레이션이나 일본이 겪은 1945년 500%가 넘는 인플레이션은 정부부채 비중이 경제규모에 비해 대단히 높은 시기에 발생했다. 현재 일본은 정부부채가 GDP의 240%가 넘어서 OECD국가 중 가장 부채를 많이 지고 있는 나라다. 그런데 디플레이션이 되면 부채의 가치가 높아진다. 일본정부의 어려움이 가중된다. 따라서 일본정부는 필사적으로 인플레이션을 일으키려고 한다. 아베노믹스가 그 일환이다.

은행의 지급불능이나 정부의 구제금융을 통한 구조조정이 따르는 은행위기는 대부분 신용경색을 통해 극심한 경기 위축을 가져

---

32 케네스 로고프·카르멘 라인하트, "이번엔 다르다," 다른 세상, 2010.

온다. 한국은 1997년 외환위기가 발생했지만 뒤이어 은행이 총체적으로 부실화되는 은행위기가 발생했고 극심한 경기위축을 경험했다. 로고프와 라인하트는 1970년대 이후 발생한 24건의 금융위기 중 18건이 위기 5년 전에 금융자유화가 실행되었다는 사실을 발견했다. 즉 1980, 1990년대 많은 신흥국들이 금융자유화, 금융국제화를 실행했는데 이들이 다양한 강도의 금융위기로 연결된 것이다. 금융자유화 이후 국제자본이 대량 유입되며 은행위기를 유발시켰다. 금융위기의 본질은 부채라고 할 수 있다. 부채가 없는 기업은 매출이 급격히 감소해도 부도가 나지 않는다. 개인과 정부(국가)도 마찬가지다. 부채를 통해 과도한 소비를 하거나 주식, 부동산 등 자산가격이 과도하게 상승하면 필연적으로 금융위기가 온다. 금융위기는 발생 당시 국민들에게 엄청난 고통을 주지만 부채를 통해 소비를 즐기고 자산 가격 상승의 혜택을 본 사람들과 고통 받는 사람들이 반드시 일치하지 않는다는 데 문제가 있다.

1929년 경제대공황 이후 금융 감독이 강화되며 세계경제는 1970년대 까지 비교적 큰 금융위기 없이 경제적 안정기를 구사했다. 선진국의 경제성장이 한계에 이르러 선진국 자본이 보다 수익률이 좋은 신흥국으로 이동하기 시작했다. 이때부터 신흥국의 금융자유화 및 자본자유화가 본격적으로 진행되었다. 그리고 주기적으로 금융위기가 발생했다. 1980년대 초 라틴아메리카와 아프리카국가들의 금융위기가 먼저 발생했다. 1980년대 후반 미국에서 대공황 이후 처음으로 대규모 금융위기가 발생했다. 저축대부조합 위기가 그것이다. 1990년 소련이 붕괴하며 동유럽 국가들이 금융위기를 겪었다. 1992년 일본의 부동산, 주식 거품이 본격적으로 붕괴하며 장기불황에 진입하고 은행들은 공적자금을 투입 받는 등 어려움을 겪었다. 1994~1995년에는 멕시코, 아르헨티나가 금융위기를 겪었다. 그리고 우리나라와 아시아, 러시아, 콜롬비아에서 1997~1998년 금융위기가 발생했다. 2001~2002년에는 아르헨티나, 우루과이에서 금융위기가 발생했다. 2008년에는 미국에서 저축대부조합위기 이후 약 20년 만에 서브프라임 위기가 발생하여 전 세계 경제를 침체의 늪에 빠뜨렸다. 2010년에는 남유럽국가들의 재정위기가 발생했다. 사실상 전 세계를 돌아가며 금융위기가 이어지고 있는 셈이다.

버블의 생성과 소멸은 금융위기를 발생시킨다. 인간의 인지능력에는 한계가 있다. 또한 인간은 본능적으로 탐욕적이다. 즉 재물 또는 재산을 수단과 방법을 가리지 않고 증식시키려는 욕망을 갖고 있다. 이와 같은 인간의 탐욕에 불을 붙이는 것은 주변에서 부를 늘린 사례다. 주변에 아는 사람 또는 유명한 사람들이 주식, 또는 부동산으로 쉽게 돈을 벌었다는 뉴스는 대부분의 사람들을 투기의 장으로 입장하게 만든다. 1999년 이른바 닷컴버블은 일부 초기 투자가들이 큰 돈을 벌었다는 정보에 수 많은 국민들이 투자 대열에 참여하고 엄청난 손실을 입으며 막을 내린 케이스다. 2008년 우리나라 저축은행 부동산 PF 대출 위기 역시 일부 저축은행이 부동산 PF 대출로 돈을 벌었다는 소식에 대부분의 저축은행들이 뛰어들며 발생했다. 이를 군집행동이라고도 부르지만 그 내면에는 인간의 탐욕이 자리잡고 있다. 역사적으로 버블을 만들고 반복시키는 또 다른 인간의 특징은 망각이다. 인간이 고통스러운 기억으로부터 벗어나 살 수 있는 생존 능력을 갖게 한 진화의 한 방법이 망각이다. 인류의 역사에서 버블이 발생한 뒤, 수 많은 사람들이 고통을 당하며 버블이 소멸되었다. 그러나 얼마 지나면 정확히 동일하지는 않지만 매우 유사한 유형의 버블이 또다시 발생하고 수많은 사람들이 뛰어든다. 앞서 버블이 붕괴될 때의 고통을 망각한 것이다.

고전적인 버블의 대표 사례로 인용되는 것은 1630년대 네덜란드에서 발생한 튤립투기 버블이다. 1630년대 네덜란드는 스페인으로부터 군사적 위협이 사라지고 경제적 호황을 누리고 있었다. 경제호황기에 튤립이 투자대상으로 떠올랐다. 튤립은 꽃의 색깔에 따라 다양하게 위계서열을 분류해서 가격이 매겨지는데, 꽃이 만개할 때까지 무늬와 색깔을 예측할 수 없는 특징이 있다. 당시 튤립 뿌리는 표준화되어 거래되었는데 튤립 한 뿌리 가격이 노동자 5년 연봉 수준까지 상승했다. 1636, 1637년 겨울에 튤립뿌리의 선물거래가 시작되었고 1637년 현물을 인도해야 되는 봄이 다가오자 스스로 버블이 한순간에 붕괴했다. 정부는 모든 채무를 3.5%만 지불하고 정리하도록 명령했고 수많은 사람들이 파산하고 고통당했다.

인류 사회에 큰 영향을 끼친 새로운 발명의 등장은 예외 없이 버블을 만들었다. 1820년 인류에 처음 등장한 철도는 1842년 영국 여왕이 철도여행을 하며 관심을 받기 시작하여 너도 나도 철도투자에 나섰다. 1845년 철도회사의 채무합계가 영국 GDP를 초과했다. 철도투기에 너무 많은 자본이 투하되어 금리가 4배나 오르며 금융공황이 발생했고 결국 1850년 철도회사 주가는 85% 하락했다. 많은 관련자들이 투신, 자살, 음독하는 상황이 벌어졌다.

1929년 주가 폭락과 함께 시작한 미국의 대공황 이전 역시 버블이 발생할 여건을 잘 갖추고 있었다. 자동차, 라디오, 비행기 등 신기술의 출현은 사람들을 흥분시켰다. 1925년부터 3년 만에 GM의 주가는 10배나 상승했다. 1919년 GE가 설립한 라디오 제조사 RCA 는 1921년 주가가 1.5달러에 불과했으나 대공황 직전 115달러까지 상승했다. 1929년 10월 24일 별 다른 이유 없이 주식 시장 개장 후 10분 만에 10%가 폭락하며 대공황이 시작되었다. 주가는 1932년 7월 까지 90% 이상 폭락했고 이 기간 미국 GDP는 60% 감소했으며 농업종사자를 제외한 미국 국민의 1/3이 실업자가 되었다.

일본의 자산가격 하락과 디플레이션 발생, 은행위기 발생, 20년 이 넘는 장기 불황 등 최근 역사는 인류 역사상 가장 드라마틱한 버블의 생성과 소멸 스토리라고 할 수 있다. 일본은 1980년대 소니, 도요타 등 기업들이 세계 시장에서 괄목할 만한 성과를 보여주었 다. 일본기업들이 세계 시장에서 벌어들인 돈을 주식, 채권에 투자 하는 재테크가 성행했다. 심지어 유로본드 시장에서 채권을 발행하 여 조달한 자금을 재테크에 활용했다. 이에 1980년대 말 도요타, 닛 산, 마쓰시다, 샤프 등 기업 순이익의 절반은 재테크에서 발생했다. 세계 주요 중앙은행들은 1987년 스위스 바젤에서 일본은행들이 자 기자본을 낮게 유지하여 글로벌 대출시장을 잠식한다고 지적하고 BIS 비율 8% 이상 유지하기로 합의했다. 그러나 일본은행들은 기 업과 상호출자 형태를 갖고 있는 점을 고려해 보유지분 미실현이 익의 일부를 자본으로 인정했다. 결국 은행이 대출을 늘려 은행소 유 기업주가가 상승하면 은행자본이 늘어 대출여력이 상승하고, 또 다시 대출을 늘려 주가가 상승하는 버블발생 구조의 형성에 일조 했다.

1985년 9월 미국과 일본은 플라자합의를 통해 막대한 무역수지 흑자를 실현하고 있는 일본에 대한 미국의 적자규모를 줄이고자,

엔화가치를 상승시켰다. 엔달러 환율은 259엔에서 이듬해 초 150엔까지 하락했고 일본의 경제성장률은 마이너스로 추락했다. 이에 일본정부는 금리를 낮추기 시작했고 1987년 2.5%까지 낮아진 금리는 1989년까지 유지되었다. 기업과 은행의 버블 형성 구조가 만들어진 상황에서 초저금리의 장기간 유지는 부동산, 주식가격의 폭등을 가져왔다. 당시 일본의 전신전화회사인 NTT의 시가총액이 독일, 홍콩의 전체 상장기업 시가총액보다 컸다. 1990년 일본 전체의 부동산 가치는 미국 전체의 4배나 되었고 도쿄 황궁의 부동산 가치는 캐나다 전체 부동산 가치 보다 컸다. 엔화가 사상최고의 강세를 띠고 국내 자산가치가 천정부지로 오르자 일본 기업은 해외 부동산으로 눈을 돌려 엠파이어 스테이트 빌딩, 록펠러센터, 페블비치 골프장 등 유명 부동산을 높은 가격에 사들였다. 1991년 금리가 올라가며 부동산, 주식 가격은 하락하기 시작했고 20년 장기불황으로 접어들었다. 부동산의 끝없는 하락으로 부동산 불패신화는 사라졌고 대부분의 국민들이 자산가격 하락으로 피해를 입어 현재 일본 사람들과 부동산, 주식 등을 화제로 대화하는 것은 금기시 되고 있을 정도다.

국제자본의 유입, 엔화 강세 및 미국의 소비 증가 등의 영향을 받아 고성장을 구가하던 아시아 국가들은 일본의 버블이 붕괴되자 어려움에 빠지며 영향을 받기 시작했다. 엔화가 약세로 돌아서고 중국 역시 1996년 위완화를 평가 절하했다. 미국은 1994년부터 인플레이션에 선제적으로 대응하기 위해 금리를 인상하기 시작했다. 1994년 2월 3%의 미국 기준금리는 1년 만에 6%로 상승했다. 경쟁국 화폐의 평가절하로 무역수지 적자가 커지는 상황에서 미국 금리 인상은 동아시아 국가들로부터 해외 자본의 유출을 불러일으켰다. 1997년 7월 태국에서 시작한 아시아 외환위기는 8월 인도네시아, 필리핀, 9월 말레이시아, 11월 한국 등 동아시아 국가들을 IMF에 구제금융을 요청하는 신세로 전락시켰다.

2008년 미국에서 발생한 서브프라임 위기 역시 전형적인 버블 붕괴에 따른 금융위기라고 할 수 있다. 은행이 불경기에 대응하는 가장 중요한 노력 중 하나는 담보가치의 하락을 관리하는 것이다. 은행 담보 중 가장 비중이 높거나 또는 절대적인 비중을 갖고 있는 담보는 주택이다. 미국의 서브프라임 위기는 주택가격 하락으로 발생한 대표적인 은행위기다. 미국에서 2006년까지 10년간 주택가격의 실질 상승률은 92%로써 그 이전 100년간의 상승률 27%의 3배에 달했다. 은행의 모기지대출은 증권화를 통해 유동성을 증가시키고 또다시 대출을 늘리는 재원으로 활용되었다. 1993년 미국에서 가계부채의 가처분소득 대비 비율이 80% 수준이었으나 2006년 130% 수준까지 상승했다. 은행의 주택 담보대출이 늘어나면 주택가격이 올라가고 담보가치가 상승해 또다시 대출을 늘릴 수 있는 여력이 커진다. 이와 같은 순환의 고리에 들어가 있으면 리스크 관리의 필요성을 크게 느끼지 못할 수 있다. 또한 주택의 담보가치가 늘어나 대출여력이 커지면 주택 구입 대출이 증가하며 주택가격이 상승한다. 은행, 주택구입자, 주택보유자 모두 만족한 상황이 되는 것이다. 미국의 서브프라임 위기 발생 직전의 상황이 그랬다.

주택가격은 가장 큰 수요처인 인구의 수, 구조 및 소득 증가율에 영향을 받는다. 서브프라임 계층은 소득 수준이 낮고 불안정해 사실상 집을 구입하고 모기지를 갚을 능력이 부족한 계층이다. 그러나 미국 국토부는 서브프라임 계층에게도 주택을 소유할 수 있도록 권장하는 정책을 폈다. 은행은 주택가격이 지속적으로 오른다는 가정하에 대출을 늘려나갔다. 2007년부터 가계가 대량으로 파산하며 은행이 부실화되어 위기가 발생했다. 미국의 주택대출은 비소구권대출non-recourse loan이 대부분이다. 비소구권대출이란 대출자의 책임을 담보물로 한정하는 대출이다. 대출자가 원리금 상환을 못하고 파산하면 은행이 주택을 차압하고 대출자는 주택에서 퇴거된다. 글로벌 금융위기 당시 많은 미국인들이 집에서 쫓겨나 산이나 공원에서 텐트를 치고 생활하는 장면을 전 세계 시청자들이 뉴스로 접할 수 있었다.

　지금도 진행되고 있는 남유럽 국가들의 재정위기는 유럽통합과 함께 잉태되었다. 끝없는 전쟁에 시달린 유럽은 하나의 국가를 건설하는 목표를 공유하는데 어려움이 없었다. 1993년 유럽 연합 European Union을 창설하고 현재 28개국이 회원으로 가입하였다.[33] 1995년 유럽연합은 마드리드 15개국 정상회의에서 1999년 경제통화동맹European Economic and Monetary Union을 출범시키고 단일통화 명칭을 유로euro로 하기로 합의했다. 현재 19개국이 유로를 사용하고 있다.[34] 장기적인 계획으로는 재정통합도 이루어 단일국가를 지향하고 있다. 그러나 경제규모나 구조가 크게 다른 국가가 동일한 통

---

33 오스트리아, 불가리아, 키프러스, 벨기에, 크로아티아, 체코, 덴마크, 에스토니아, 핀란드, 프랑스, 독일, 그리스, 헝가리, 아일랜드, 이태리, 라트비아, 리투아니아, 룩셈부르크, 몰타, 네덜란드, 폴란드, 포르투갈, 루마니아, 슬로바키아, 슬로베니아, 스페인, 스웨덴, 영국. 최근 영국이 EU에서 탈퇴하기로 결정했다.

34 오스트리아, 키프러스, 벨기에, 에스토니아, 핀란드, 프랑스, 독일, 그리스, 아일랜드, 이태리, 라트비아, 리투아니아, 룩셈부르크, 몰타, 네덜란드, 포르투갈, 슬로바키아, 슬로베니아, 스페인

화를 사용하게 되니 여러 가지 경제문제가 발생할 수밖에 없다. 독일, 프랑스 같이 경제 규모도 크고 기업의 경쟁력도 세계 최고 수준인 국가와 그리스, 포르투갈, 스페인처럼 경제규모도 작고 변변하게 경쟁력 있는 기업도 없는 국가가 동일한 통화를 갖고 세계 시장을 상대하여 동일한 환율로 경쟁하게 되는 모순이 발생했다. 환율은 국가간 무역수지, 경상수지 또는 국제수지를 균형으로 만드는 자동조절 기능을 갖고 있다. 즉 어느 국가가 지속적으로 무역수지 흑자가 되면 외화를 벌어들여 자국 통화의 가치가 상승한다. 즉 흑자국 통화의 가치가 올라 수출가격을 높게 형성하여 흑자규모를 줄인다. 반대의 경우도 발생한다. 무역이나 서비스수지에서 적자가 발생하면 외화가 부족해지고 자국 통화의 가치가 상대적으로 하락한다. 자국 통화가치가 떨어지면 해외시장에서 자국 상품의 가격이 떨어지고 자국민들이 해외여행에서 구입하는 서비스나 상품도 상대적으로 비싸진다. 반대로 수입품은 가격이 올라가 수입이 줄고 해외여행객들이 통화가치가 떨어진 나라를 값싸게 여행할 수 있다. 결국 외화를 더 벌어들이고 덜 쓰게 되어 국제수지가 균형을 향하게 된다.

통화가 통합되며 가장 덕을 많이 본 나라는 독일이다. 독일은 세계 최강의 제조업 경쟁력을 갖고 있고 무역규모가 크다. 제조업에서 흑자를 보는 나라다. 유럽이 단일 통화가 되며 세계 시장에서 통화 통합 전의 마르크 보다 유로화 가치가 낮을 수밖에 없다. 당연히 세계 시장에서 실질적인 경쟁력으로 평가된 통화가치 보다 낮은 통화가치를 기반으로 저렴하게 상품을 수출할 수 있게 되어 더욱 높은 경쟁력을 확보할 수 있게 되었다. 반면에 경제력이 현저히 떨어지는 그리스, 스페인, 포루투갈 등 남유럽 국가들은 유로존에 편입되어 본질적인 경쟁력보다 더 높은 가치의 통화를 사용함으로써 국가의 경쟁력이 하락했다. 통화가치가 높아져 외국산 상품이나 해외여행 등 해외소비에는 유리하다. 그러나 경상수지 적자는 커지고 국가부채가 늘어났다. 유럽은행들은 총자산에서 유가증권이 차지하는 비중이 높다. 특히 주변 국가들의 국채를 많이 보유하고 있었다. 남유럽국가들의 재정이 어려워져 그들 국가들이 발행하는 국채금리가 올라가고 심지어는 발행자체가 어려워졌다. 남유럽국가 국채를 대량 보유하고 있던 유로존 국가들의 은행들이 부실화되었다. 2010년 발생한 이른바 유럽의 재정위기다. 유럽 재정위기가 발생한 뒤 초기에 신속하게 유럽중앙은행의 통화량 증대와 같은 미국식 양적완화가 실행되지 못했다. 인플레이션을 우려한 독일의 반대 때문이다.

독일 중앙은행은 세계에서 가장 보수적인 통화정책을 펴기로 유명하다. 제1차 대전이 끝나고 탄생한 바이마르 공화국 시절의 하이퍼 인플레이션의 고통에 대한 기억 때문이다. 제 1차대전이 끝나고 베르사이유 조약에 따라 독일의 전쟁 배상금 규모가 1,300억 마르크로 결정됐다. 전쟁이 끝나 경제가 어려운데 배상금까지 물게되자 독일 경제는 끝없이 나락으로 떨어지며 인플레이션에 시달렸다. 1923년 10월 1달러당 환율이 120억 마르크에 달한뒤 한 달 뒤에는 4조 마르크를 넘어서 마르크는 화폐기능을 완전히 상실했다. 물물교환과 대체화폐가 등장했고 그렇지 않아도 어려운 독일 경제는 더욱 피폐해졌고 국민들의 삶은 고통의 연속이 되었다. 배상금 지불 거절을 캐치프레이즈로 들고 나온 나찌 당이 여론의 지지를 받게 되고 히틀러가 등장하는 기반이 되었다.

　2010년 유럽 재정위기시 남유럽 국가들은 통화가 유로로 통합되어 독일이 가장 이익을 보기 때문에 독일이 위기에 처한 국가들을 도와야 한다고 주장했다. 그러나 독일은 통화증발에 따른 인플레이션을 우려하여 반대 입장을 유지했다. 결국 유럽 경제가 침체에서 벗어나지 못하고 물가는 디플레이션을 우려할 정도로 하락하자 유럽중앙은행은 유로존 은행들에게 유동성을 공급하고 시장에서 채권을 직접 사들이는 등 양적완화에 나섰다.

선진국 양적완화와 은행경영

　2008년 미국에서 서브프라임 대출이 대량으로 부실화되었다. 이에 서브프라임 대출을 기초자산으로 하여 만들어진 파생상품CDO, CDS을 보유한 은행, 보험사, 투자사들이 대규모 손실을 입었다. 미국 정부는 은행 등 금융기관이 부실화되자 씨티은행에 3,600억 달러, AIG 보험사에 850억 달러 등 구제 금융을 투입해 자본을 확충했다. 은행의 대량부실을 막아 시스템위기를 차단했다. 또한 경제회복을 위해 기준금리를 0~0.25%까지 내렸다. 제로금리만으로도 경제회복이 충분하지 않다고 판단해 2008년 11월부터 2014년 10월까지 중앙은행이 국채, MBS 등 채권을 직접 매입해 시중 유동성을 공급했다. 이를 양적완화라고 한다. 양적완화란 기준금리를 0% 수준으로 내려도 경제회복이 되지 않을 경우 중앙은행이 시장에서 직접 채권을 사들여 통화량을 공급하는 정책이다. 특히 기준금리가 제로수준으로 하락해도 장기금리의 하락이 만족스럽지 않아 투자를 이끌기에 부족하다고 판단해 10년 물 장기국채를 주로 매입해 장기금리 하락을 도모했다. 이 때 3조 7천억 달러(약 4,000조 원) 규모의 채권을 매입하여 미국 중앙은행 자산이 급격하게 증가했다. 특히 장기금리 하락을 유도하기 위해 미국 중앙은행은 2011년 9월 3년 미만 단기국채 4,000억 달러를 팔고 그 돈으로 2012년 6월까지 6~30년 만기 장기국채를 매입하는 오퍼레이션 트위스트를 실행하기도 했다. 유사한 금융위기에 처한 영국에서도 2009년 3월부터 2012년 7월까지 3,750억 파운드(약 617조 원) 규모의 양적완화가 있었다.

미국의 양적완화 정책은 유럽, 일본과 달리 비교적 성공적으로 경제회복을 견인했다. 실업률이 5%대로 떨어지는 등 경제회복이 가시화되자 미국 정부는 2014년 양적완화를 종료한 데 이어 2015년 12월 기준금리를 0.25% 인상했다. 기준금리 인상 당시 2016년에 2~4차례 추가적인 기준금리 인상이 예상되었다. 그러나 2016년 1, 2월 중국 경제 침체가 부각되며 전 세계 주가가 하락하는 등 국제금융시장이 불안해지자 미국의 금리인상 속도가 좀 더 느려질 것으로 예상되고 있다. 그럼에도 제로 금리와 양적완화에 나섰던 국가들 중 미국만이 2016년 현재 양적완화 중단, 금리인상에 나서고 있다. 경제회복이 가시화되지 않고 디플레이션 우려가 지속되고 있는 유로존과 일본은 오히려 양적완화를 확대하고 금리를 마이너스 영역으로까지 끌어내리고 있다.

2010년 남유럽국가들의 재정위기로 이들 국가의 국채가격이 폭락했다. 남유럽 국가들의 국채를 대량 보유하고 있던 유럽 은행들이 동시에 부실화되었다. 유럽중앙은행은 증권매입프로그램을 통해 2012년 8월까지 2,088억 유로의 채권을 매입하여 유동성을 시중에 공급했다. 또한 유로존 은행들에 대한 대출 프로그램LTRO: Long Term Refinancing Operation을 실행했다. 2011년 12월 21일 523개 유로존 은행에 4,890억 유로를 1%의 저금리로 대출했다. LTRO의 실행으로 유로존 은행들의 수익성이 처음에는 다소 회복했으나 은행부실이 재차 부각되자 2012년 2월 29일 약 5,000억 유로 규모의 2차 LTRO를 실행했다. 이와 같은 자금 공급과 금리인하에도 불구하고 경제회복이 되지 않고 디플레이션 우려까지 나타나자 유럽 중앙은행ECB은 2015년 3월부터 2016년 9월까지 매달 600억 유로 규모(총 1조 2,000억 유로, 약 1520조 원)의 국채, 지방채를 매입하는 양적완화를 실행하기로 했다.

그럼에도 불구하고 2016년 1월부터 주가가 폭락하는 등 전 세계 금융시장이 불안해지고 2016년 2월 유로존 소비자물가상승률이 −0.2%로 디플레이션 우려가 또다시 부각되었다. 유럽 중앙은행은 2016년 3월 10일 기준금리를 0%로 내리고 시중은행의 중앙은행 예치금에 대한 금리를 −0.4%로 더욱 낮추었다. 2014년 6월 −0.1%로 마이너스 금리를 도입한 뒤 9월 −0.2%, 2015년 12월 −0.3%로 계속 낮추다가 2016년 3월 −0.4%까지 낮추게 되었다. 또한 매월 채권 매입 규모를 600억 유로에서 800억 유로로 확대하고 매입대상 채권을 국채, 지방채에 더하여 투자등급 회사채까지 확대했다.

일본은 2001년~2006년 동안 1990년대 초부터 지속되고 있는 장기 불황을 타개하기 위해 일본 중앙은행이 40조 엔의 채권을 매입하는 양적완화를 실행한 바 있다. 그럼에도 2008년 미국의 서브프라임 위기 및 2010년 유럽의 재정위기의 영향을 받아 디플레이션 우려가 지속되었다. 2012년 말 본원통화량 규모를 2배로 늘리는 무제한의 양적완화를 중심으로 한 아베노믹스를 실행하기로 결정했다. 2013년부터 일본 중앙은행은 매년 60조 엔~70조 엔 규모의 채권을 매입하고 있다. 2015년 10월부터 연간 채권 채권매입 규모를 80조 엔으로 확대했다. 2016년 1월에는 은행 예치금리를 −0.1%를 적용하여 마이너스 금리제도를 도입했다.

2016년 현재 전 세계적으로 경기 불황에서 벗어나지 못하며 유로존과 일본은 양적완화 규모를 확대하는 과정에 있나. 득히 앙적완화와 함께 유럽 중앙은행과 일본 중앙은행은 시중은행에 대해 마이너스 예치금리를 적용할 정도로 경제 상황이 좋지 않다. 마이너스 금리를 실행하는 것은 중앙은행이 시중은행들에게 공급한 유동성을 중앙은행에 다시 예치하지 말고 대출 등을 통해 시중에 공급시키라는 주문이다. 고육지책이며 전통적인 은행기능을 무력화시키는 것이다. 은행은 성장성이 유망한 기업 등 대출처를 발굴해 자금을 공급하고 예금금리와 대출금리 차이 만큼 금리 수익을 획득한다. 마땅한 대출처를 찾지 못해 중앙은행에 예치한 자금에 대해 벌금을 매기면 과잉대출을 하게 되거나 리스크관리 기능을 소홀하게 된다. 과도한 대출로 부실이 크게 늘어나거나 부동산 등 자산가격을 높여 버블을 만들 수 있다. 실제로 2016년 1월 일본 중앙은행이 마이너스 금리 도입을 발표한 직후 니케이 지수가 급락하는 등 오히려 금융시장의 불안감이 노출되었다. 마이너스 금리를 도입할 만큼 경제상황이 안 좋다는 판단과 마이너스 금리의 부작용에 대한 불안감이 표출된 것이다.

뱅크스토리: 한국의 은행산업

양적완화와 마이너스 금리는 은행경영에 부정적인 영향을 끼친다. 물론 양적완화를 통해 경제가 회복된다면 은행의 여신 부실화가 커지지 않아 수익성이 좋아진다. 그러나 경제회복 효과가 나타나지 않으면 금리가 낮아져 은행의 예대 금리차가 축소되어 수익성에 악영향을 끼치게 된다. 또한 과도한 대출로 버블을 일으키거나 리스크관리가 되지 않아 대출자산 부실화를 불러일으킬 수 있다. 경기침체가 지속되고 글로벌 위기 이후 자본 요구수준은 높아지면서 유럽 은행들이 자본으로 인정되는 코코본드[35] 발행을 늘려왔다. 양적완화에도 불구하고 유럽의 경제회복이 가시화되지 않아 유럽은행들의 수익성이 나빠지자 2016년 초 코코본드의 상환이 어려울 수 있다는 불안감이 팽배해졌다. 도이치 뱅크를 필두로 주가가 폭락하는 등 은행부실화에 대한 우려가 가시지 않고 있다.

양적완화와 마이너스 금리는 신속하게 경기 회복으로 이어지지 못하면 은행 수익성을 크게 훼손한다. 은행의 효율적인 자원배분 기능을 저해해 은행이 부실화되어 오히려 경제의 위기 발생 가능성을 높인다. 현재 마이너스 금리를 실행하고 있는 나라는 유로존, 덴마크, 스위스, 스웨덴, 일본, 헝가리 등 6개 경제권이다. 덴마크, 스위스, 스웨덴, 헝가리 등 유럽연합 회원이지만 유로를 사용하고 있지 않은 국가들이 유로존 중앙은행ECB의 대규모 양적완화로 자국의 통화 가치가 상대적으로 상승하자 통화가치 안정을 위해 마

---

35 contingent convertible bond, 조건부 자본증권이다. 은행의 자기자본비율이 일정 수준 이하로 떨어져 경영개선 명령을 받거나 부실금융기관으로 지정되는 등 특정 사유가 발생하면 파산되기 전이라도 채권의 원리금이 주식으로 전환되거나 원리금 지급이 거절되는 채권이다. 투자위험이 커 금리가 상대적으로 높다. 바젤 III 에서 은행의 보완 자기자본으로 인정된다.

이너스 금리를 택하게 되었다. 마이너스 금리를 전 세계에서 가장 먼저 도입한 덴마크는 자국 통화 크로네의 상승을 막아 마이너스 금리 정책이 비교적 성공했다고 평가된다. 그러나 수도 코펜하겐의 주택가격이 최근 3년간 65~70% 급등해 부동산 버블을 만든 것으로 평가된다. −0.75%의 예치금리를 택하고 있는 스위스는 크레딧 스위스 은행이 2015년 적자를 내고 2016년에도 적자가 예상되어 대규모 인원감축에 나서는 등 어려움을 겪고 있다. 스웨덴 역시 2015년 부동산 가격이 25%나 급등하고 가계신용 역시 확대되어 금융안정성을 훼손하고 있다. 경제규모가 큰 유로존과 일본은 마이너스 금리 채택 이후 디플레이션 우려가 지속되거나 오히려 통화가 강세를 나타내는 등 정책이 효과를 나타내지 못하거나 기대와 다른 영향이 나타나고 있다.

역사적으로 볼 때 경제에 유동성이 확대되면, 버블이 발생하고 소멸되는 과정에서 금융위기가 발생해 수많은 사람들이 고통을 당했다. 대공황 이후 최악의 금융위기라고 일컬어지는 미국의 서브프라임위기와 유럽의 재정위기를 극복하고자 미국, 영국, 유로존, 일본 등 선진국이 금리를 0%까지 내렸다. 제로금리에서도 경제회복이 안 되고 오히려 물가가 하락하는 디플레이션 우려가 커지자 중앙은행이 통화를 발행해 직접 국채, 지방채, MBS Mortgage Backed Securities, 심지어 회사채까지 사들이는 양적완화를 실행 중에 있다. 양적완화로도 경제회복의 전기를 마련하지 못한 유로존, 유로를 쓰지 않는 일부 유럽국가 및 일본에서 급기야 마이너스 금리라는 역사상 처음으로 실험하는 전대미문의 정책까지 채택하기에 이르렀다.

미국과 유로존 및 일본의 양적완화 정책 결과가 다르게 나타난 것은 기업구조조정 및 은행시스템의 차이에 많은 부분 기인한다. 미국은 양적완화로 풀린 자금이 기업으로 흘러들어가며 신용경색이 발생하지 않았다. 부실기업이 시장에서 구조조정되고 새로운 우량한 기업이 등장해 자금수요를 촉발했다. 또한 은행은 제로 수준의 기준금리에도 불구하고 순이자마진이 3%대를 유지하며 수익성이 견고하게 유지되어 대출공급 능력을 유지했다. 유럽과 일본에서는 미국과 달리 성장성 있는 기업의 자금 수요를 만들어내지 못하거나 은행건전성이 취약해져 신용경색 현상을 해결하지 못해 경제회복 효과를 가져오지 못한 것이다.

선진국의 통화량 증대는 인접국 또는 신흥국으로 흘러들어가 자산버블을 만들어 경제안정성을 해치고 있다. 신흥국이 경제회복을 위해 적극적인 금리인하 등 유동성 공급 정책을 폈을 때 일부 국가에서 인플레이션이 나타나고 통화가치가 폭락했다. 양적완화 당사국의 자산버블과 은행수익성 훼손에 따른 은행 부실 가능성도 제기되고 있다. 실제로 이와 같은 비전통적 통화정책은 경기 회복의 수단이 고갈되었을 때 짧은 기간 활용해 볼 수 있다. 그러나 지금과 같이 장기적으로 유동성을 공급했을 때는 오히려 위기 발생 가능성을 높이는 부작용이 나타날 수 있다. 비전통적 통화정책의 가장 큰 부작용은 은행의 자원배분 기능을 훼손하고 은행수익성을 떨어뜨려 은행 부실화 가능성을 높이는 것이다.

제 5 장

한국 은행산업의
현주소

BANK STORY

한국 금융산업 앞에
또 다른 위기가 잉태되고 있나?

은행지주회사와 은행 현황 및 변천사

2015년 말 현재 은행지주회사는 신한금융지주, 하나금융지주, KB금융지주, NH농협금융지주, DGB금융지주, BNK금융지주, JB금융지주 등 7개사이고 은행은 지주사 계열사인 KEB하나은행, KB국민은행, 신한은행, 제주은행, 대구은행, 부산은행, 경남은행, 전북은행, 광주은행, NH농협은행 등과 지주사체제가 아닌 우리은행, 한국씨티은행, SC제일은행, KDB산업은행, 중소기업은행, 수출입은행, 수협 등 총 17개사이다. 2014년 우리금융이 매각을 위해 지주사와 은행을 합병하며 사실상 한국의 은행산업은 규모가 비슷한 하나, KB, 신한 등 3대 금융지주체제로 형성되었고, 지방금융지주사 및 외국계 은행, 특수은행으로 구성되어 있다. 우리나라 은행사의 변천 흐름을 보면 과거 고도 성장기에 기업에 대한 자금조달을 원활히 하기 위해 은행 설립이 증가하던 시기를 지나 외환위기로 많은 은행이 부실화되며 사라져 갔고, 구조조정되었다. 이후 금융지주사 설립을 통해 지주사체제가 중심이 되어 현재에 이르고 있다.

　해방 직후 우리나라 은행산업은 광업, 공업, 농업금융 기능을 하는 특수은행인 조선식산은행과 일반은행인 조흥은행, 조선상업은행으로 형성되어 있었다. 한성은행이 전신인 조흥은행은 오랜 역사를 자랑하고 있었으나 대기업금융의 부실과 과도한 주식투자 손실로 IMF 위기 이후 공적자금을 투입 받았음에도 독자 생존에 실패하고 2006년 신한은행에 합병되었다. 1950년대에는 한국은행의 일반 업무를 인수 받아 탄생한 한일은행, 한국식산은행의 일반 업무를 인계 받아 탄생한 제일은행과 기존의 조흥은행, 한국상업은행 등 4대 은행 체제가 형성되었다. 이후 1959년 서울은행, 1968년 서울신탁은행이 설립되며 6대 시중은행체제로 커졌다. 1960년대에는 대구, 부산, 충청, 광주, 제주, 경기, 전북, 강원, 경남 등 각 지역별 지방은행이 설립되었다. 또한 농업협동조합중앙회와 수산업협동조합중앙회, 중소기업은행, 한국국민은행, 한국주택은행, 한국은행의 외환업무를 인계받은 한국외환은행이 설립되었다. 1970년대 들어서 충북은행이 1971년 설립되었으며 1976년 외환은행의 수출입은행 업무를 승계 받아 한국수출입은행이 설립되었다. 1980년대는 금융자율화가 진행되며 5개의 시중은행이 설립되었고, 서울은행과 신탁은행은 합병하여 기존의 5대 시중은행이 유지되고, 외환은행이 시중은행으로 변신하여 모두 11개의 시중은행 체제가 되었다. 1981년 재일교포를 중심으로 순수 민간자본에 의해 신한은행이 설립되었고, 대우, 삼성 등 대기업과 미국 BOA의 합작으로 한미은행이 설립되었다. 1989년에는 지방에 본점을 둔 동남은행, 대동은행과 이북민 자본에 의한 동화은행이 설립되었다. 1990년대 들어서도 IMF 외환위기 전까지 은행 설립 및 민영화가 지속 추진되었다. 1991년 한국투자금융이 하나은행으로 전환되었고, 금성투자금융과 한양투자금융의 합병, 전환으로 보람은행이 탄생했다. 1992년에는 근로자를 위한 평화은행이 설립되었고, 1995년, 1997년 국민은행과 주택은행이 각각 시중은행으로 전환되어 시중은행 숫자는 26개에 이르렀다.

이와 같이 활발한 설립과 전환을 통해 성가를 구가하던 시중은행들은 1997년 IMF 외환위기를 맞아 집단 부실화되어 은행산업이 사실상 초토화되었다. 제일은행은 막대한 공적자금을 투입하여 부실을 떨어내고도 향후 2년간 발생하는 부실을 예금보험공사가 인수한다는 이른바 풋백옵션과 함께 미국계 사모펀드인 뉴브리지 캐피탈에 매각되었다. 1998년 동화은행은 신한은행에, 동남은행은 국민은행, 대동은행은 주택은행, 경기은행은 한미은행, 보람은행과 충청은행은 하나은행에 자산부채이전P&A: Purchase of assets and Assumption of liabilities36 방법으로 인수되었으며, 1999년 충북은행과 강원은행은 조흥은행에 합병되었다. 대기업여신을 많이 취급하던 대형 시중은행인 상업은행과 한일은행은 공적자금을 받고 합병되어 한빛은행으로 이름을 바꾼 뒤 2001년 우리금융지주에 편입되며 우리은행으로 또다시 이름을 바꿔 오늘에 이르고 있다.

2000년대 이후의 은행산업 추세는 은행합병의 지속과 금융지주사체제로의 전환이다. 2001년 국민은행과 주택은행이 합병하여 국민은행이 출범했고, 하나은행은 공적자금 투입으로 형성된 예금보

---

36 정리대상 부실은행의 예금과 부채를 우량 은행에 넘기고 나머지 껍데기 은행은 청산하는 방법으로 인수은행은 고용승계 의무 없이 우량 자산과 부채만 승계해 부담이 적다.

험공사 지분을 인수하여 서울은행을 합병했다. 2003년 조흥은행이 신한금융지주에 인수된 후 2006년 신한은행과 합병되었다. IMF 외환위기의 여파로 고위 "조상제한서"로 불리던 조흥, 상업, 제일, 한일, 서울 등 1970년대 이후 한국 은행산업의 중심에 있던 5대 시중은행은 모두 사라지고 국민, 하나, 신한, 우리 등 4대 은행 체제로 변모했다.

외국계 시중은행 및 펀드의 국내은행 인수도 활발하게 이루어졌다. IMF 외환위기 직후 뉴브리지 캐피털에 인수되었던 제일은행은 영국의 스탠다드차타드 은행에 인수되며 현재의 SC세일은행으로 은행명이 변경되었고, 한미은행은 2004년 씨티은행에 인수되어 한국씨티은행으로 출범했다. 2003년 외환은행은 미국계 펀드인 론스타에 인수되었다. 이후 2010년 하나금융지주는 외환은행을 론스타로부터 인수한 뒤 2015년 하나은행과 합병시켜 KEB하나은행으로 개명했다. 2011년 대구은행을 주축으로 DGB금융지주사가 설립되었고 부산은행은 BNK금융지주를 설립하여 경남은행을 인수했다. 2013년 전북은행은 JB금융지주사를 설립한 뒤 광주은행을 인수했다.

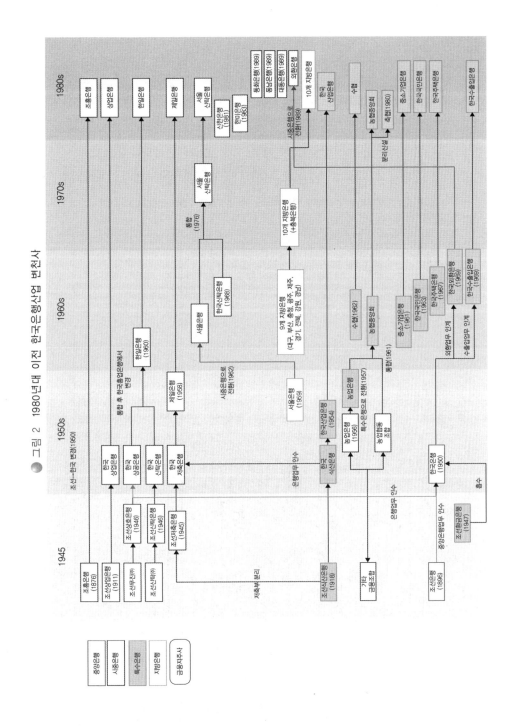

● 그림 2 1980년대 이전 한국은행산업 변천사

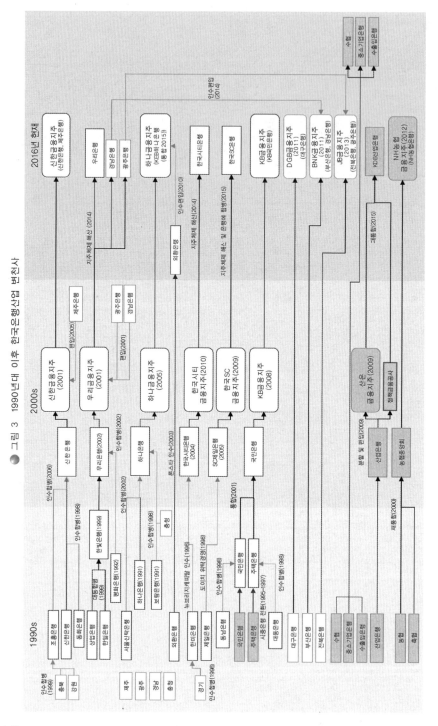

● 그림 3 1990년대 이후 한국은행산업 변천사

은행 규모와 경영지표

한국의 은행들은 글로벌 은행들에 비해 자산규모가 상대적으로 작다. 은행규모는 국가의 GDP규모와 비례해서 형성되기도 하지만 실제로는 그렇지 않은 경우도 많다. 스위스의 UBS나 네덜란드의 라보은행 등 작은 나라의 은행이 세계 최고 수준의 규모와 경쟁력을 자랑하는 경우도 있다. 은행은 규모가 크면 세계적인 네트워크를 갖출 수 있고 지리적으로나 산업별로 자산의 다각화diversification가 가능해지기 때문에 위험을 감수할 능력이 커진다. 또한 은행은 거래나 업무가 전산화되고 있어 대규모의 전산투자가 지속적으로 필요하다. 규모가 큰 은행은 전산투자 여력이 크기 때문에 경쟁력 확보가 용이하다. 물론 1990년대 초 일본에서 버블이 발생했을 때와 같이 일본 상업은행들이 세계 최고의 자산규모를 자랑했지만 경쟁력으로 이어지지 못했던 경우도 있다. 2000년대 이후 경제의 글로벌화가 진행되면서 대형은행들이 네트워크와 정보력, 자본력을 앞세워 글로벌 플레이어로 앞서가고 있다. 은행의 규모가 클 경우 대형은행의 복잡한 내부를 어떻게 경영할 것인가 하는 것이 과제로 남는다. 또한 규모가 큰 은행이 부실화되었을 경우 경제 시스템에 직접 영향을 줄 수 있는 점도 경계의 대상이다.

2014년 말 총자산 기준으로 세계에서 가장 규모가 큰 은행은 중국의 공상은행ICBC이다. 자산규모가 3,840조 원에 달한다. 자산규모 세계 10대 은행은 순서대로 중국 건설은행이 2위, 영국 HSBC, 중국 농업은행, 미국 JP Morgan Chase, 프랑스 BNP Paribas, 중국은행, 일본 미쓰비시 UFJ, 프랑스 Credit Agricole, 영국 Barclays Bank

표 1 은행 세계 랭킹(자산규모순)

순위	은행	국적	자산규모(usd m)
1	ICBC	중국	3,368,190
2	China Construction Bank	중국	2,736,416
3	HSBC Holdings	영국	2,634,139
4	Agricultural Bank of China	중국	2,610,582
5	JP Morgan Chase & Co	미국	2,573,126
6	BNP Paribas	프랑스	2,521,552
7	Bank of China	중국	2,492,463
8	MitsubishiUFJFinancialGroup	일본	2,382,398
9	Crédit Agricole	프랑스	2,139,275
10	Barclays Bank	영국	2,118,418
77	Shinhan Financial Group	한국	307,516
83	NongHyup Financial Group	한국	287,222
84	Hana Financial Group	한국	287,071
86	KB Financial Group	한국	280,527
92	KDB Bank	한국	252,254
94	Woori Bank	한국	245,776
103	Industrial Bank of Korea	한국	199,928
202	BNK Financial Group	한국	76,465
346	DBG Financial Group	한국	37,309
595	Kwangju Bank	한국	15,593
667	JB Bank	한국	12,201

주: 순위는 2014년 기준으로 작성됨.
자료: The Banker 2015

등이다. 한국의 신한금융지주는 자산규모 350조 원으로 세계 77위에 랭크되어 있고 가장 규모가 큰 중국 공상은행에 비해 자산이 1/10에도 못 미친다. 농협금융, 하나금융, KB금융이 각각 330조 원, 330조 원, 320조 원의 자산규모로 세계 83, 84, 86위에 랭크되어 있다. KDB은행, 우리은행이 자산 290조 원, 280조 원으로 각각 92위, 94위에 랭크되어 세계 100대 은행에 6개의 국내 금융지주사 및 은행이 포함되어 있지만 세계적인 대형은행은 하나도 없는 셈이다. 그 외에 기업은행이 자산규모 230조 원으로 103위에 랭크되어 있고 지방은행 중 가장 규모가 큰 BNK 금융이 자산 87조 원으로 202위에 올라 있다.

한국의 은행산업은 2015년 말 기준으로 볼 때 건전성을 나타내는 자기자본 비율은 적절한 수준을 나타내고 있다. 은행 지주사는 BNK 금융지주가 자기자본비율 11.7%로 가장 낮고 KB금융지주가 15.5%로 가장 높다. 은행의 경우에는 중소기업은행, 수협은행, 제주은행이 자기자본비율 12%대로 상대적으로 낮은 수준이고 국민은행 16.0%, 한국씨티은행 17.4%로 등 양호한 모습을 보이고 있으며 대부분 주요 은행들이 13%를 넘고 있다.

2015년 말 기준으로 은행지주사 총자산 규모는 신한지주가 370조 원을 넘어 가장 크고 농협금융, 하나금융, KB금융 순이지만 규모차이는 크지 않다. 은행의 총자산은 국민은행이 285.5조 원으로 가장 크고 2015년 외환은행과 하나은행 합병된 KEB하나은행, 우리은행이 270조 원 수준으로 비슷하다. 은행지주사 임직원 숫자는 KB금융이 29,566명으로 가장 많고, 신한금융, 하나금융이 25,631명, 20,454명으로 뒤를 잇고 있다. 은행의 경우에는 국민은행이 20,346명의 임직원을 보유해 가장 많고 우리은행, KEB하나은행이 그 뒤를 이어 15,000명 수준이고 신한은행은 14,000명 수준의 임직원을 각각 보유하고 있다.

국내 은행들의 수익성은 글로벌 경쟁은행들에 비해 대단히 취

표 2 2015년 은행지주사 경영 현황[1)]

(단위: 조원, %)

은행 지주사	총 자산	자기 자본	원화 예수금	원화 대출금	당기 순이익	ROA	ROE	BIS 비율	임직원수	시가 총액[2)]	은행업 비중[3)]	
											자산	순이익
신한	370.5	31.8	194.1	191.6	2.4	0.7	7.9	13.4	25,631	18.8	72.4	53.1
하나	326.9	23.0	174.2	175.6	0.9	0.3	4.2	13.3	20,454	7.0	85.5	42.9
농협	339.8	20.4	174.8	181.4	0.4	0.1	2.3	13.7	18,778	-	67.3	36.2[4)]
KB	329.1	28.9	212.0	212.2	1.7	0.5	6.1	15.5	29,566	12.8	86.8	63.7
BNK	90.3	6.2	62.8	63.0	0.5	0.6	9.0	11.7	7,281	2.2	93.6	90.7
DGB	51.1	3.8	32.4	31.9	0.3	0.6	8.9	12.9	3,421	1.7	86.6	53.3
JB	39.8	2.7	26.2	28.8	0.1	0.3	5.9	12.5	3,313	0.9	84.6	61.1

주: 1) 그룹 연결 기준
2) 2015년 12월 말 기준, 농협은 비상장 지주사
3) 그룹연결 총자산 및 당기순이익 중 은행(신탁 제외) 비중. 신한금융지주는 신한은행
및 제주은행을 포함하고, BNK금융지주는 부산은행 및 경남은행을 포함하며, JB금융지
주는 전북은행과 광주은행을 포함
4) 2015년 농협금융지주 현황 중 부문별 영업실적 자료 참고
자료: 금융감독원 금융통계정보시스템, 한국거래소, 각사 IR 보고서

약하다. 총자산수익률ROA은 1.0이 넘어야 안정적인 수익성을 갖고
있다고 할 수 있는데, 2015년 말 기준으로 국내은행지주사 및 은행
들은 모두 1.0을 밑돌고 있다. 주요 금융지주사의 경우 2014년 기준
신한금융이 0.7, KB금융 0.5, 하나금융 0.3 순이다.

은행의 경우에도 총자산수익률ROA이 신한은행 0.5, Keb하나은
행 0.2, 국민은행 0.4, 우리은행 0.2 등 초라한 성적표를 갖고 있다.

뱅크스토리: 한국의 은행산업

| 표 3 | 2015년 국내은행 경영 현황[1] | | | | | | | | | | | (단위: 조원, %) | |

은행	총 자산	자기자본	원화 예수금	원화 대출금	당기 순이익	ROA	ROE	BIS 비율	NIM	CIR	임직원수	시가 총액
국민	285.5	22.6	208.7	206.5	1.08	0.4	5.3	16.0	1.6	59.0[2]	20,346	-
KEB하나	279.6	21.4	170.9	170.7	0.39	0.2	2.8	14.7	1.4	69.8	15,031	-
우리	276.6	18.9	185.5	184.2	0.44	0.2	2.6	13.7	1.4	57.6	15,289	6.0
신한	263.7	20.5	180.8	176.8	1.25	0.5	6.7	14.8	1.5	54.5	14,183	-
한국SC	56.3	4.4	29.7	27.0	△0.28	△0.5	△6.4	14.4	1.7	76.8[2]	4,233	-
한국씨티	49.9	6.5	23.0	20.7	0.23	0.4	3.9	17.4	2.4	78.6[2]	3,587	-
농협	228.7	14.1	170.3	167.6	△0.27	△0.1	△2.1	14.2	1.9	61.5[2]	13,998	-
중소기업	226.0	16.8	76.2	161.7	0.96	0.4	6.6	12.5	1.9	44.1	12,270	6.9
한국산업	224.5	25.3	34.4	102.0	△1.90	△0.9	△7.6	14.1	0.8	25.8[2]	3,258	-
수협	24.3	1.1	11.4	18.4	0.06	0.3	5.3	12.1	1.6	56.3[2]	1,701	-
부산	49.9	3.8	35.7	34.5	0.25	0.5	7.2	13.7	2.3	48.7	3,266	-
대구	44.3	3.5	32.2	31.0	0.16	0.4	4.8	13.5	2.2	52.8	2,956	-
경남	34.6	2.5	26.2	25.7	0.19	0.6	8.8	13.4	2.0	50.4	2,485	-
광주	19.6	1.4	15.2	14.6	0.04	0.2	3.1	13.5	2.2	71.9	1,638	0.4
전북	14.1	1.0	11.1	10.7	0.03	0.2	3.7	13.6	2.4	57.7	1,019	-
제주	4.5	0.3	3.6	3.4	0.01	0.2	3.1	12.6	2.3	69.6	417	0.2

주: 1) 은행계정 기준 (신탁 제외)
　　2) 2014년 기준
자료: 금융감독원 금융통계정보시스템, 은행경영통계, 각사 IR보고서

국내 은행지주사들의 은행업 비중이 대단히 높다. 총자산 기준으로 KB금융은 은행비중이 87%에 이르고 하나금융도 85%나 된다. 주요 금융지주사 중 신한금융이 72%로 상대적으로 비은행 비중이 높다. 순이익 기준으로 볼 때도 변동성이 크기는 하지만 신한금융이 대체로 높은 수준을 나타낸다. 주요 국내 은행지주사들이 총자산, 임직원수는 큰 차이가 나지 않지만 순이익에서 다소 차별화가 되고 시가총액은 큰 차이가 난다. 2015년 말 기준으로 신한금융지주는 18.8조 원으로 20조 원에 육박하는 수준이지만 KB금융은 12.8조 원, 하나금융은 7.0조 원에 그치고 있다.

은행의 소유 · 지배구조 현황

은행 및 은행지주사는 소유제한이 법에 의해 규정되고 있다. 동일인이 10% 이상 소유할 수 없고 산업자본은 4% 이상 지분의 의결권을 행사할 수 없다. 단 지방은행은 산업자본 소유한도를 15%로 일반은행보다 높게 제한한다. 은행계열 금융지주사는 계열사로 은행을 소유하며 보험, 증권, 캐피탈 등 금융사들을 자회사로 소유하고 있다. 은행 등 계열사를 대부분 100% 자회사로 소유하고 있으며 금융지주사가 상장된 형태를 갖고 있다.[37] 농협지주가 우리금융지주로부터 인수한 NH투자증권, KB금융지주가 우리금융지주로부터 인수한 KB캐피탈 등은 각 금융지주가 대주주지만 상장회사다.

신한금융, 하나금융, KB금융 등 우리나라 대표 금융지주사들의

---

37 농협, SC 금융지주사는 비상장회사다.

소유구조는 유사하게 나타나고 있다. 국민연금이 단일기업 10% 이상 소유 금지 규정에 따라 9%대 지분을 소유하고 있다. 외국인 주주들이 70% 전후의 지분을 소유하고 있다. 이들 외국인 주주들은 자산운용사가 많아서 금융지주 주식을 포트폴리오 투자를 주목적으로 소유하고 있는 것으로 판단된다.

신한금융지주사의 지분구조를 살펴 보면, 국민연금이 2015년 6월 말 기준 9.1%를 소유하고 있으며 프랑스 은행인 BNP Paribas S.A. 5.35%, 우리사주조합이 4.41%를 소유하고 있다. 하나금융지주는 국민연금이 9.36%, 템플턴 펀드를 인수한 세계 최대의 미국 투자 회사인 Frankline Resources, Inc.가 8.08% 소유하고 있다. KB금융지주는 국민연금이 9.42%, 미국 은행인 The Bank of NewYork Mellon[BNY Mellon]이 8.41%를 소유하고 있다. 신한금융, 하나금융, KB금융의 외국인 지분율은 각각 66.52%, 67.45%, 71.73%로 대단히 높은 수준이다. 지방은행 지주사의 경우에도 BNK금융, DGB금융은 외국인 지분율이 각각 52.29%, 72.16%로 높은 수준이다. JB금융, BNK금융, DGB금융은 지방은행 소유 15% 한도에 따라 각각 삼양바이오팜 10.31%, 롯데제과 및 특수관계인 12.01%, 삼성생명보험 6.95% 등 산업자본이 대주주다.[38]

우리나라에서 가장 규모가 크고 사실상 한국 금융을 대표하고 있는 3대 금융지주인 신한, 하나, KB는 실질적으로 경영권을 행사할 대주주가 존재하지 않아 이사회 중심으로 지배구조가 구축되어 있다. 신한금융은 사내이사 1명, 기타 비상무이사 1명, 사외이사 10명 등 12명으로 이사회를 구성하고 있다. 특히 설립 때부터 자본을

---

38 부록 참조.

투자한 재일교포 주주들은 사외이사 3~4명을 확보하여 실질적인 경영권을 행사한다. 하나금융, KB금융은 각각 사외이사 8명, 7명을 포함 9명으로 이사회를 구성하고 있다. 이사회는 감사위원회, 운영위원회, 리스크위원회, 평가보상위원회, 임원추천위원회, CEO추천위원회, 사외이사 추천위원회 등 6~8개의 위원회를 구성하여 금융지주의 최고 의사결정 기능을 수행한다. 금융지주사의 지분율이 분산되어 있어 경영권을 행사하는 대주주가 없는 상황에서 이사회가 주주들을 대표하고 효율적으로 대변할 수 있도록 구성되어 있느냐 하는 것이 중요하다.

이와 같은 사외이사 중심 이사회의 중요성을 감안하여 감독당국은 은행 등 금융회사의 사외이사 및 지배구조 모범규준을 제정해 왔다. 지배구조 모범규준 제정에도 불구하고 2014년 KB금융지주 회장과 행장이 충돌하며 경영이 마비되는 초유의 사태가 발생했다. 이러한 상황에서 실질적인 경영권을 갖고 있는 금융지주 이사회가 위기 극복을 위해 적극적인 역할을 하지 못했다고 판단한 금융당국은 금융지주회사 지배구조 모범규준을 도입했다. 이사회가 CEO 경영승계를 이끌게 하는 등 이사회 역할을 확대하고 사외이사의 자격요건을 강화했다. 금융지주 사외이사는 타법인의 사외이사를 겸직하지 못하도록 해 금융지주사 사외이사의 업무집중도 및 책임을 높이도록 했다.

2015년 7월 금융회사의 지배구조에 관한 법률이 국회를 통과했다. 동법은 종래 은행과 은행지주회사, 상호저축은행에 대해서만 운영하고 있는 대주주적격성 심사제를 증권 등 제2금융권 금융회사에도 일괄적으로 도입했다. 또한 CEO 경영승계 등 지배구조 정책수립에 관한 사항 등도 이사회 심의·의결 사항에 추가하여 이사회 권한을 강화했다. 사외이사의 자격요건을 강화해서 최근 3년 이내에 당해계열회사의 상근임직원 및 비상임 이사 또는 최근 2년 이내에 중요한 거래, 경쟁, 협력 관계에 있는 법인의 상근임직원 또는 비상임 이사로 근무한 자는 당해회사의 사외이사가 될 수 없도록 하여 사외이사의 자격요건을 강화했다.[39] 주요업무집행책임자[40]는 이사회의 의결을 거쳐 임면하고 그 사실을 공시하며 임직원의 보수지급에 관한 연차보고서를 결산 후 3개월 이내에 공시해야 한다. 지배구조법은 2016년 8월부터 시행되었다.

금융지주사와 달리 은행의 지분구조는 단순하다. 대부분 주요 은행이 금융지주사의 완전 자회사로 지주사가 100% 지분을 소유하고 있다. 민영화를 촉진하기 위해 우리금융지주는 2014년 5월 1일 인적분할을 통해 경남금융지주, 광주금융지주를 설립한 후 지주사 형태로 재상장되었다. 경남은행지주는 경남은행을, 광주은행지주는 광주은행을 합병한 후 상호를 다시 은행으로 각각 변경했다. 우리금융지주사는 자회사인 증권, 보험, 캐피탈, 자산운용을 매각하고 우리은행과 합병하며 해체되었다. 우리은행이 상장회사가 되어 예금보험공사가 51.04%, 국민연금이 7.0%를 소유하고 있다. 2014년 10월 1일 BNK금융지주와 JB금융지주는 예금보험공사의 경남은행, 광주은행 지분 56.97%를 전량 매입했다. 이후 경남은행은 2015년 6월

---

39 해당 금융회사에서 6년 이상 사외이사로 재직하였거나 당해 금융회사 및 계열 금융회사에서 재직한 기간이 합산하여 9년 이상인 사람은 3년의 기간이 지나야 사외이사가 될 수 있다.

40 예컨대 CFO(Chief Financial Officer: 최고재무책임자), CRO(Chief Risk Officer: 최고위험관리책임자) 등을 말한다.

4일 경남은행 1주당 BNK금융지주 0.64주의 주식교환으로 완전자회
사로 편입되며 2015년 6월 18일 상장 폐지되었고, 광주은행은 상장
기업으로 남아 있다. 제주은행은 2002년 5월 신한금융에 편입되었
지만 상장을 유지하고 있다. 신한금융이 68.88%, 국민연금이 6.07%
를 소유하고 있다. 이 밖에 기업은행은 정부(기획재정부)가 51.5%를
소유하고 있고 국민연금이 8.15%를 소유하고 있으며 상장되어 있다.

금융지주사 계열 은행은 행장 선임 등 주요 경영권 행사가 금
융지주사 이사회에서 이루어진다. 그럼에도 투자 결정, 감사위원회
운영 등을 위해 금융지주사 보다 규모가 다소 작은 사외이사 중심
의 이사회가 운영되고 있다. 또한 이사회 내 운영위원회, 리스크위
원회, 감사위원회, 사외이사추천위원회 등 5~6개의 위원회가 운영
되고 있다. 비상장 은행의 경우 지주사 이사회와 업무가 중첩되고
지주사가 100% 주주로서 의사결정을 주도하고 있는 만큼 은행 사
외이사의 무용론이 대두되기도 했다. 그러나 은행 의사결정의 범위
와 양이 넓고 다양하여 지주사 이사회에서 모두 감당하기 어렵기
때문에 다소 작은 규모의 이사회가 각 은행별로 설치되어 있다.[41]

IMF 위기 극복과 공적자금 투입

한국의 은행산업은 IMF 위기를 맞아 근본적인 변화를 강요당했
다. IMF 위기 전 한국의 상업은행은 스스로 자금배분의 기능을 다
하지 못했고 상업성에 기반해 자금배분을 할 기회도 없었다. 자금

---

41 부록 참조.

은 항상 수요초과였고 금리는 자율화되지 않았기 때문에 담보를 잡고 자금을 나누어주는 역할을 했다. 중화학산업 육성 등 정책에 따라 자금이 흘러가는 통로conduit 역할을 했다. 은행이 대출을 할 때 리스크관리를 철저히 하는 역할이 강조되지도 않았고 경험도 없었다. 1990년대 초부터 단계별 금리자유화 등 금융자율화를 추진하던 중에 금융위기가 발생했다. 은행 자금을 집중적으로 끌어다 쓴 대기업들이 집단적으로 파산위기에 몰리자 자금을 빌려준 은행들이 대부분 부실화되고 은행기능을 수행하지 못해 시스템이 붕괴될 위기로 진행되었다.

이에 우선 정부는 1차로 64조 원에 달하는 공적자금을 조성하여 집행했다. 예금보험공사가 정부보증 예보 채권을 발행하여 은행 등 금융기관 증자, 예금대지급, 부실금융기관 매각을 위해 자산이 부채보다 작을 경우 그 차이를 메꿔 주는 출연 등에 활용했다. 예금자들이 자신들의 예금이 안전한지 몰라서 불안해하자 은행, 보험, 증권, 상호신용금고(저축은행), 신용협동조합의 보험기금을 예금보험공사로 통합하고 3년간 예금을 전액 보장하기로 했다. 3년이 지난 후부터는 1인당 5,000만 원까지 예금을 보장하고 있다. 파산하여 문을 닫는 저축은행, 종금사, 신용협동조합의 예금을 예금보험공사가 공적자금을 조성해 대신 지급했다.

공적자금을 투입해 과거로부터 누적된 부실을 떨어내는 과정에서 많은 금융기관들이 구조조정 되었다. [표 4]에 나타난 대로 은행은 1997년 말 기준 33개였으나 합병, 인가취소 등으로 여러 은행이 문을 닫으며 2013년 말 현재 18개로 줄었다.[42] 1997년 기존의 종합

---

42 2015년 하나은행과 외환은행이 합병하여 KEB하나은행이 되어 17개사로 줄었다.

금융사에 더해 투자금융사들도 종합금융사로 전환하여 30개사가 영업을 하고 있었으나 IMF 위기를 겪으면서 사실상 모두 문을 닫았다. 증권, 보험사들도 약 절반이 인가취소, 합병 등으로 문을 닫았다. 저축은행의 경우 1997년 231개사가 영업을 하고 있었으나 2013년 말 현재 94개사로 줄어드는 등 구조조정이 대규모로 진행되었다. 저축은행은 불특정 다수로부터 수신행위를 하는 은행기능을 보유하고 있기 때문에 일시에 구조조정을 하는 경우 경제에 미치는 영향이 크다. 저축은행은 IMF 위기 직후, 2002년, 2010년 등 세 차례에 걸쳐 퇴출 및 합병이 이루어지며 구조조정 되었다.

표 4 금융구조조정 추진 실적

금융권별	1997년말 총기관수(A)	구조조정 현황					신설 등	(2013년말) 현재 기관수
		인가취소	합병	해산·파산, 영업이전 등	계(B)	비중 (B/A)		
은행	33	5	11	-	16	48.5	1	18
비은행	2,062	188	233	585	1,006	48.8	206	1,262
종금	30	22	8	-	30	100.0	1	1
증권	36	6	9	2	17	47.2	31	50
보험	50	10	7	6	23	46.0	29	56
자산운용	24	7	10	-	17	70.8	78	85
저축은행	231	138	29	1	168	72.7	31	94
신협	1,666	2	157	576	735	44.1	18	949
리스	25	3	13	-	16	64.0	18	27
합계	2,095	193	244	585	1,022	48.8	207	1,280

자료: 예금보험공사

공적자금 집행과정에서 가장 중요하고 시급한 과제는 은행의 자기자본을 확충하는 것이다. 은행들은 부실규모가 커지고 자기자본이 감소하여 BIS 비율을 맞출 수가 없게 되자 위험자산인 대출을 축소하기 시작했다. 우량한 기업들까지 경영어려움에 처하는 이른바 신용경색credit crunch 현상이 발생했다. 은행들을 실사하여 회생이 불가능하다고 판단된 동화, 경기, 대동, 동남, 충청 은행은 신한, 한미, 국민, 주택, 하나 은행에 자산부채이전 방식P&A으로 각각 통합되었다. 생존이 가능한 은행들은 부실을 떨어내고도 BIS 자기자본비율 11%를 확보하도록 공적자금으로 보통주 출자를 단행했다. 이에 조흥, 서울, 제일, 한일, 상업은행의 경우 예금보험공사가 대주주가 되었다. 외환은행은 독일의 코메르츠 은행이 지분을 인수하는 방식으로 자본을 확충했다. 공적자금으로 은행의 자본을 확충할 때 가장 중요한 원칙은 신속하고 충분하게 집행하는 것이다. 또한 국민의 세금을 기반으로 한 공적자금을 수혈 받는 은행이 경영어려움에 처할 때마다 정부에 손을 내미는 도덕적 해이를 방지하기 위해 주식감자, 경영진교체, 직원 구조조정을 실행했다.

2013년 말 현재 공적자금은 최초 조성된 자금, 상환된 자금의 재투입 등 총 약 110조 원이 금융산업에 투입되었다. 이 중 은행에 대한 출자가 약 22조 원, 출연 14조 원 등으로 약 44조 원이 지원되었고, 종합금융사 고객 예금에 대해 예금보험공사가 약 18조 원을 대지급했다. 저축은행과 신협 역시 주로 예금보험공사가 예금을 대지급하며 각각 7.2조 원, 4.7조 원의 공적자금이 지원되었다. 이후 특별보험료가 부담스러운 신용협동조합은 예금보험공사 통합기금에서 독립하여 자체 예금보험 체제로 돌아갔다.

금융기관에 지원된 공적자금은 지원 방법에 따라 다양한 방법으로 회수하고 있다. 출자자금은 해당금융기관의 주식을 매각하여 회수했다. 즉 예보가 대주주로 있던 은행 등 금융기관을 민영화하는 것이다. 파산한 금융기관을 대신해 예금을 지급한 경우에는 파산금융기관을 정리하여 배당을 받았다. 2013년 12월 현재 약 50조 원의 공적자금을 회수했다. 현재 예금보험요율은 은행 예금의 경우 0.08%, 금융투자/보험사 0.15%, 저축은행 0.4%이다. 또한 막대한 규모로 투입된 공적자금을 보충하기 위해 2003년부터 2027년까지 25년 동안 한시적으로 특별기여금요율을 부보예금에 대해 징수하고 있다. 특별기여금요율은 은행/금융투자/보험/저축은행 동일하게 0.1%를 부과한다. 약 50조 원에 달하는 공적자금 회수 중 은행 출자자금 회수가 가장 규모가 커 16조 원에 달한다. 우리은행은 예금보험공사가 현재 약 51%를 보유하고 있어 공적자금 회수규모가 향후 늘어날 것으로 보인다. 종합금융회사가 모두 파산처리 되면서 예금대지급에 사용된 공적자금은 파산재단의 정리과정에서 배당을 받아 약 8.8조 원이 회수되었다.

표 5 상환기금의 자금지원 및 예금보험금 지급(누계)

(2013년 12월말 현재, 단위: 억원)

금융권	출자	출연	자산매입*	대출	예금보험금 지급	합계
은행	222,039	139,189	81,064	-	-	442,292
금융투자	99,769	4,143	21,239	-	113	125,264
보험	159,198	31,192	3,495	-	-	193,885
종합금융	26,931	7,431	-	-	182,718	217,080
저축은행	1	4,161	-	5,969	72,892	83,023
신협	-	-	-	-	47,402	47,402
합계	507,937	186,117	105,799	5,969	303,124	1,108,945

주: *정리금융기관을 통한 회수 포함

자료: 예금보험공사

표 6 상환기금의 회수(누계)

(2013년 12월말 현재, 단위: 억원)

금융권	출자금 회수	출연금 정산 등	자산 매각*	대출금 회수	파산 배당금*	합계
은행	163,053	701	65,845	-	18,469	248,068
금융투자	12,121	3,231	17,989	-	78	33,419
보험	38,094	888	2,419	-	4,310	45,712
종합금융	1,449	59	-	-	88,656	90,164
저축은행	-	342	-	5,969	51,721	58,032
신협	-	4	-	-	34,188	34,192
합계	214,718	5,225	86,253	5,969	197,423	509,587

주: *정리금융기관을 통한 회수 포함

자료: 예금보험공사

IMF 이후 은행 경영지표 개선

   IMF 위기 이후 공적자금 투입으로 자본력을 회복하고 구조조정
에 성공한 한국의 상업은행들의 경영지표들이 크게 좋아졌다. 우선
수익성이 눈에 띄게 개선되었다. [그림 4]에서 보듯이 일반은행의
총자산수익률^{ROA}은 외환위기를 기점으로 크게 하락했으나 가파르
게 상승하여 2000년대 중반에는 견실한 은행 수익성을 나타내는
수준으로 평가되는 1%가 넘어섰다. 카드사태로 2002년을 전후해
잠시 하락하기도 했으나 2007년까지는 견고한 수익성을 보여주고
있다. 그러나 2008년 글로벌 위기 이후 수익성은 또다시 하락세로
돌아서 상승 전환을 하지 못하고 있다.

   IMF 위기로 대기업 부실이 은행으로 넘어오자 은행자본이 크게
감소하고 BIS 자기자본비율은 정상적인 은행 업무를 하지 못할 정
도로 축소되었다. 대규모 공적자금을 조성하여 1998년 9월 말을 기
점으로 은행에 자본출자를 했다. 공적자금 출자는 은행이 부실을
떨어내고도 BIS 비율 11% 수준을 유지할 수 있도록 당시로서는 충
분하게 자본 증강을 했다. [그림 5]에서 1998년 은행 BIS비율이
11%로 급격하게 상승하는 모습을 볼 수 있다. 이후 2000년대 초 카
드사태로 은행의 수익이 줄어 자본 증가가 일시적으로 주춤했지만
다시 꾸준히 상승하여 현재 14% 수준까지 상승했다. 자본금 수준
측면에서는 건전한 은행의 모습을 보이고 있다.

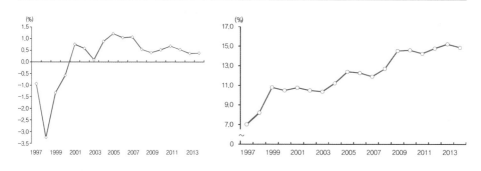

● 그림 4 일반은행 ROA 추이   ● 그림 5 일반은행 BIS 자기자본비율 추이

주: 1) 일반은행 기준(특수은행 제외)
자료: 금융감독원, 은행경영통계

[그림 6]은 은행의 비용 수익 비율CIR: Cost to Income Ratio 추이를 나타내고 있다. IMF 위기 당시 은행 수익이 급격히 감소하며 CI 비율이 일시적으로 상승했으나 그 이후 50%를 전후로 안정되게 움직였고 2008년 글로벌 위기 이후 은행 수익이 감소하자 최근 상승하는 모습을 보이고 있다. 국내 상업은행의 CI 비율은 선진국 은행들에 비해 높은 수준이다. 자산 중 대출비중이 높아 인력이 많이 소요되어 비용을 많이 발생시키는 측면도 있고 수익이 상대적으로 낮아 CI 비율이 올라가는 측면도 있다. 어쨌든 은행 경쟁력 제고를 위해 CI 비율을 좀 더 낮추기 위한 노력이 필요하다. 부실여신 비율을 나타내는 NPL(부실채권) 비율은 외환위기 이후 공적자금을 통한 구조조정에 힘입어 가파르게 하락하였고 2008년 글로벌 위기 이후 소폭 상승세로 돌아서기는 했지만 지표상으로는 의미 있는 상승세로 보기 어렵다.

● 그림 6 일반은행 비용수익비율 추이
(Cost to Income Ratio)

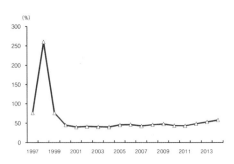

● 그림 7 일반은행 부실채권비율 추이
(NPL Ratio)

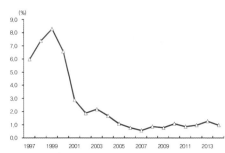

주: 1) 일반은행 기준(특수은행 제외)
　　2) CIR 비율(판관비/영업이익)

자료: 금융감독원, 은행경영통계

수: 1) 일반은행 기준(특수은행 제외)
　　2) 무수익여신비율{(3개월이상 연체여신
　　　+이자미계상여신)/총여신}

자료: 금융감독원, 은행경영통계

2008년 글로벌 위기와 은행 규제환경 변화

　　2008년 미국의 서브프라임 대출이 대량으로 부실화되며 발생한 글로벌 위기 당시 한국의 은행들은 외화 조달에 큰 어려움을 겪었다. 유동성 위기를 맞은 HSBC, BOA, 씨티은행 등 글로벌 은행들이 신흥국에서 달러자금을 회수해 가며 국제금융시장에서 외환 공급이 갑자기 위축되었기 때문이다. 특히 글로벌 은행들은 한국의 은행들이 예금 외에 CD나 은행채를 발행하여 자금을 조달한 뒤 주택담보대출 등 자산을 확대한 점을 주목했다. 한국 은행들도 유동성 문제가 발생할 가능성이 있다고 보고 외화 크레딧 라인을 끊거나 축소했다. 2007년 당시 한국 상업은행의 예대율(대출/예금)은 평균

123.9%까지 치솟았다. 대출규모를 예금 수신 규모 보다 평균 24%나 확대한 것이다. 또한 당시 조선사 등 수출기업들은 수출 계약을 한 뒤 추후에 받을 달러를 은행에 매도(선물환 매도)하여 자금을 융통해 사용했다. 은행은 환율변동을 헷지하기 위해 외화를 단기차입한다. 외화 단기차입이 늘어나지만 달러가 일정 기간 후에 들어올 예정이기 때문에 별 문제가 없어 보였다.

● 그림 8 일반은행 예대율 추이

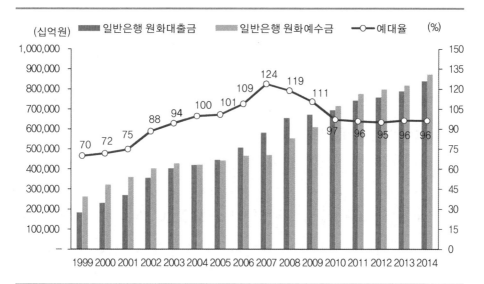

주: 일반은행 각 연도 말잔 기준
자료: 금융감독원 금융통계정보시스템

그러나 글로벌 위기로 계약된 조선 수주가 취소되고 수출 물량이 예상과 달리 급격히 감소했다. 수출로 달러를 벌기로 한 기업들은 달러가 안 들어오자 시장에서 달러를 구해 이미 매도해 쓴 달러

물량을 갚아야 했다. 달러 공급은 줄어드는데, 달러 수요는 급격히 늘어나자 환율이 당연히 치솟았고 국민들은 제 2의 외환 위기가 오는 것은 아닌지 공포에 떨었다. 미국 중앙은행과 통화 스왑을 통해 간신히 위기를 넘긴 금융당국은 외환에 관한 새로운 규제를 만들었다.

소위 "거시건전성 규제 3종 세트"라고도 불리는 외환 수급 안정을 도모하는 정부 규제다. 첫째, 수출기업의 선물환매도 물량이 커지며 환율이 급등하는 리스크를 줄이기 위해 2011년 6월 국내은행 및 외은지점의 선물환 포지션에 한도를 두었다. 국내은행은 사기사본 대비 50%, 외은지점은 자기자본 대비 250%의 선물환 포지션 한도를 두었다. 이후 단계적으로 축소하여 국내은행은 자기자본 대비 30%, 외은지점은 150% 한도로 운영하고 있다. 두 번째로 은행의 안정적인 외화자금조달 수단인 외화예금 비중을 높이고 외화부채의 만기를 장기로 유도하기 위해 외환건전성 부담금 제도를 실행했다. 은행세라고도 한다. 외화예금에 대해서는 부담금을 물리지 않지만 단기 외채의 경우 0.1%, 장기 외채의 경우 0.03%의 부담금을 물린다. 세 번째로는 2008년 금융위기 이후 달러 유입을 촉진하고자 외국인 채권 투자에 대해 시행하고 있던 비과세 제도를 폐지했다. 외국인 채권투자 비과세 제도로 국고채에 대한 외국인 투자비중이 2008년 말 8.4%에서 2010년 14.9%로 확대되었다. 그러나 외국인 채권투자의 확대는 상황에 따라 급격한 외화 유동성 유출 리스크가 있는 만큼 2010년 11월 비과세 제도를 폐지했다. 또한 은행이 시장성자금 조달을 확대해서 대출에 나서며 유동성리스크를 높이는 것을 방지하기 위해 예대율(대출/예금)을 100% 이내로 유지하도록 예대율 규제를 도입했다. 이에 2007년 글로벌 위기 직전 123.9%에 달했던 은행의 예대율은 2010년 97% 수준으로 낮아졌다.

저성장체제와 은행 수익성 하락

글로벌 위기 이후 주요국의 양적완화 정책으로 세계경제가 유동성 부족 상태에서 벗어나고 특히 미국 경제가 침체에서 벗어나며 대부분 국가들의 은행 수익성이 회복했다. 그러나 한국 상업은행들은 수익성 회복에 어려움을 겪고 있다. [표 7]은 글로벌 위기 전인 2005~2007년 각국의 대표적 은행들의 당기순이익 평균을 100으로 보았을 때 2014년까지 변화추이를 살펴본 것이다.

표 7 글로벌 금융위기 이후 글로벌 은행 당기순이익의 국별 추이

(05~07년 평균 = 100)

당기순이익	2005~2007	2007	2008	2009	2010	2011	2012	2013	2014
미국	100	77	-29	53	70	87	96	119	105
일본	100	82	-56	64	96	143	139	143	116
유럽	100	121	-11	48	66	68	46	36	31
싱가포르	100	119	105	114	138	158	230	197	221
한국	100	112	51	34	55	94	64	49	52

주: 각국 글로벌 금융위기 이전(2005년~2007년 평균) 당기순이익 = 100 (달러환율 적용).
미국 4대 금융그룹(Wells Fargo, Citigroup, BoA, JPM), 일본 3대 금융그룹(SMFG, MUFJ, Mizuho), 유럽 5개 은행(Deutsche, BNP, ING, HSBC, RBS), 싱가포르 3개 은행(DBS, Oversea-Chinese Banking, United Overseas Bank), 한국 4대 은행(신한, 하나, 국민, 우리)
자료: Fitch ratings

재정위기를 겪고 아직도 위기에서 벗어나지 못한 유럽 은행들과 달리 미국, 일본, 싱가포르 등의 은행들은 위기 전 수준으로 수익성을 회복했다. 글로벌 위기 이후 한국 은행들의 저수익성 지속은 우리나라 경제의 여러 가지 구조적 요인에 기인하고 있다. 우선 글로벌 위기 이후 저성장 추세가 지속되고 있다는 점을 반영하고 있다. 2011년 하반기 이후 2015년 상반기까지 한국의 연간 GDP증가율은 3%에 못 미치는 2.8%에 머물고 극심한 민간소비 부진으로 내수는 동기간 연 2.1% 성장에 그쳤다. 동기간 수출은 연 4.5% 성장을 보였으나 2015년 수출이 연 −8.0%의 저조한 증가세를 보여 향후 성장률 전망을 어둡게 하고 있다. 또한 저성장이 과거에 비해 상당 기간 지속되며 구조적인 상황으로 인식되기에 이르렀다. 저성장과 함께 소비자 물가 상승률은 2013년, 2014년 각각 1.3%에 머물렀고 2015년에는 0.7%에 그치고 있다. 저성장, 저인플레이션과 함께 한국은행이 고시하는 기준금리는 2016년 6월 사상 처음으로 1.25%까지 내려갔다.

글로벌 금융위기 이후 경기가 침체되니 은행의 기업부실처리 비용이 증가했다. 이에 따라 은행 수익성이 하락하여 기업에 대한 자금공급이 위축될 수 있다. 경기가 침체하여 은행 수익성이 하락하고, 은행 수익성이 하락하여 기업에 자금공급애로가 발생해 경기 침체가 되는 악순환에 빠질 수 있다.

2008년 글로벌 위기 이후 업황이 특히 좋지 않았던 조선, 건설 등을 주된 사업으로 영위하던 STX, 동양 등 대기업들이 2013년 잇달아 기업회생절차에 들어갔다. 대기업의 매출비중이 높은 우리나라에서 대기업의 부실은 은행에 대규모의 손실을 안겨준다. 실제로

2005년~2007년 은행 연평균 부실처리 비용은 4.8조 원이었으나 2008년 글로벌 위기 이후 2008년~2014년에는 11.4조 원으로 2.4배 증가했다. 동시에 은행의 순이익은 연평균 14조 원에서 동기간 8.4조 원으로 약 43% 감소했다. 가계의 부실률이 크지 않은 상황에서 기업부실 특히 대기업의 구조조정이 은행수익성을 떨어뜨린 주요 요인이라고 할 수 있다. 부실처리비용은 구조조정 타임이 늦어질수록 크게 늘어난다. 기업의 부실화가 진행되면 매출과 수익이 감소하기 때문에 자금수요는 늘어나 기업의 부채비율이 급격히 늘어난다. 결과적으로 기업구조조정 시기가 늦어질수록 은행이 떠안게 되는 부실은 크게 늘어난다. 선제적인 기업구조조정을 통해 부실규모를 줄이고 은행의 수익성을 확보해야 또 다른 위험 요인으로 떠오른 향후 발생 가능한 가계부실의 흡수 능력을 유지할 수 있다.

● 그림 9   국내은행 기업부실처리비용 및 당기순익 추이

(단위: 조원)

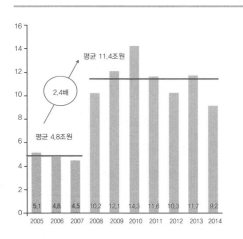
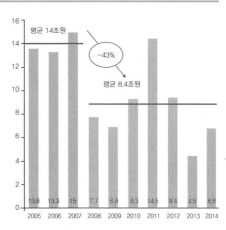

주: 부실처리비용＝대손상각＋대손준비금
자료: 금융감독원

경제의 저성장 기조에 따라 국내 은행산업의 대출증가율은 크게 둔화되었다. 대출증가율 둔화는 경제가 저성장함에 따라 기업의 자금수요가 축소되어 나타난 면도 있고, 부실기업이 적기에 구조조정되지 않고 저금리로 연명해 감에 따라 기업의 성장성 판단이 어려워 유망 기업에 대한 자금공급이 줄어 나타난 측면도 있다. 또한 은행의 수익성이 떨어지며 은행이 위험을 기피하고 보수적인 대출 행태를 보이는 측면도 있다. 향후에도 저성장체제가 지속되면 은행의 대출 증가율은 더욱 감소할 것으로 예상되는데 가계에 대한 대출 역시 더 이상 확대하기 어려울 만큼 포화되었다고 판단된다.

한편 저금리추세에 순이자마진net interest margin이 지속적으로 감소했다. 2005년 국내은행 평균 순이자마진은 3.70% 수준이었으나 2015년 상반기 1.58%로 하락했다. 수수료 수익 비중이 적고 예대 마진 비중이 큰 국내 은행들로서는 수익성 하락을 막을 방법이 마땅치 않다. 은행 수익성이 저조하니 주가가 하락하고 투자가들이 미래 전망도 밝게 보지 않으면서 주가대 장부가 비율인 주가순자산비율은 사상최저치를 나타내고 있다. 국내은행들의 주가순자산비율은 2014년 말 기준 0.51로서 대부분의 타국 은행들이 1보다 높은 것을 고려할 때 국내은행들의 주가가 크게 낮은 상황이다. 주식투자가들은 현재 은행의 낮은 수익성과 함께 향후 은행의 성장 및 수익성도 높게 평가하지 않는다는 의미다.

은행주가의 하락은 여러 경로를 통해 전체 경제에 영향을 끼친다. 현재 국민연금은 상장 은행들의 지분을 평균 약 9% 정도 보유하고 있다. 연금 수익률에 부정적인 영향을 끼친다. 또한 아직 민영화하지 않은 우리은행 매각을 통한 공적자금 회수에도 차질을 빚는다. 은행의 수익성이 떨어지면서 이익의 내부유보를 통한 자본 확충이 어렵다. 자본이 충분치 않으면 고위험, 고수익의 특성을 갖는 중소기업 등에 대출을 늘리기 쉽지 않고 새로운 성장 동력을 확충하기 위한 해외 진출 등 신규투자도 어렵다. 은행이 대출 및 투자를 집행할 때 수익이 작고 자본력이 부족하면 리스크를 회피하는 경향이 심해지고 경제 활력이 떨어진다. 은행 등 금융산업은 양질의 전문직 일자리를 창출하는 산업이다. 금융산업의 발전은 회계, 컨설팅, 법률자문 등 고도의 전문적 일자리 창출을 유도하기도 한다. 국내은행의 수익성 둔화와 비용효율성 악화가 지속될 경우 향후 은행산업의 구조조정이 불가피한 상황이 도래할 수 있다.

장기불황기 일본 상업은행의 경영[43]

우리 경제의 저성장이 수년간 지속되자 국내은행들이 성장성, 수익성에 큰 어려움을 겪고 있다. 20년 넘게 불황을 겪고 있는 일본의 상업은행 경영을 살펴보면 국내 은행들에게 시사점을 줄 수 있을 것이다. 1990년대 초 버블이 붕괴하기 전 일본 은행은 규모면에서 세계 최고 수준이었다. 1990년 tier I 자본규모 기준으로 스미토모 은행, 다이이치강교 은행, 후지 은행 등 일본 은행이 전 세계 1, 2, 3등을 차지했다. 이밖에도 산와은행, 미쓰비시 은행이 5, 6등을 차지했고 일본산업은행은 10위에 랭크되어 세계 10대 은행 중 일본 은행이 6개를 차지했다. 1990년 초부터 시작된 부동산, 주식

---

43 참조, 양원근, 「저성장기 일본 은행의 경험과 시사점」, 금융연구원, 2016.

가격하락 등 버블붕괴에 따라 일본 은행들은 경영어려움을 겪게 되었다. 버블붕괴로 수많은 일본 기업들이 파산하고 부동산 가격이 하락하여 담보가치가 떨어졌다. 특히 주택담보대출을 주로 취급하던 주택전문회사의 부실이 컸고 은행으로 전이되었다.

일본 은행부문에서 1992년부터 2006년까지 총 96.8조 엔의 손실이 발생했으며 2000년을 전후로 공적자금이 은행에 투입되어 자본규모를 확충해준 뒤에야 부실문제가 완화되었다. 버블붕괴 이후 불황이 계속되며 대출수요가 감소했고 기업의 구조조정이 지연되었으며 은행도 대출확대에 소극적이있다. 그림에도 가계의 안전자산 선호는 지속되어 예금규모가 증가하며 일본 은행들은 대규모 자금잉여가 발생했다. 가계 총자산 중 실물자산이 차지하는 비중이 1990년대 초 65%에 육박했으나 꾸준히 감소하여 2014년에는 39.9%로 낮아졌다.[44] 또한 일본 가계자산 중 주식 등 위험자산 비중은 크게 증가하지 않았다. 이에 일본 은행들의 자금잉여는 크게 증가했고 예대율(대출/예금)은 지속적으로 감소했다.

불황기 일본 은행들의 경영을 시기별로 살펴보면 버블붕괴 초기까지 대출증가가 이루어지고 있었지만 1997년 아시아 위기를 전후로 대출 규모가 급격히 감소했다. 일본 은행의 총 대출은 1990년 413조 엔 규모에서 매년 증가하여 1995년 509조 엔에 달하였으나 1996년 이후 지속적으로 감소하여 2004년 396조 엔으로 줄어들었다. 특히 2000년부터 2004년까지 5년간에는 매년 3~5%의 대출 감소폭을 보였다. 제조업에 대한 감소폭이 상대적으로 컸으며 특히

---

44 2014년 한국 가계자산 중 실물자산이 차지하는 비중은 73.2%에 이르렀으며 미국은 29.3%에 그치고 있다.

중기업의 대출 감소폭이 컸다. 즉 동기간 제조업의 연평균 대출 감소는 −7.2%인데, 대기업, 중기업, 소기업의 대출 감소는 각각 −7.0%, −17.5%, −7.0%에 달했다. 일본 기업의 부채조정은 버블 붕괴 이후 약 10여 년이 지난 2000년 이후 5년간에 집중적으로 발생했다. 이는 일본의 디플레이션이 본격적으로 발생한 시기와 일치한다. 일본에서 물가상승률이 5년 연속 마이너스를 보인 시기는 1999년부터 2003년까지다. 1995년, 2005년 등 틈틈이 마이너스 물가상승률을 보이던 일본에서 글로벌 위기 이후 2009년, 2010년, 2011년 연속 마이너스 물가상승률을 보였고 2012년 아베 정부는 대규모 양적완화를 통한 아베노믹스를 실행하기 시작했다.

1997년 아시아 위기 이후 부채감축 시기에 특히 대기업 보다 중소기업의 부채 조정이 컸던 것으로 판단된다. 특이한 점은 아시아 위기 직후인 1998년, 1999년에 대기업 대출이 전년대비 10.8%, 15.3% 각각 증가했다는 점이다. 당시 한국이 IMF 구제금융을 받고 대기업 중심으로 부채 구조조정을 실행하고 있던 상황과 비교되는 점이다. 반면에 일본 은행들의 가계대출은 1990년부터 2014년까지 25년 동안 1994년, 2006년, 2009년에만 전년대비 소규모 감소했고 나머지 기간 매년 3% 내외의 증가율을 보여 연평균 2.85% 증가했다. 불황이 장기화되고 있어도 가계부채의 디레버레징은 발생하지 않았다. 이는 일본의 장기불황 초기에도 가계부채가 국가 전체적으로 크게 부담스럽지 않았고, 불황기에도 대규모 구조조정이 없어 가계의 자산은 감소해도 부채 상환능력은 유지되었기 때문이다.

일본 은행들의 대출규모는 불황이 본격화되면서 감소했다. 이에 따라 예대율(대출/예금)도 크게 감소했다. 1990년 93%이던 예대율은 1995년 116%까지 증가했으나 그 후 서서히 감소하여 2000년 99.2%로 100% 이하로 떨어진 후 감소폭이 커지며 지속적으로 하락했다. 2011년 이후에는 60%대로 떨어져 2014년 67.6%를 나타내고 있다.[45] 중앙은행이 유동성을 공급해도 대출이 늘어나지 않는 현상이 나타났다. 유동성함정에 빠진 것이다. 결과적으로 은행 자산에서 채권이 차지하는 비중이 지속적으로 커졌다. 그러나 일본정부의 금리인하 정책으로 이미 1995년 9월에 기준금리가 0.5%로 낮아져 사실상 채권보유에 따른 수익 향상 효과는 누리지 못했다.[46]

대출감소와 채권 편입시기의 지연 등으로 은행의 수익성은 크게 나빠졌다. 특히 아시아 위기를 전후로 부실채권 또한 크게 늘어났다. 2001년 대형은행의 부실채권 비중은 8.7%에 이르렀다. 구조조정과 공적자금 투입이 불가피한 상황이었다. 일본 상업은행들의 순이익 추이를 보면 대출규모가 급격히 떨어지며 예대율이 감소한 시기와 대체로 일치한다. 급격한 대출감소가 멈춘 2005년부터 일본 은행의 수익은 비교적 큰 폭으로 증가했다.

---

45 예대율은 은행이 대출을 안정적인 자금조달원인 예금을 통해 하는지 CD 또는 채권발행 등 시장에서 빌린 돈으로 하는지 나타내는 지표다. 2016년 현재 국내 은행들의 예대율은 95%~100% 수준이다. 예대율이 100%가 넘는다는 것은 은행이 자금을 시장에서 조달해서 공격적으로 대출을 늘린다는 것을 의미한다.
46 금리인하 속도가 은행의 채권 보유 비중 증대 속도보다 가팔라 은행의 채권 평가이익이 크지 않았을 것으로 보인다. 즉 금리가 떨어지면 채권의 가격이 상승하기 때문에 채권보유자가 이익이 발생하는데, 채권 보유 비중을 크게 늘리기 전에 이미 금리가 떨어져 평가이익을 향유하지 못했다는 것을 의미한다.

뱅크스토리: 한국의 은행산업

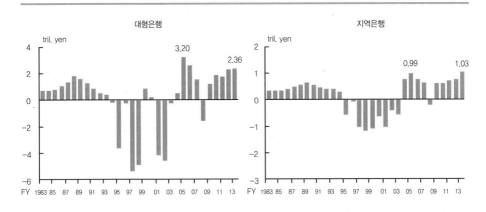

자료: BOJ, Financial Results of Japan's Banks for Fiscal 2013

1990년대 초 버블이 붕괴하고 수익이 감소하면서 대형은행은 1994년부터, 지방은행은 1995년부터 적자로 돌아섰다. 이후 대형은행은 1999년, 2000년 세계적인 IT 붐과 더불어 소폭의 흑자를 실현했으나 또다시 큰 폭의 적자로 돌아섰다. 공적자금을 투입받는 등 어려움을 겪던 대형은행들은 2004년 흑자로 돌아선 후 2005년부터 견조한 수익성 증대를 실현하고 있다. 지방은행의 순이익 역시 유사한 패턴을 보이고 있다. 다만 글로벌 금융위기의 여파로 2008년에만 순손실을 나타냈다. 2005년부터 수익성이 좋아진 첫 번째 요인으로는 부실채권 잔액 및 NPL비율이 감소한 것을 꼽을 수 있다. 1990년대 초부터 자산버블 붕괴에 따른 부실이 오랜 기간에 걸쳐 해소되었음을 나타낸다.

일본 은행들의 수익성 개선에서 드러나는 또 다른 특징은 수익성 개선을 이자수익이 아닌 수수료 수익 증가가 이끌고 있다는 점이다. 2003~ 2005년까지 일본 은행의 수수료 수익은 전년대비 두 자릿수 증가를 보였고 글로벌 위기 이후에도 꾸준한 증가세를 보이고 있다. 반면에 일본 대형은행의 순이자마진은 2000년대 내내 저금리기조가 지속되며 크게 개선되지 않았다. 2000년부터 2014년까지 14년간 이자이익은 연평균 1.1%씩 감소했다. 특히 글로벌 금융위기 이후 2009년부터 2012년까지는 매년 0.84%, 3.86%, 2.16%, 2.7% 각각 감소했다. 일본 은행들은 예대업무의 수익성이 떨어지고 순이자마진이 감소하는 상황에서 유가증권 운용규모를 확대하는 전략을 택했다. 경기 불황이 지속되는 상황에서 은행의 불가피한 선택이었다. 2000년 일본 은행의 자산 중 대출비중이 64.8%, 유가증권 비중이 19.4%였으나 2010년 각각 55.2%, 29.5%로 변화했으며 국공채가 유가증권에서 차지하는 비중은 2010년 기준 66.5%에 달했다.

일본은 1947년 미군정에 의한 재벌 해체 과정에서 만들어진 독점금지법에 의해 금융지주회사의 설립이 금지되고 있었다. 그러나 1997년 은행 경쟁력 제고를 목적으로 법이 개정되어 금융지주회사 설립이 가능해지며 3대 메가뱅크가 탄생했다. 1999년 8월 다이이치강교 은행, 후지은행, 니혼코교 은행 등 3개 은행이 합병을 전격 발표했다. 이어서 2002년 미즈호 은행, 미즈호코퍼레이트 은행, 미즈호 증권으로 구성되는 미즈호 금융그룹이 탄생했다. 미즈호 금융그룹은 합병과정에서 3개 은행 전산통합의 어려움이 컸다. 크기가 유사한 3개의 은행(다이이치강교, 후지, 니혼코교)을 2개의 은행(미즈호, 미즈호코퍼레이트)으로 재편하는 과정에서 시스템 장애가 발생했고, 계좌이체 장애를 수작업으로 대체하는 등 어려움을 겪은 끝에

2004년 말에 가서야 전산통합을 마무리했다. 그럼에도 2011년 동일본 대지진 이후 의연금 이체가 한꺼번에 몰리며 또다시 전산 장애가 발생하는 사고가 일어났다. 합병 전 후지 은행 등의 대규모 손실과 합병 과정의 어려움을 대변하듯이 3대 메가뱅크 중 순이자마진이 가장 낮은 수준을 이어가고 있다.

스미토모 미쓰이 금융그룹SMBC은 2001년 4월 미쓰이 그룹의 사꾸라 은행과 스미토모그룹의 스미토모 은행이 합병하며 탄생했다. 현재 일본에서 가장 규모가 큰 금융그룹은 미쓰비시 UFJ 파이낸셜그룹이다. 1996년 4월 미쓰비시 은행과 도쿄 은행이 합병하여 도쿄 미쓰비시 은행이 되고, 2001년 도쿄 미쓰비시 은행은 미쓰비시 신탁은행 및 일본 신탁은행과 합병하여 미쓰비시 도쿄 금융그룹을 탄생시켰다. 미쓰비시 도쿄 금융그룹은 2005년 산화은행과 도카이 은행이 합병(2001)하여 탄생한 UFJ은행을 또다시 합병하며 일본에서 가장 규모가 큰 미쓰비시UFJ 금융그룹이 되었다.

일본 은행들의 손실이 발생하고 파산위험에 몰리면서 일본 정부는 공적자금을 투입하여 자본을 건전화시켰다. 동시에 지주사 설립을 통해 일부은행은 대형화를 유도해 메가뱅크를 만들고 나머지 은행들은 지역은행으로 특화하는 등 대형화, 전문화 전략을 추구했다. 그런데 1990년대 버블붕괴와 함께 은행이 손실을 내기 시작했는데 구조조정이 늦어져 2004년까지 손실이 지속[47]된 것이 일본의 장기불황을 초래한 하나의 원인으로 지적된다.

1998년부터 2003년까지 일본 은행들의 자본을 증강하기 위한

---

47 그 기간 중 IT버블이 있었던 1999년, 2000년에만 대형은행들에서 순손익이 플러스로 전환되었다.

공적자금 투입 규모는 12조 3869억 엔에 달했다. 공적자금은 은행에 모두 우선주로 투입되어 은행의 자본은 확충하되 상업은행의 경영자율권은 해치지 않는다는 목적을 견지했다. 1990년대 초부터 일본의 주택 등 부동산 가격이 하락하자 주택대출을 주된 업무로 하던 주택전문조합들이 먼저 부실화되었고 은행들의 부실화가 뒤를 이었다. 이에 금융시스템의 안정을 지키고자 1998년 3월 일본 정부는 3개 지방은행을 포함한 21개 대형은행에 일률적으로 1,000억 엔씩 공적자금을 투입했다. 공적자금을 일률적으로 투입한 것은 특정 은행이 부실화된 것을 노출시키지 않고 단지 자본을 보다 더 확충하기 위한 것이라는 의도를 보여주고자 했다. 그런데 공적자금을 투입받은 은행 중 장기신용은행, 일본채권은행 등이 도산하자 1999년 3월 일본 정부는 미즈호 그룹에 편입된 후지은행에 1조 엔 등 15개 대형은행에 7조 4,593억 엔의 대규모 공적자금을 또다시 투입했다. 그럼에도 불구하고 은행 부실화는 계속되었고 금융 불안은 해소되지 않았다. 2001년, 2002년 이사카와 은행, 중부 은행 등이 도산하고 2003년에는 리소나 은행의 자기자본비율이 2.07%에 불과하자 단일 은행 기준으로 최대 규모인 2조 엔의 공적 자금을 리소나 은행에 투입했다.

일본 장기 불황은 자산 가격 하락에 따라 경제 성장률이 하락하여 디플레이션으로 진입하고 기업부실이 커지며 은행이 부실화되는 순서로 전개되었다. 은행 부실화를 해결하기 위해 1998년부터 공적자금을 투입해서 합병을 통한 대형화를 추진해 메가뱅크를 탄생시켰다. 공적자금 투입할 때 금융안정 효과를 극대화하기 위해서는 신속성과 충분성의 원칙을 지켜야 한다. 금융위기가 발생했을 때 은행에 공적자금을 투입해서 자본을 확충해야 신용경색 현상이 해소되며 금융위기에서 벗어날 수 있다. 그러나 공적자금 투입은 정치적 이유 또는 금융 불안을 오히려 부추길 수 있다는 우려 때문에 신속하고 충분한 실행이 이루어지지 못했다. 결국 일본 은행의 구조조정이 늦어져 장기 불황 10여 년이 지난 시점에서 불황을 더욱 깊게 하는 결과를 초래했다. 일본 은행들이 문제였다.

일본 은행들은 2003년 리소나 은행의 구조조정과 공적자금 투입 이후 그동안 누적된 부실채권을 해소하여 되살아나기 시작했다. 이는 오랜 기간에 걸친 구조조정으로 은행 부실채권이 해소되었음을 의미한다. 2004년 흑자로 돌아선 일본 은행 전체수익은 2005년 4.2조 엔의 사상 최대 순익을 기록했다. 그 이후 글로벌 위기의 영향을 받은 2008년을 제외하고는 견실한 순익을 실현했다. 1994년부터 지속적으로 감소하던 총 대출 규모가 2005년부터 다시 증가세로 바뀌었고 글로벌 위기의 영향을 받은 2009년, 2010년을 제외하고 2014년까지 계속 증가세를 유지했다. 경제 전체적으로 다소나마 활력을 찾게 된 것이다. 은행의 부실채권 비율 역시 2000년대 초 8%가 넘었으나 그 후 지속적으로 감소하여 2005년 대형은행은 1%대, 지방은행은 3%대로 하락했다. 은행의 수익 및 영업구조 역시 크게 변모하기 시작했는데, 두드러진 특징은 대형은행들의 국제화가 진행된 점을 꼽을 수 있다. 일본 은행들의 해외 대출은 2005년 20조 엔 미만에 불과했으나 2014년 60조 엔에 육박할 정도로 비약적인 증가세를 보였다.

일본 은행들은 자산디플레이션에 따른 장기불황의 영향에서 좀처럼 벗어나지 못했으나 구조조정이 어느 정도 마무리되자 해외

영업을 확대하는 전략을 추진했다. 일본 은행 경영이 회복세로 돌아선 2005년 이후에도 예대율은 지속적으로 감소하고 대출 회복 증가세는 미미했지만 해외 영업은 크게 증가했다. 2008년 글로벌 위기로 다소 주춤했지만 유럽계 은행들이 2010년 재정위기로 아시아 지역에서 철수하기 시작하자 일본 은행들은 해외 PF 대출을 위주로 해외 대출 잔액을 늘려나갔다.

글로벌 PF 대출 시장은 2014년에 전년대비 23.2% 증가하여 2,602억 달러에 이르렀다. 미쓰비시 UFJ 은행은 미국시장에서 2013년에 이어 2014년에노 81억 달러를 달성하여 PF 대줄 시장의 최강자로 떠올랐다. 브라질에서 마루베니의 FPSO 프로젝트(부유식 원유 생산 저장설비)를 주관하는 등 라틴 아메리카에서도 일본의 3대 메가뱅크는 압도적인 성과를 이루었다. 아시아 태평양 지역은 인도의 최대은행인 SBI 캐피탈이 PF시장의 최고 강자 자리를 차지하고 있었고 호주의 맥커리, ANZ, CBA 등 은행들도 PF시장에서 약진하며 일본의 3대 메가뱅크들과 경쟁하고 있다.

일본 은행들의 해외 진출은 외화예금 증대에서도 찾아 볼 수 있다. 일본은 2000년 이후 2013년까지 경상 수지 흑자로 매년 벌어들인 총 외화가 약 2조 달러 수준이다. 이중 약 절반만 보유고로 쌓여 있고 약 절반은 기업 및 개인이 보유하고 있다. 따라서 은행의 외화 예금 기반이 확대되었다. 한국 은행들의 전체예금 중 외화예금이 차지하는 비중은 5% 미만에 머물러 있지만 미쓰비시 UFJ의 외화예금 비중은 23%를 넘는다. 미즈호 금융그룹이나 SMBC 등 3대 메가뱅크의 경우에도 유사한 외화 예금 비중을 보이고 있다. 이에 따라 3대 메가뱅크의 경우 해외수익이 전체 수익에서 차지하는 비중은 비약적으로 증가했다. 전체 은행 수익에서 해외 수익이 차지하는 비중이 30%에 달한다. 실제로 2005년 이후 일본 은행들의 수익성 회복은 부실채권비중이 감소하면서 대손비용이 줄어든 측면도 있지만 해외수익 증가가 결정적인 역할을 했다.

이와 같이 일본의 3대 메가뱅크는 2005년까지 구조조정이 마무리되며 부실채권 비율이 하락하고 수익성이 개선되어 정상화의 단계로 넘어갔다. 그러나 2005년 이후에도 일본 은행들의 예대율이 높아지지는 않았다. 즉 대출이 크게 증가하지는 않았다. 또한 순이자마진NIM이 좋아지지도 않았다. 이것은 일본 국내 실물경제의 회복이 크지 않아 대출규모가 크게 늘어날 수 없는 상황이었음을 의미한다. 그럼에도 일본 은행들의 경영지표가 눈에 띄게 좋아진 것은 해외부문에서 약진했기 때문이다. 미쓰비시 UFJ 은행의 외화예금 비중이 2010년부터 크게 늘어난 것이 해외영업을 위해 외화예금을 전략적으로 늘렸는지 또는 해외 영업을 확대하다 보니 외화예금이 증가했는지 불분명하지만 아마도 양쪽의 인과관계가 함께 작용했을 것으로 판단된다. 그러면 왜 일본 은행들의 해외진출은 글로벌 위기 이후 또는 2005년 구조조정이 마무리된 후 적극적으로 이루어졌는가? 속도가 느리기는 하지만 구조조정이 어느 정도 마무리되고 자본금을 충분히 확충한 뒤 경제 불황이 지속되고 있는 국내시장만을 대상으로 경영하기 보다 해외시장을 적극 공략하는 전략을 추진한 결과로 보인다.

일본 정부는 공적자금을 투입하여 구조조정을 추진하는 과정에서 지방은행을 제외한 전국은행을 3대 금융그룹으로 재편한 뒤 해외진출은 경험과 규모가 큰 3대 메가뱅크 중심으로 이루어지도록 유도했다. 일본은 은행의 외화예금 수신기반이 넓기 때문에 달러 자금으로 해외 대출할 때 환위험관리의 장부^{book} 규모를 크게 유지해 비교적 자유롭게 해외영업을 할 수 있다. 더욱이 최근에는 일본 중앙은행이 외환보유고에서 1000억 달러를 상업은행들이 조건이 맞는 해외 대출에 사용하도록 지원했다. 2012년 말 아베 정권이 양적완화와 재정확대, 구조개혁을 중심으로 아베노믹스를 단행한 뒤 주가가 상승하고 성장률이 회복하는 등 일본 경제의 회복기미가 나타나고 있다. 이미 수익성 개선 기조를 뚜렷하게 보여주고 있는 일본 은행들의 실적이 아베노믹스가 성과를 내도록 뒷받침하고 있는 것이다.

그러나 아베노믹스의 성공에 대한 리스크는 대단히 크다. 엔화를 약세로 만들어 기업 수출에 활력을 불러일으키는 것은 단기적으로 성공했다. 그러나 최근 중국이 위완화를 절하하면서 아베노믹스의 핵심정책이 그 메리트를 잃어가고 있다. 또한 일본은 GDP대비 국가부채 비율이 240%를 넘어 OECD국가 중 가장 높은 나라다. 이미 세수를 통해 국가 부채를 줄여나가는 것은 사실상 불가능한 상황에 이르렀다. 최근 재정적자를 계속 보이는 상황에서 2015년 세수 증가는 전년대비 약 4조 엔 규모인데 국채 이자비용이 전년대비 1.5조 엔 늘어났다. 1년 예산 중 국채 이자 비중이 25%에 달한다. 따라서 인플레이션을 통해 국가부채의 가치를 떨어뜨리는 방법에 대한 유혹이 크다.

일본은 2차 세계 대전 이후 전비 마련으로 국가 채무가 감당할수 없는 지경에 이르렀으나 1945년 500%가 넘는 인플레이션으로 국가부채를 희석화하여 해결한 경험이 있다. 당시 일본의 총 국내

부채 중 정부부채의 비중이 80%를 차지했다. 아베노믹스의 목표 중 하나는 디플레이션에서 빠져나와 인플레이션을 2%까지 만드는 것이다. 인플레이션이 발생하면 사상 최고 수준의 정부부채 부담은 감소한다. 그런데 일본 정부의 국채는 해외투자가 보유 비중이 10%가 안 된다. 대부분 국내 은행, 보험사 등 기관투자가들이 소유하고 있다. 2001년 일본 상업은행의 총자산에서 대출이 차지하는 비중은 62%에 달했으나 그 이후 꾸준히 감소하여 2014년 50.1%로 감소했다. 반면에 유가증권비중은 2001년 21.6%에서 꾸준히 증가하여 2010년 30.8%에 달했고 이후 아베노믹스로 중앙은행이 국채를 사들이면서 2014년 26.9%로 소폭 감소했다. 또한 유가증권 중 국채비중이 2001년 40.5%에서 2010년 59.6%로 지속적으로 상승했다. 일본중앙은행의 양적완화 정책에 따른 국채매수의 영향을 받아 2014년 53%로 소폭 감소했다. 따라서 인플레가 되고 금리가 올라가면 일본 상업은행들은 국채의 평가손을 크게 입을 수 있다. 결국 인플레이션은 정부부채의 부담을 민간 금융기관으로 전이하는 역할을 할 것이다. 또한 마이너스 금리 등 경기확장 정책은 은행의 수익성에 직접적으로 부정적인 영향을 끼친다. 오랜 기간 부실을 줄이고 국내시장을 넘어 해외진출로 활로를 찾아 해외수익, 수수료 수익 비중을 높여 수익성을 회복한 일본 상업은행들의 리스크가 일본 정부로부터 올 가능성이 있다.

디플레이션 가능성과 은행경영

디플레이션은 물가수준이 지속적으로 하락하여 마이너스 물가상승률이 나타나는 상황으로 정의된다. 디플레이션은 기술진보, 생산성 향상, 원자재 가격 하락 등으로 생산비용이 절감되어 발생하는 공급측면 디플레이션과 경기침체, 자산 가격 거품 붕괴 등으로 소비, 투자 등 총수요가 위축되면서 물가가 하락하는 수요측면 디플레이션으로 나눌 수 있다. 특히 경기침체가 수반된 총수요 부족으로 나타난 디플레이션은 실질금리 및 실질 임금 상승, 채무자의 부담증가 등으로 투자, 소비에 악영향을 미치고 물가하락 기대로 투자, 소비를 이연시켜 물가가 더욱 하락하는 악순환을 초래하는데, 이를 벗어날 정책수단이 별로 없다는 특징을 갖는다.

한국 경제는 50여 년의 경제개발과정에서 항상 인플레이션에 시달려 왔다. 그러나 2015년 한국의 소비자물가상승률이 0.7%에 그쳐 0%대로 하락하며 디플레이션 우려가 생겨났다. 전 세계 경제사적으로 인플레이션은 빈번하게 나타났지만 디플레이션은 드물었다. 1929년 대공황 당시 불황과 함께 물가가 하락하였고, 1990년대 초 일본의 자산 거품이 붕괴하며 디플레이션이 나타났다. 최근 재정위기를 겪고 있는 그리스에서 극심한 경제 위축으로 디플레이션이 나타나는 등 손으로 꼽을 정도다. 그러나 일단 디플레이션이 나타난 경우에는 대공황 또는 장기불황이 따라왔기 때문에 극도로 경계해야 할 경제현상이다. 일본은 대표적으로 디플레이션을 겪은 나라다. 일본경제에서 20년이 넘는 장기침체를 가져온 디플레이션의 단초는 1985년 9월 플라자합의 이후 나타난 엔화강세 현상이다.

(단위: %)

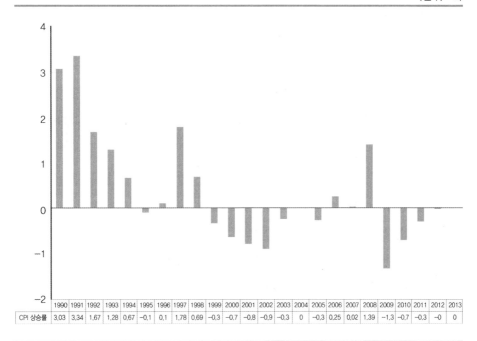

	1990	1991	1992	1993	1994	1995	1996	1997	1998	1999	2000	2001	2002	2003	2004	2005	2006	2007	2008	2009	2010	2011	2012	2013
CPI 상승률	3.03	3.34	1.67	1.28	0.67	-0.1	0.1	1.78	0.69	-0.3	-0.7	-0.8	-0.9	-0.3	0	-0.3	0.25	0.02	1.39	-1.3	-0.7	-0.3	-0	0

자료: Datastream

    플라자합의 이후 3년 동안 엔화 가치가 46.3%나 상승했고 GDP
성장률은 1985년 6.3%에서 1986년 2.8%로 하락했다. 이에 실물경제
둔화를 방지코자 금리를 인하했으나 저금리 정책으로 주가, 지가가
상승하여 버블을 형성하자 정부는 다시 자산 가격 안정을 위해
1989년 4월부터 기준금리를 2.5%에서 다섯 차례에 걸쳐 1990년 8월
6%까지 인상했다. 금리인상과 더불어 공공주택토지개발공사를 제
외한 모든 부동산관련 대출을 일정규모로 규제하는 대출총량제를
실시하여 부동산관련 산업과 건설업에 대한 대출을 사실상 금지했

다. 금리인상이 경기침체와 자산가격의 급속한 하락으로 이어지자 또다시 금리인하 정책을 구사하여 1991년 7월 이후 9차례에 걸쳐 1995년 9월 연 0.5%까지 기준금리 인하를 단행했다.

일본의 지가는 1990년 금리가 연 6%까지 인상된 이후 상승폭이 둔화되기 시작하다가 1992년부터 본격적인 하락국면에 진입했다. 이와 같은 자산디플레는 금융기관의 부실화로 이어져 만성적인 신용경색 현상을 초래함에 따라 정부의 금리인하 등 금융완화 정책에도 불구하고 경기회복으로 이어지지 못했다. 일본정부는 불황 초기에 금융부실을 적극적으로 처리하고 구조조정을 추진하기보다 재정확대정책으로 경기회복을 꾀했으나 경제 전체적인 구조조정 지연과 재정적자확대로 이어졌을 뿐이다. 또한 무역수지 흑자 지속으로 금리인하 등 금융완화에도 불구하고 엔화강세가 지속되었다. 엔화강세는 일본기업의 해외투자 유인을 높여 산업공동화를 초래하면서 국내 수요부족에 일조했다.

일본의 저출산, 고령화 역시 수요를 위축시켜 불황을 장기화하는데 중요한 역할을 했다. 일본의 출산율은 1990년대 1.3~1.5명 수준으로 감소, 2005년 최소치 1.26명[48]을 기록했다. 일본은 1970년 고령화사회, 1994년 고령사회로 진입한 뒤 2006년 아시아에서 최초로 초고령사회로 진입했다.[49] 이는 사회보장비 부담 증가로 인한 재정적자 확대, 소비 위축, 경기침체의 원인이 되었다. 또한 1994년~1996년 기간 동안의 일시적 경기회복을 구조적 경기회복으로 잘못 판단하여 금융기관 구조조정 추진이 약화된 상태에서 1997년

---

48 한국 2013년 1.17명.

49 65세 인구비중이 7%, 14%, 20% 이상인 사회를 각각 고령화사회, 고령사회, 초고령사회라 일컫는다. 한국은 2000년, 2018년, 2026년으로 각각 진입했거나 예상된다.

아시아 외환위기의 영향을 받아 경제가 장기침체를 겪게 되었다. 한편 1990년대 초기부터 총수요 부족으로 물가상승률이 낮게 유지되어 가계의 실질 부채 상환부담이 커졌고 채무불이행 증가로 이어졌다. 이는 금융기관 부실화를 초래하여 신용경색이 발생하고 소비투자 위축으로 연결되었다. 또한 주택 매도를 통해 부채규모를 줄이기 시작하면서 자산디플레가 가속화되는 부채디플레이션의 악순환에 빠졌다.[50] 이와 같은 복합적인 상황을 일본화日本化, Japanification라고도 하며 '고령화를 동반해 사회의 신축성과 유연성이 떨어진 상황에서 버블이 붕괴되어 과잉채무조정을 겪어야 하는 상황'으로 정의된다.

일본의 니케이지수는 1989년 12월 29일 38,915로 최고치에 달한 후 1990년 9월 20,222로 9개월 만에 48% 하락했다. 6대 도시 시가지 가격지수는 1991년 285.3에서 지속적으로 하락하여 2012년 67.9로 하락했다. 일본의 자산 디플레 결과 1990년에서 1998년까지 9년간 민간부문의 주식, 부동산 평가액은 1,309조 엔 감소했다. 일본에서 오랜 기간에 걸친 가계의 자산가치 하락은 소비심리를 위축시켰다. 결론적으로 플라자합의 이후 지속된 엔화의 추세적 절상이 수출경쟁력 약화, 제조업 생산기지 해외이전, 수입물가 하락을 통해 디플레 발생 환경을 조성했다. 더욱이 경제 구조적으로도 고령화로 인한 재정부담 증대 및 은퇴연령층의 낮은 소비성향, 버블 붕괴의 역자산효과에 따른 소비감소 및 금융기관 부실화가 가져온 금융 중개기능 약화가 총수요 부족의 원인이 되었고, 일본의 잃어버린 20년을 초래한 주요인으로 평가된다.

---

50 이를 대차대조표 불황이라고도 한다.

한국은 일본에서 디플레가 시작할 당시의 경제 상황과 구조적으로 유사한 형태를 일부 갖고 있다. 한국은 1990년대 6.7%, 2000년대 4.2%, 최근 5년간은 3.0%, 2011년 하반기 이후 2015년 상반기까지 2.8%의 경제성장률을 보여 추세적인 하락세를 나타내고 있다. 소비자 물가 상승률은 2013년, 2014년에 1.3%로 1%대 인플레이션을 나타냈는데 2015년엔 0.7%로 0%대로 하락했다. 구조적인 내수부진 요인으로 중장기적인 총수요 증대를 기대하기도 어려운 상황이다. 1982년~1997년 기간 연평균 소비증가율은 14.9%였으나 2003년~2012년에는 5.3%로 하락했다. 2013년~2015년 민간소비는 2.9% 증가에 그쳤다. 외환위기 이후 은행 등 금융기관이 가계대출을 늘리자 소득이 떨어지는 상황에서도 어느 정도의 소비증가를 나타냈으나 최근에는 소득증가율이 떨어지는 상황에서 부채를 통한 소비가 한계에 이르렀다고 평가된다. 또한 고령화 시대에 은퇴준비가 덜 된 고령층의 소비감소로 최근 2%대의 낮은 소비증가율을 나타내는 것으로 판단된다.

반면에 2000년 이후 2014년까지 수출은 매년 10.8% 증가하였고, 수출과 수입은 GDP의 100% 수준에 이르렀다. 그러나 수출기업들의 해외공장 건설 투자 등으로 인한 산업공동화는 내수부진을 유발했다. 해외 직접투자는 1995년~2005년까지 년 50~100억 달러 수준이었으나 2006년부터 급격히 상승하여 2014년 350억 달러에 달했다. 2015년 들어서는 글로벌 경기침체로 해외수요가 감소하며 수출 역시 마이너스 성장세로 돌아섰다. 수출이 감소함에도 수입의 감소폭이 더 커 무역수지 흑자를 기록하고 있다. 무역수지 흑자는 원화 강세 요인이 되어 수입 물가를 하락시켜 저인플레이션

뱅크스토리: 한국의 은행산업

을 유발한다.[51] 그러나 2015년 현재까지 막대한 규모의 경상수지 흑자에도 불구하고 미국의 금리인상 진전으로 달러가 강세를 보이고 신흥국 통화가 약세를 나타내며 원화 강세 현상은 나타나지 않고 있다.

한편 한국은 고령화 사회로 급속하게 진입하면서 생산요소 투입, 소비 측면에서 저성장, 저물가 지속 요인이 존재하고 자산디플레이션 가능성도 점차 높아지고 있다. 한국의 15세~64세 생산가능인구는 2017년 피크가 예상된다. 핵심 생산가능인구라고 할 수 있는 25세~49세 비중은 이미 2010년이 정점이었고, 주택의 주요 구매연령인 35세~54세 인구는 2012년이 정점이었다. 특히 주택수요와 밀접한 관련이 있는 35세~54세 인구가 정점일 때 주택시장 침체가 일본, 미국 등에서 시작했다. 또한 일본에서 버블붕괴가 시작한 1992년에 총부양률[52]이 43.3%로 저점을 통과하며 인구구성의 구조적 변화가 시작되었고(2010년 56.7% 도달) 한국에서 총부양률 저점은 2012년 36.8%로써 인구 오너스demographic onus시대로 접어들어 (2020년 40.7%, 2030년 58.6% 예상) 인구 구성이 경제를 수축시키는 방향으로 역할을 할 것으로 예상된다.

우리나라의 경우 자산 디플레를 통한 은행 부실은 나타나지 않고 있다. 가계부채의 경우 부실률도 크지 않다. 은행수익이 2008년 글로벌 위기 이후 크게 떨어졌지만 금리하락에 따른 순이자마진NIM

---

51 만약 원화강세가 추세적인 흐름으로 자리 잡으면 수출경쟁력에 부정적으로 작용하여 경제 활력을 떨어뜨릴 수 있다. 또한 원화강세는 기업의 해외투자를 증가시키는 요인이 되어 소득수지 흑자폭을 키울 가능성이 있고 원화강세를 가속화시킬 요인으로 작용할 수도 있다.

52 총부양률＝100×(15세 미만＋65세 이상 인구)/15~64세 인구.

하락과 조선, 건설 등 산업의 업황이 특히 나빠 기업의 구조조정이 진행된 결과다. 그러나 고령화, 저출산 등 일본에서 자산 디플레이션을 촉발한 가장 중요한 인구요인은 당시 일본과 유사한 길을 가고 있다. 또한 향후 디플레이션 발생 여부가 불확실하지만 2016년 현재 저성장체제가 이미 수년째 지속되고 있다. 일본 상업은행들이 불황기에 구조조정에 너무 늦게 나서면서 대출 및 예대율(대출/예금)이 크게 감소하여 경제회복을 견인하지 못했던 경험을 반면교사로 삼아야 한다. 또한 부실을 떨어낸 이후 수수료 수익, 해외 영업수익 비중을 높여 수익성을 회복한 사례 역시 국내 은행들이 참고해야 할 것이다.

가계부채 증가와 은행경영

한국 가계부채의 규모, 증가율 등은 경제규모나 개인 가처분소득에 비해 상대적으로 높은 수준을 보이고 있어 거시 경제 리스크를 높이고 있다. 2015년 6월 말 기준 국내 가계부채 규모는 1,130조 원이고 이중 주택담보대출은 567조 원으로 약 절반에 해당한다. GDP 대비 가계부채 비율은 2014년 말 기준으로 84.3%에 달한다. 1년 전의 82.3% 보다 약 2% 포인트 증가했다. 2010년 76.8%에서 꾸준히 증가하고 있다. 특히 최근 1년간(2014년 9월~2015년 9월) 은행의 가계대출 증가액은 월 평균 6조 3천억 원으로 이전 3년간 월평균 증가액 1조 8천억 원을 크게 상회하고 있다. 최근 가계부채가 급격하게 증가한 것은 기준금리가 사상처음 1%대로 떨어졌고 2014년부터 LTV[53], DTI[54] 등 부동산 대출규제가 완화됨에 따라 주택 담보대출이 증가했기 때문이다.

가계의 채무부담 능력을 보여주는 처분가능소득 대비 가계부채 비율은 2014년 말 기준 164%에 달하고 있다. 이는 2013년 기준 프랑스 104%, 미국 114%, 일본 129%, 영국 154% 등과 비교할 때 매우 높은 수준이다. 특히 미국에서 서브프라임 위기가 발생한 2007년 당시 동 비율이 130% 수준이었고 위기 발생 이후 가계의 부채감축이 진행되어 2014년 현재 115% 수준으로 낮아졌다. 특히 가계부채의 가처분소득대비 비율은 높은 수준의 세금, 연금 등으로 가처분 소득이 적은 일부 북유럽 국가를 제외하면 한국은 가장 높은 국가 중 하나다.

가계부채의 또 다른 리스크는 주택담보대출 비중이 높아 부채감축의 압력을 받고 있는 가계가 주택매도를 통해 부채감축에 나설 경우 주택가격 하락을 부추길 수 있다는 점이다. 금융연구원 연구에 따르면 주택 담보대출의 연간 원리금 상환액이 경상소득의 60%가 넘는 가구가 2012년 약 57만 가구에 달하고 대출규모는 약 150조 원에 달한다.[55] 가계부채가 주택담보대출을 중심으로 증가하고 있어 은행 경영의 리스크가 주택 가격에 직접적으로 연동되어 있다. 가계의 부채 상환 능력이 유지되지 않거나 부채 상환 부담이 커져 주택 처분을 통해 부채 상환에 나서면 주택가격 하락을 부추길 수 있다.

---

53 Loan to Value ratio, 주택담보 대출비율, 담보가치(주택가격) 대비 대출비율.

54 Debt to Income, 총부채상환비율, 채무자의 대출금 상환원리금이 연소득에서 차지하는 비율.

55 서정호·김영도·노형식·임진, "가계부채의 미시구조 분석 및 해법," 금융연구원, 2012.

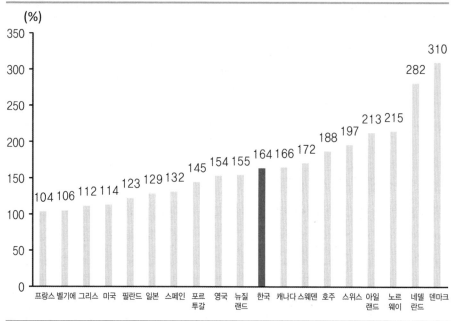

주: 처분가능소득 대비 가계의 금융부채 비율, 2013년(한국은 2014년) 기준
자료: 한국은행 통화신용정책보고서(2015.11)

　　장기불황기 일본의 경험을 보면 부동산, 주식 등 자산 가격이 크게 떨어지며 가계, 기업 부실이 증가하여 은행의 부실채권이 급격히 늘어났고, 은행의 대출규모가 줄었다. 기업과 은행의 부실이 신속하게 처리되지 못함에 따라 신용경색 현상이 나타나 금리가 떨어져도 대출은 증가하지 못함에 따라 경제회복의 전기를 마련하지 못했다.

　　현재 국내은행 주택담보대출의 구조 역시 대단히 취약하다. 주택담보대출 중 변동금리대출 비중이 약 55%로 높고, 약 25%가 3년 내 만기가 돌아온다. 주택담보대출 만기가 짧아 금리 상승 위험에

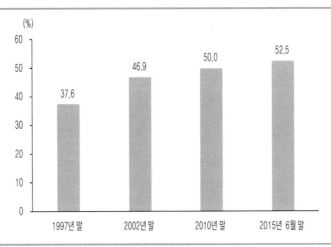

● 그림 13 일반은행 원화대출금 중 부동산담보대출 비중

주: 일반은행 기준(특수은행 제외)
자료: 금융감독원/은행경영통계, 금융통계정보시스템

노출되어 있다. 주택담보대출의 약 70%는 일시상환이나 거치후 분할상환 방식으로 부채 상환 부담을 단지 연기해 놓은 상태다. 주택가격이 꾸준히 상승하면 만기시 대출을 연장roll over하거나 주택매도를 통해 대출상환이 가능하다. 그러나 주택가격이 하락할 때는 일시에 주택매도가 몰릴 수 있어 주택가격의 추가 하락으로 이어지고 가계의 대량 부실이 발생할 수 있다. 가계의 대량 파산이 금융기관 부실로 이어져 시스템리스크로 확대될 가능성도 있다. 이때 대규모 신용 불량자가 발생하여 경제적 회복 기회가 감소하면 사회적 불평등이 심화되어 건전한 경제 성장이 제약을 받을 수도 있다. 개인, 가계는 부채를 통해 평생 소득을 원하는 기간에 소비로 전환해서 효용을 높인다. 그러나 불행하게도 개인은 때때로 합리적이지 않고 평생소득을 추정하기도 쉽지 않다. 개인의 소비는 한번

올라간 소비수준이 소득과 관계없이 내려오기 힘들거나(톱니효과), 사회전체의 소비 행태를 따라가는(전시효과) 경향이 있다.

가계의 부채가 개인의 평생소득을 자신의 판단으로 재할당하고 일시적으로 소비를 높이기도 하는 순기능이 있다. 그러나 부채규모가 어느 수준을 넘으면 가계의 가처분 소득 중 원리금 상환 비중이 높아져 소비를 제약한다. 특히 주택담보대출 비중이 높을 경우 주택가격, 실업률 등 거시 경제 변수에 가계 경제가 지나치게 연동하게 된다. 또한 경기 변동성을 더욱 크게 할 수 있다. OECD는 2006년 이후 한국에서 가계부채는 이자상환의 부성석 요인이 긍정적인 유동성 효과보다 커 민간소비를 제약하고 성장을 저해하고 있다고 분석했다.[56]

한국에서 가계부채가 2000년 이후 급격하게 증가한 이유를 수요, 공급 측면에서 살펴 볼 수 있다. IMF 위기 이후 대기업들이 부채규모를 대폭 감소시키며 더 이상 은행 대출의 주된 수요자가 되지 않았다. 구조조정에 성공한 대기업들은 은행차입 외에 회사채 발행 등으로 자금조달에 나섰다. 은행은 새로운 고객을 발굴해야 하는 상황에서 가계는 주택이라는 담보를 갖고 있는 훌륭한 고객으로 등장했다. 수요 측면에서 보면 주택구입, 자녀 교육 등 소득 대비 지출이 많은 주요 경제활동 인구 비중이 2000년 이후 크게 증가했다. 30세~54세 인구가 2000년 1,844만 명에서 2012년 2,141만 명으로 16%나 증가했다. 또한 아파트 거주 가구가 2000년 525만 가구에서 2010년 817만 가구로 56%나 증가했다. 아파트는 표준화된

---

56 Jones, R. S. and M. Kim, "Addressing High Household Debt in Korea," OECD Economics Department Working Papers, No. 1164, 2014.

뱅크스토리: 한국의 은행산업

주택으로 유동성이 매우 좋아 담보로서의 유용성이 크다.

대출의 만기구조도 대출을 통한 주택 구입에 유리하게 작용했다. 만기 일시상환 방식의 주택담보대출은 이자만 내는 대출형태로 실상환 부담이 연기되어 우선적 부담이 최소화되었다. 특히 주택가격의 상승기대가 클 경우에는 대출을 통한 주택구입에 부담이 적었다. IMF 위기 이후 대기업의 강제적인 구조조정으로 부채비율이 급격히 떨어졌다. 1997년 은행대출 중 대기업이 차지하는 비중은 20% 수준으로 가계가 차지하는 비중과 비슷했다. 그러나 대기업 구조조정 이후 2002년 은행 대출 중 대기업 비중은 7.6%로 뚝 떨어지고 가계대출 비중은 53%까지 치솟았다. 정부가 위기 극복 과정에서 민간 소비를 장려하며 카드사태를 맞기도 했지만 가계에 유난히 높던 은행 문턱은 주택담보대출을 중심으로 크게 낮아졌다.

2008년 글로벌 위기 이후 대부분의 나라에서 가계부채가 줄어드는 현상과는 반대로 한국의 가계부채는 지속적으로 증가했다. 경기침체 및 베이비붐 세대의 은퇴 시작으로 자영업자 증가 등에 따라 담보대출, 신용대출 모두 사업자금 대출 비중이 높게 나타났고 신용대출은 생계형 대출 중심으로 비중이 높아졌다. 또한 임금상승률을 크게 웃도는 높은 전세가격 상승으로 차입을 통한 전세보증금 인상이 크게 늘어났다. 더욱이 전세가율이 70%를 넘는 상황에서 전세의 월세 전환이 증가했고 전세물량이 크게 줄었다. 월세 전환율[57]이 5~6% 수준으로 은행 대출이자율을 훨씬 상회하고 있다. 정부의 주택매매 관련 취득세 인하에 이어 LTV, DTI 등 대출규제 완화가 이루어지자 전세 세입자들의 부채를 통한 주택매입이 크게 증가했다.

---

57 전세금에서 보증금을 뺀 나머지 금액을 월세로 바꿀 때 적용하는 이자율.

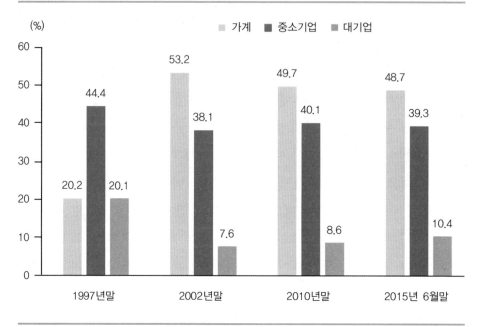

● 그림 14 일반은행 원화대출금 대비 가계 및 기업대출 비중

주: 1) 일반은행 기준(특수은행 제외)
  2) 원화대출금은 은행간대여 제외 분으로 말잔 기준
자료: 금융감독원/은행경영통계, 금융통계정보시스템

최근 증가한 가계대출은 주택시장의 왜곡에 의한 주택매입자금의 비중이 높아 바람직하지 않은, 불길한 예감까지 드는 부채의 증가라고 할 수 있다. 즉 주택 구입 여력이 없는 전세 세입자가 비싼 월세보다 값싼 은행대출을 일으켜 마지못해 주택을 구입한 경우가 많아 가계가 주택가격의 하락, 금리 인상, 소득 감소라는 리스크에 크게 노출되어 있다. [그림 15]에서 보듯이 주택가격 폭락을 경험한 바 있는 일본과 미국에서 주요 주택 수요층이라고 할 수 있는 35세~54세 인구가 정점을 지나면서 주택가격도 정점을 지나고 있

뱅크스토리: 한국의 은행산업

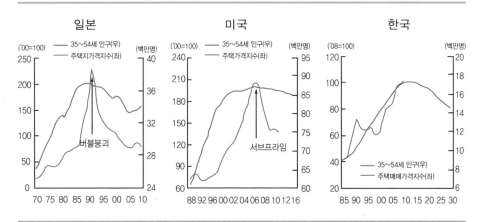

자료: kb금융경영연구소

는 현상을 볼 수 있다. 한국의 경우에는 2012년 주요경제활동 인구 수가 정점을 지나 주택가격에 부정적인 영향을 미칠 것으로 예상 된다.

   인간의 편안한 생활을 보장하기 위해 의, 식, 주가 해결되는 것 이 선결과제다. 경제가 성장하고 발전하면 의와 식 문제는 어느 정도 해결된다고 볼 수 있다. 그러나 경제가 가장 발달한 미국에 서 조차 주택문제는 대부분의 국민이 만족할 만큼 해결되지 못했 다. 미국 정부가 주택을 소유할 능력이 부족해 월세 부담이 큰 서 브프라임 계층에게도 주택을 소유케 하려는 정책 의도는 결과적으 로 큰 재앙을 불러 일으켰다. 많은 나라에서 주택은 종종 가격 급 등 뒤에 폭락하여 금융위기의 원인이 되곤 한다. 주택가격이 급등 하면 무주택자들의 주거비용을 높여 소비를 제약하고, 폭락할 경 우 은행 등 금융기관에 경영 압박 요인이 되고 금융위기로 진행되기도 한다.

오랜 기간 동안 경제가 안정된 국가들은 대부분 주택 시장이 안정되어 있다. 예를 들어 독일, 싱가포르 등 경제 성적이 꾸준히 좋은 국가들은 정부가 공공 임대주택 공급을 늘려 주택시장 안정과 서민주거 안정을 꾀하고 있다. 주택시장에 정부가 직접 참여하여 서민주거 안정을 꾀하는 것이 바람직하다. 유동성을 공급하여 주택가격을 끌어 올리는 것이 가장 위험한 정책이다. 거시 경제에 리스크를 높이고 서민 가계에 큰 부담을 준다. 가계는 은행으로부터 주택담보대출을 받을 때 LTV, DTI 규제를 받는다. 돈을 빌려간 대출자가 파산하면 가장 먼저 피해를 입는 당사자는 은행이다. 따라서 은행은 정부 규제 이전에 LTV, DTI를 스스로 체크해야 한다. 문제는 은행이 대출을 늘려 주택가격이 상승하고 담보가치가 높아지니 또다시 대출을 늘리는 상황에서 은행 스스로 빠져나오기가 쉽지 않다. 따라서 주택시장에 대한 유동성 공급은 정부정책에 크게 의존하게 된다.

기업구조조정과 은행경영

2016년 현재 가계부채 다음으로 한국 상업은행들에게 주어진 두 번째 큰 신용리스크는 기업부실의 증대로부터 발생한다. 기업부실은 구조조정의 미흡 또는 선제적이고 상시적인 구조조정 시스템 부재로 상황이 악화되고 있다.

2008년 글로벌 위기 이후 저성장 체제가 지속되면서 한국 기업들은 성장성, 수익성 측면에서 좋은 성과를 보여주지 못하고 있고, 특히 2013년부터 엔화 약세를 기반으로 일본기업의 회복에 따른 상대적인 경쟁력 약화, 그리고 무역의 1/4 이상을 차지하고 있는 중국의 경기침체 등으로 한국 기업의 실적이 계속 나빠지고 있다. 한국 상장기업의 매출액은 그 증가세가 2010년 이후 지속적으로 감소하였고 2014년 들어 마이너스 성장을 했다. 매출액 감소는 특히 비제조업보다 제조업에서 두드러졌다.

국내기업의 수익성은 매출액 감소보다 더욱 급격하게 하락하는 모습을 나타내었다. 2010년 이후 기업의 영업이익 증가율이 거의 지속적으로 하락하고 있다([표 9]). 이에 따라 전체 기업 중 이자보상비율이 1 미만인 기업의 비중이 2010년 27.2%에서 2014년 31.9%로 증가했다([표 10]). 2014년 말 기준 3년 연속 이자보상비율이 1 미만인 기업의 숫자가 3,295개에 달한다. 이는 2009년 2,698개 보다 약 600개가 증가한 것이다. 영업이익으로 이자도 내지 못하는 기업의 숫자가 늘고 있는 것은 경영환경은 악화되는데 기업의 구조조정은 적절히 이루어지고 못하고 있는 증거라고 볼 수 있다.

표 8 상장 기업 매출액 증가율

(단위: %)

	2010	2011	2012	2013	2014
전체	16.9	12.6	4.9	0.7	△1.5
제조업	18.7	13.5	4.1	0.7	△2.5
서비스업	17.3	12.2	3.3	△0.8	△0.4

주: 국내 상장기업 및 각 업종을 대표하는 일부 비상장기업 기준(2014년 기준 1731개사)
자료: 한국은행, 연도별 기업경영분석(속보)

표 9 국내 전체 기업 영업이익 증가율

(단위: %)

	2010	2011	2012	2013
전체	31.4	△5.1	△4	2.6
제조업	36.7	△5.8	△4.2	1.5
서비스업	42.8	2.4	△3.9	1.4

주: 전국 국세청 법인세 신고 기업 기준
자료: 한국은행 경제통계시스템, 기업경영분석 통계

표 10 이자보상배율[1] 1 미만 업체수 및 비중

(단위: %, 개)

	2010	2011	2012	2013	2014
비중	27.2	29.5	33.2	30.8	31.9
업체 수	471	511	575	533	552

주: 1) 영업이익/이자비용
자료: 한국은행 금융안정보고서(2015.6월)

　　기업들의 성장성, 수익성이 급격하게 나빠지고 있는 것은 내수가 부진한 가운데 글로벌 위기 이후 환율상승으로 호조를 보이던 수출증가세가 중국 경기 침체와 환율하락 등에 영향을 받아 꺾이고 있기 때문이다. 반면에 엔저를 목표로 하는 아베노믹스에 힘입어 일본기업들의 매출액 증가율은 급속하게 호전되고 있다. 2008년, 2009년에 전년대비 −6.8%, −10.9%의 매출액 성장률을 보인 일본의 상장기업은 2010년~2012년 동안 5.9%, 1.7%, 2.7%의 성장세를 보이다가 2012년 아베노믹스의 등장과 함께 2013년 12.0%의

큰 폭의 성장률을 보였다. 이와 같이 한국 기업들은 중국 경기 침체, 일본 기업에 대한 경쟁력 약화 등의 영향을 받아 성장성, 수익성의 하락세를 맞고 있다. 구조조정을 통한 부실기업의 퇴출과 유망기업에 대한 금융자원의 배분이 시급한 상황이다.

그러나 우리나라의 경우 선제적이고 상시적으로 기업구조조정이 이루어지기 매우 어려운 구조를 갖고 있다. 대기업이 기업집단경영을 하고 있기 때문에 경쟁력 없는 기업이 계열기업의 보조를 받아 생존이 가능하다. 대주주 경영자의 경우에도 전문경영인과 주주의 관계와 유사하게 대리인 비용agency cost이 발생한다. 대주주 경영자가 작은 지분으로 경영권 확보가 가능하기 때문에 구조조정 또는 사전적 사업재구축 보다는 지배욕구 충족 등 경영권이 주는 비금전적 효용에 집착할 유인이 있다. 대주주 경영자는 특히 기업의 부채비율이 높고 부실화가 진행될수록 리스크가 큰 프로젝트를 추구할 가능성이 있다. 왜냐하면 부실화되면(주주뿐 아니라) 채권자의 손실이 되고, 수익이 나면 주주 몫이 커지기 때문이다. 따라서 채권자는 계약을 통해 기업경영을 면밀히 모니터해야 한다. 사전적 구조조정의 주요 자문그룹인 투자은행 역시 일감을 확보하는 것이 우선적인 목표이기 때문에 대주주 경영진의 포부를 만족시켜주는 쪽으로 자문을 할 유인이 크다. 즉 기업의 부실 징후가 보이더라도 계열사 매각 등 사전적인 구조조정을 자문 내지 권유하기가 쉽지 않다.

금융시장내 기업구조조정을 유인할 메카니즘도 취약하다. 채권자에 의한 기업구조조정은 한시법인 기업구조조정 촉진법이 근간을 이루고 있다. 이 법은 부실 징후 기업의 모든 채권자간 합의를 자율적으로 이끌어내기가 어렵기 때문에 총 신용공여액의 3/4 이상의 찬성으로 채무 재조정 등을 강제할 수 있게 했다. 이와 같은 강제 조항을 두었음에도 채권자들의 구조조정 주도권은 약화되었다. 은행대출 이외에도 회사채, CP, 보증채권, 조선사 선수금 환급 보증refund guarantee 등 비협약 채권 비중이 커졌다. 이러한 비협약 채권자가 무임승차할 경우 은행 등 다른 채권자들은 적극적 구조조정을 기피할 수 있다. 또한 채권 금융기관 간에도 의견이 대립하는 경우가 많고, 경우에 따라서는 채권의 우선회수 경쟁이 벌어질 수 있다. 또한 2008년 글로벌 위기 이후 기업의 수익성은 악화되고 있지만 저금리가 지속되면서 기업의 금융비용은 감소하여 부채에 대한 부담이 작아졌고 특히 리스크에 따른 금리 차별화가 미흡하여 기업의 자발적인 구조조정 유인도 작다.

저성장이 지속되면서 기업구조조정은 향후 한국경제의 지속성장을 위한 가장 중요한 과제 중 하나로 부각되고 있다. 오랜 기간 지속된 내수 부진을 고려할 때 중소기업의 구조조정도 중요한 과제다. 현재 중소기업의 구조조정은 패스트 트랙fast track 규정이 적용되고 있다. 주채권은행이 금융감독원, 보증기관과 함께 설정한 가이드라인에 따라 거래 중소기업을 등급별로 나누고 신규여신 공급, 출자전환, 분할 상환, 또는 워크아웃을 진행한다. 기업의 다양한 정보를 확보하고 기업의 금융수요를 적기에 충족시키는 관계금융relationship banking이 광범위하게 적용되면 보다 더 실질적인 패스트 트랙이 적용될 수 있다. 즉 중소기업의 선제적인 구조조정에서는 은행의 역할이 매우 중요하다.

기업의 부실화 초기에 시장에 의해 상시적이고 선제적으로 부실이 제거되는 시스템이 존재하면 자금중개 기능의 위축을 가져오지 않고 경기침체에서 신속하게 회복한다. 기업의 부실화는 두 가지 경로를 통해 기업에 대한 자금 공급에 장애를 초래한다. 부실기업이 많아지고 구조조정이 늦어질수록 부실규모가 커져서 은행 수익성이 하락한다. 수익이 줄어든 은행은 위험자산인 대출증대에 소극적인 행태를 보이게 된다. 또한 구조조정이 지연되면 부실기업과 우량한 기업을 구별하기 어려워 기업에 대한 전체 자금공급이 감소할 수 있다. 따라서 부실한 기업이 시장에서 신속하게 퇴출되는 것이 성장성 있는 우량기업에 대한 자금공급 활성화에 기여한다.

미국과 일본의 기업구조조정 시스템 및 경제구조 차이는 금융시장에 영향을 다르게 끼쳤다. 미국 상업은행의 총 대출 규모는 글로벌 위기로 금융 부실이 크게 늘어났던 2009년을 제외하고 1990년 이후 꾸준히 증가했다. 반면에 일본 상업은행 총 대출규모는 1996년 약 520조 엔으로 피크를 이룬 후 계속 감소하여 2006년 380조 엔대로 감소한 뒤 횡보하고 있다. 물론 대출총액 규모 추이를 설명하는 변수는 여러 가지가 있다. 부동산가격 하락에 따른 담보가치 하락, 거시 경제의 침체, 인구 고령화에 따른 경제 활력 감소 등 요인들이 서로 연관되어 영향을 주었을 것이다. 그럼에도 불구하고 기업구조조정 시스템의 차이는 일본은행의 대출규모를 줄이고 경제회복을 지연시킨 중요한 요인으로 판단된다.

실제로 1990년대 초 일본과 미국의 기업구조조정 시스템을 중심으로 양국의 경제구조 비교에 관한 논쟁이 있었다. 1980년대 GM 등 대표적 미국 기업의 경쟁력이 쇠락하고 도요타, 소니 등 일본 기업들이 글로벌 시장에서 약진했다. 이에 수익성이 나빠도 구조조정을 당장 하지 않고 상호 보조하며 생존하는 일본식 기업집단 경영이 경쟁력이 있다는 주장이 제기되었다. 특히 투자의 회수기간이 긴 조선, 석유화학 등 중후 장대한 산업에서 일본 기업이 경쟁력 확보가 유리하다는 평가가 주류를 이루었다. 그러나 1990년대 중반 이후 미국은 혁신기업이 계속 등장하고 일본은 장기불황에 빠지면서 양국의 경제, 특히 기업구조조정 시스템은 새롭게 조명되었다. 일본은 기업과 은행의 구조조정이 지연되면서 경제회복의 전기를 마련하지 못해 장기 불황에 빠졌다.

빈면에 미국에서는 1980년대 기입들의 경쟁력이 떨어지며 부실기업이 속출하자 정크본드 시장이 커지며 기업구조조정이 신속하게 진행되었다. 예를 들어, 당시 마이클 밀켄[58] 등 투자가들이 정크본드에 투자하며 채무 불이행시 기업의 경영권을 획득하여 구조조정을 실시하는 등 부실기업을 정리하였다. 또한 기업경영권 시장 takeover market이 발달하여 기업 경영이 비효율적으로 이루어지거나 부실화의 징후가 보이면 적대적 합병의 타겟으로 떠오른다. 결국 비효율성을 스스로 제거하도록 잠재적인 압박이 기업에게 끊임없이 주어지고 있다. 미국의 대표적인 상업은행들은 2008년 대규모 적자를 기록하고 정부의 구제금융을 받기도 했다. 그러나 별다른 신용경색 없이 기업에 자금을 공급하여 불황이 장기화하지 않고 경제가 신속히 회복하였다. 자본시장에 의한 상시적인 기업구조조정 시스템이 큰 역할을 했다. 또한 은행이 기업의 리스크에 대해 큰 폭의 금리 차별화로 순이자마진이 3%대를 유지하여 은행의 수익성이 회복된 것도 긍정적인 영향을 미쳤다.

---

58 1990년에 파산한 Drexel Burnham Lambert사의 간부 직원.

기업 부실은 경제 성장과정에서 필연적으로 발생한다. 경제의 활력을 유지하고 경제침체에서 빠른 회복을 가져오는 동력은 기업의 부실이 누적되고 쌓일 때까지 방치하지 않고 신속하고 선제적으로 처리하는 시스템을 갖추는 것이다. 부실징후가 보이는 기업은 채권자가 많은 비용을 지불하지 않고도 선제적으로 구조조정되고 상시적으로 퇴출될 수 있어야 한다. 또한 산업의 사이클에 맞추어 사업재구축이 이루어짐으로써 금융자원이 유망하고 장래성 있는 기업과 프로젝트에 집중되어야 한다. 이를 위해서 은행은 기업의 리스크를 상시적으로 평가하여 신규자금이나 자금회수 스케줄에 적절히 반영하고 리스크에 따라 금리를 철저하게 차별화해야 한다. 리스크에 따른 금리 차별화는 은행의 수익에 긍정적으로 영향을 주고 기업에게는 보다 신속한 의사결정을 내릴 수 있게 한다. 은행의 존재 이유는 기업에 대한 정보를 생산하고 축적하여 리스크를 평가하고 리스크에 대한 적절한 가격을 산정하는 것이다. 이를 위해서는 금리 차별화에 대한 사회적 인식이 바뀌어야 한다.

한편 부실이 가시화된 경우에는 주채권은행과 채권금융기관이 회사 경영상황에 대한 객관적인 분석을 토대로 구조조정 대상기업의 선정 및 자율협약, 워크아웃, 회생절차 등 구조조정 방식을 자율적으로 결정하는 관행이 정착되어야 한다. 대주주 경영진이 구조조정 시기를 놓칠 경우 추후에 재기가 어렵고 불이익을 받는 구조가 정착되어 도덕적 해이를 방지해야 한다. 한편 2006년 통합도산법 제정시 경영진이 회생절차를 꺼려 회생시킬 수 있는 기업이 기회를 놓치지 않도록 "기존 경영자 관리인 제도debtor in possession"가 도입되었다. 이 제도는 기존 경영자가 기업의 회생보다 경영권을 유지하며 채무탕감이나 이자감면 등 채무재조정을 받고자 회생절차를 신청하는 도덕적 해이가 발생하지 않도록 운영되어야 한다.

자본시장의 발전으로 선제적 기업구조조정의 기반이 구축되고 수단이 마련되는 것이 중요하다. 기업의 경영부실이 신속하게 시장에 알려질 수 있도록 기업공시가 좀 더 투명하고 구체적으로 개선되어야 한다. 사모펀드PEF시장이 좀 더 활성화되어야 한다. 현재는 부실기업 전문 펀드가 없고 기업의 부실이 가시적으로 진행되기 전까지는 시장에 매물로 나오지도 않아 딜을 성사시키기도 쉽지 않디. 또한 투자은행의 기능이 활성화되어아 한다. 대주주 경영자가 경영권에 집착하면 부실이 현재화되기 전 구조조정이나 사업재구축 기회를 갖기가 어렵다. 그럼에도 투자은행은 신뢰와 역량을 키워 사전적 구조조정이 기업에게 자연스럽게 받아들여지도록 유도해야 한다.

제 6 장

세계 주요 은행들의
경영전략

BANK STORY

건강하고 강력한 은행은
국가경쟁력을 높인다

벤치마크 은행의 경쟁력

2008년 미국의 서브프라임 위기 및 2010년 유럽 재정위기는 전세계 은행들에게 경영상 많은 어려움을 끼쳤다. 명성과 성과를 내던 최고의 은행들이 정부의 공적자금으로 자본금을 확충하여 연명하거나 타 은행에 인수되었다. 그럼에도 일부 은행들은 어려운 환경에서도 수익성을 크게 훼손하지 않고 지속적으로 성장했다. 그들은 어떤 경영상의 특징과 시장위치를 확보하고 또한 어떤 전략을 추구했는지 살펴 볼 필요가 있다. 일반적으로 대출 수요 등이 경제성장률로부터 영향을 받기 때문에 은행의 자산 성장, 수익이 거시경제변수로부터 직접적인 영향을 받는다. 또한 금리가 하락할 때 예대마진의 폭이 좁아지면서 수익이 하락한다.

경제가 침체되면 기업의 부실화가 진행되어 은행의 부실채권이 증가하고 부동산, 주택 등 대출의 담보가치가 하락한다. 기업부실 규모가 커지고 담보가치 하락이 광범위하게 발생하여 은행도 부실

225

화되면 위기가 발생하기도 한다. 그런데 글로벌 경제가 통합되고 금융의 국제화, 글로벌화가 진행되면서 전 세계를 대상으로 영업범위를 넓혀 지역 포트폴리오를 다변화시킨 은행들은 자국 거시 경제 환경의 영향을 덜 받는다. 물론 해외 영업에서 부실이 발생하여 큰 어려움을 겪는 은행도 있다. 또한 은행의 전통적인 업무인 예금을 받아 대출을 일으키는 업무 외에 다양한 금융업무로 수익원을 다각화한 은행은 세계적인 금리하락에도 견조한 수익성을 유지하고 있다. 고객의 신뢰를 얻고 있는 은행은 거시 경제가 어려워도 고객의 이탈이 없이 고객과 함께 리스크관리를 통해 위기를 헤쳐나간다. 특히 미국의 웰스파고 은행은 거시환경의 부침에도 불구하고 고객으로부터 신뢰를 잃지 않으면서 그야말로 최고의 은행The Great Bank으로 세계에서 시가총액이 가장 큰 은행으로 등극했다. 투자가들이 웰스파고 은행이 미래에도 현재의 수익성과 성장성을 지속할 수 있다고 평가하고 있는 것이다.[59]

본 장에서 소개하고자 하는 벤치마크 대상이 된 은행의 또 다른 특징은 현재의 규모나 영업범위에 안주하지 않고 지속적으로 성장을 추구하는 전략을 취했다. 즉 대형화 및 다각화 전략을 끊임없이 추구한 것이다. 대형화는 국내외 은행의 인수 합병을 통해 대부분 이루어졌다. 은행의 업무는 규모의 경제와 범위의 경제가 존재한다. 규모가 큰 은행이 지역이나 고객의 다각화를 통해 리스크 감당 능력을 키울 수 있어 경쟁력을 확보하기 유리하다. 다만 대형은행은 규모가 커서 내부통제가 어렵기 때문에 효율적인 경영이 쉽지 않다. 최고의 은행들이 인수 합병을 통해 규모를 지속적으로

---

59 웰스파고 은행은 최근 유령계좌 개설로 명성에 스스로 먹칠을 했다.

키우면서도 수익성을 유지하고 시가총액을 높이는 것은 규모가 큰 은행을 경영, 관리할 능력을 보유하고 있다는 증거라고 할 수 있다. 튼튼한 경영 지배구조를 구축하고 고객중심, 성과주의, 다양성의 존중, 임직원의 단합 등을 이룩할 수 있는 문화를 갖고 있다고 보아야 한다.

지배구조가 취약하고 국내시장을 중심으로 영업에 치중하고 있는 국내은행들로서는 여기에 소개된 벤치마크 은행들의 경영을 세밀히 연구하고 참고하여 장기적 관점에서 전략을 수립하고 추진할 필요가 있다. 관치, 정치 금융 논란에서 벗어나는 것도 필요조건이다. 이와 같은 은행들의 성공에 정부의 역할이 있었다는 증거는 찾을 수 없기 때문이다. 벤치마크 은행 중 하나로 소개된 일본의 3대 메가뱅크 중 하나인 미쓰비시 UFJ 금융그룹MUFG은 장기불황으로 부실화된 은행에 정부가 공적자금을 투입하며 대형화, 전문화라는 은행산업 구조를 유도하는 과정에서 탄생했다. 그러나 현재 글로벌 은행으로 성장한 MUFG의 성과는 은행 경영전략의 결과라고 할 수 있다. 은행이 고객 중심의 경영을 실천하는 경영문화가 뿌리내리고 경영 환경 변화에 적극적으로 대처하는 경영 전략이 추진되지 않으면 성공신화 창출은 요원할 것이다.

위대한 기업으로 발전한 웰스파고(Wells Fargo) 은행

웰스파고 은행은 2014년 자산 기준 전 세계 14위, 미국 4위 금융사로 총자산은 1조 6,870억 달러, 원화로는 약 2,000조 원의 자산

규모를 갖고 있다. 총자산 중 요구불예금 등 저원가성 핵심예금^{core} deposits이 차지하는 비중이 62% 이상 되어 조달 경쟁력을 확보하고 있다. 자기자본 규모는 2014년 기준 1,850억 달러(220조 원)로 이중 보통주자본 중심의 tierⅠ 자본은 1,547억 달러(185조 원) 수준이다. 2014년 말 시가총액은 2,844억 달러(340조 원)에 달해 시가총액 기준으로는 세계 1위 은행이며, 세계 전체 기업 시가총액 기준으로도 9위에 달한다. 웰스파고는 2014년 연 매출 840억 달러(100조 원), 순이익 230억 달러(28조 원) 규모를 달성하며 높은 수익성을 시현하고 있으며, 전 세계 35개 국가에서 7천만 명 이상의 고객을 보유하고 있는 세계 최고의 은행이라고 할 수 있다.

수익성을 나타내는 총자산수익률^{ROA}은 2014년 기준 1.45%, 자기자본수익률^{ROE}은 13.41%로 미국 내 주요 대형은행 또는 대부분의 글로벌 은행에 비해 최고 수준을 자랑하고 있다. 규모 순으로 미국내 상위 3개 은행인 JPMorgan Chase, BoA, Citi 은행의 2014년 ROA는 각각 1.19%, 0.32%, 0.73%였다. 특히 BoA, Citi의 경우 2014년 영업이익이 전년대비 마이너스 성장을 보인데 반해 웰스파고는 4.8% 증가하며 증가세를 이어가고 있다. 순이자마진은 3.11%에 달해 현재 국내은행의 2배에 달한다. 특이한 점은 미국의 기준금리가 0%대로 우리나라의 기준금리 보다 크게 낮음에도 불구하고 높은 순이자마진을 보이고 있는 것은 대출 기업, 가계의 신용도에 따라 금리를 차등화하는 폭이 크기 때문으로 판단된다.

현재 세계 최고의 성장성 및 수익성을 나타내고 있는 웰스파고 은행은 골드러시를 배경으로 1852년 Henry Wells와 William Fargo 에 의해 샌프란시스코에 처음 설립되었다. 웰스파고의 자산규모는

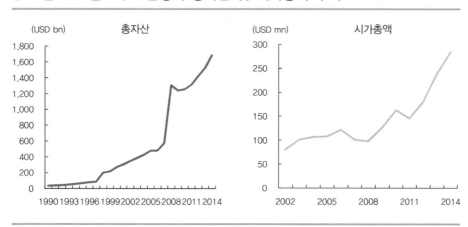

자료: Bankscope

2007년 5,754억 달러에서 2008년 1조 3,096억 달러로 와코비아 은행 합병을 통해 두 배 이상 점프했다. 시가총액도 계속 상승한 것을 보면 합병 이후에도 경영을 성공적으로 추진한 것으로 평가된다. 웰스파고 은행의 1990년 이후 자산 성장 및 2000년 이후 시가총액 증대는 아시아 위기, 글로벌 위기 등에 크게 영향을 받지 않고 지속적으로 상승한 특징을 갖고 있다. 특히 자산성장은 끊임없는 합병을 통해 달성했으며 시가총액의 지속성장은 합병이 성공적으로 이루어졌고 합병 이후에도 규모가 커진 은행이 효율적으로 경영되는 훌륭한 문화가 웰스파고 은행 내부에 존재한다는 증거라고 할 수 있다.

웰스파고 은행은 1969년 Wells Fargo & Company 지주사를 설립한 뒤 1980년대 이후 본격적인 은행합병에 나서게 되었다. 1986년 Crocker National Corporation, 1987년 BoA의 개인신탁사업 부문, 1988년 Barclays Bank of California, 1996년 First Interstate Bancorp

를 인수하였고 1998년에는 Norwest Corporation of Minneapolis와의 대형 인수합병을 통해 현재의 모습을 갖추었다.

웰스파고는 소매금융(지역금융)을 중심으로 성장하였으며, 1998년 Norwest와의 인수합병으로 Norwest의 고객중시 경영방식을 적극적으로 수용하며 교차판매를 증가시켰다. Norwest와의 합병 이후 웰스파고의 수익성장에 교차판매가 80% 정도 기여하게 되어 가장 성공적인 합병으로 평가된다. 이 합병으로 자산규모는 880억 달러(1997년)에서 2,025억 달러(1998년)로 두 배 이상 커졌다. 이후 10여 년 만에 또다시 초대형 은행합병을 성사시켰다. 즉 2008년 와코비아 은행Wachovia Corporation을 인수하며 미국 내 4대 은행으로 자리매김하게 되었다. 와코비아 은행의 인수는 웰스파고의 기존 영업지역이 주로 미국 서부에 한정되어 있던 단점을 극복케 했다. 와코비아 은행 합병으로 미국 동부 및 남부 지역의 영업망을 크게 확장시켜 고객기반을 더욱 확보하였으며, 자산규모도 1998년에 이어 또다시 두 배 이상 증가했다. 웰스파고가 와코비아를 151억 달러에 인수한다고 발표하기 1주일 전 씨티은행은 와코비아의 은행사업부만 따로 떼어내 21억 6천만 달러에 인수한다고 발표하였으나 결국 무산되었다.

2000년대 들어 웰스파고는 대형 은행합병 이외에도 중소 금융사를 여러 차례 인수하며, 지속적으로 사업규모를 확대했다. 2000년 National Bank of Alaska, First Security Corporation, 2001년 H.D. Vest Financial Services, 2007년 CIT Construction, Placer Sierra Bank, Greater Bay Bancorp을 인수했다. 2008년에는 Wachovia 외에도 United Bancorporation of Wyoming, Century Bancshares of Texas도

인수했고, 2009년 North Coast Surety Insurance Services, 2012년 Merlin Securities 및 The Rock Creek Group LP의 지분을 인수했다.

웰스파고는 적극적인 인수합병을 통해 지역적 확장전략을 추진하여 성장해 나갔으며, 와코비아 인수합병 이후에는 도매금융wholesale 부문 및 자산관리WBR; Wealth, Brokerage and Retirement 부문의 비중도 확대하며 종합금융회사로 탈바꿈하였다. 와코비아 인수 이후 2009년 Wells Fargo Securities를 설립하며 투자은행 부문도 확대하여 2008년 자산관리 수익 비중은 6%였으나 2014년 통합 매출 기준 16.8%까지 증가했다. 이로써 현재 지역은행community banking, 도매은행, 자산관리를 제공하는 종합금융회사로 자리매김하게 되었다.

웰스파고는 단순한 상품 판매를 벗어나 고객과 장기적인 관계를 유지하며 고객의 필요성을 충족시키고 재무적 성공을 지원하는 것이 곧 은행의 수익으로 이어진다는 신념 하에 영업활동을 수행하는 등 고객 중심 경영 철학을 고수하고 있다.[60] 고객 중심 경영으로 실제 웰스파고의 고객만족도는 지속적으로 상승하고 있으며, 교차 판매 등으로 수익성, 성장성, 지속가능성 지표 모두 좋아지고 있다. 또한 웰스파고 은행은 임직원을 단순 종업원employees로 보지 않고, 팀 멤버team member로 여기며, 고객 지원을 위한 경쟁력을 제고하고 고객과의 관계 강화를 꾀하고 있다. 특히 은행은 팀멤버를 관리되어야 할 비용이 아니라 투자해야 할 자원으로 인식한다. 왜냐하면 팀멤버는 고객을 상대하여 은행의 경쟁력을 만드는 필수

---

60 Wells Fargo Vision & Values 2015, 웰스파고의 비전을 다음과 같이 소개하고 있다. "The reason we wake up in the morning is to help our customers succeed financially and to satisfy their financial needs, and the result is that we make money. It's never the other way around."

자원이기 때문이다.

웰스파고는 진실성과 경영원칙을 기본으로 회사를 운영하며, 공개적이고 정직하게 회사와 직원간 양방향 커뮤니케이션 방식을 통해 회사의 정책을 결정한다. 고객의 니즈 충족뿐 아니라 고객정보의 보호 등을 통해 고객과의 장기적인 신뢰 관계를 구축하고 다양성과 포용성을 가치로 두며, 은행과 팀 멤버(은행직원)의 창의성과 혁신성을 제고한다. 마지막으로 모든 팀 멤버가 스스로 리더십을 가지며 신뢰 제고에 힘쓴다. 웰스파고는 이와 같은 문화 정착에 힘쓰며 지역 사회 중심 경영 문화를 바탕으로 기업의 사회적 책임 활동 수행에도 열심이다. 즉 팀 멤버의 자원봉사 활동을 적극적으로 장려하고, 지역민의 주택마련을 지원하며, 그 외에도 기부, 지역개발, 환경보호, 중소기업 지원 등의 활동도 활발하게 수행한다.

고객 중심 경영의 비전을 달성하기 위한 전략은 우선 고객과의 관계를 더욱 깊게 하고 새로운 고객을 끌어당기는 매력을 갖추는 것이다. 웰스파고는 고객과의 거래를 시작할 때 "고객에게 어떤 상품을 팔 것인가?"로 시작하지 않고 "고객이 무엇을 원하는가?"로 시작한다. 기술 혁신을 최대한 활용하여 고객에게 시간과 공간에 구애 받지 않고 서비스를 제공한다. 또한 위험관리를 철저히 해서 고객의 신뢰를 잃지 않도록 한다. 한마디로 세계에서 가장 시가총액이 높고 성장, 수익을 동시에 달성하고 있는 웰스파고 은행의 경영 전략의 핵심은 고객 중심 경영이다. 전 세계 대부분의 은행이 고객 중심 경영을 표방하고 있지만 가장 진실되게 고객에게 다가간 은행은 웰스파고라고 할 수 있다. 은행 합병을 통해 끊임없이 성장 및 새로운 비즈니스 모델을 추구하며 항상 고객 중심 비전,

전략, 문화가 그 중심에 있다. 은행내 모든 의사결정, 자원의 배분, 판단의 최우선순위에 고객이 있다.

2012년 10월 동경에서 IMF 연차총회에 참가한 필자는 최우선순위로 웰스파고 팀들과 미팅을 가졌다. 그리고 물었다. "스스로 경쟁력의 원천을 무어라고 생각하느냐?" 웰스파고 팀은 다음과 같이 답변했다. "세계의 많은 뱅커들이 웰스파고를 벤치마크로 삼고 있으며, 배우고자 한다. 또한 수많은 전 세계 뱅커들이 웰스파고를 방문하고 비결을 묻는다. 그 때 우리는 모두가 알고 있는 사실을 말해준다. 경영의 중심에 고객이 있다고. 그리고 웰스파고에서는 그것을 말로만 하는 것이 아니라 문화로 뿌리내려 행동으로 자연스럽게 표출되고 있다." 웰스파고 은행은 재능을 갖춘 다양한 사람들이 모여 고객에게 우수한 서비스를 실행하여 고객의 금융 업무를 100% 지원한다. 결과적으로 매년 두 자릿수 이상의 수익증가율을 보이고 높은 주가를 실현하여 미국의 '위대한 기업' 중 하나가 되었다.[61]

작은 나라 강한 은행: 싱가포르개발은행(DBS)

싱가포르 개발은행DBS, Development Bank of Singapore, Group Holdings 은 2014년 기준 총자산 4,410억 싱가포르 달러(약 370조 원)로 국내 대

---

61 이와 같은 성과의 이면에 부정적인 면이 나타났다. WellsFargo 은행은 2011년부터 고객정보를 무단 도용해 약 200만 개의 유령계좌를 개설한 사실이 2016년 적발되었다. 미국 소비자보호국은 약 2,018억 원의 벌금을 부과했고 관련 은행직원 5,300여 명이 해고되었다. 직원들이 판매목표를 달성코자 신뢰를 저버리면서 미국의 위대한 은행이라는 명성에 결정적 오점을 남기게 되었다.

형 금융그룹과 유사한 규모를 갖고 있는 싱가포르 최대 은행이다. DBS는 최근 10년간 자산규모가 급속히 증가해서 2004년 1,760억 싱가포르 달러 규모에서 2014년 2.5배로 성장했다. 자기자본 규모는 400억 싱가포르 달러이며, 이 중 tier I 자본은 350억 싱가포르 달러다. 시가총액은 2014년 말 기준 510억 싱가포르 달러(약 43조 원)로 비슷한 자산규모의 국내 금융그룹들의 시가총액이 20조원에 훨씬 못 미치는 상황과 비교할 때 좋은 성과를 나타내고 있다. 특히 DBS의 시가총액은 2011년 이후 높은 증가세를 보이고 있어 중국 및 남아시아 지역으로의 영업지역 확대가 성과를 내고 있다고 평가된다.

DBS는 아시아 17개 지역에 280여 개의 지점을 두고 있으며, 2014년 40.5억 싱가포르 달러(약 3조 4천억 원)의 순이익을 달성했다. 그룹 통합 기준 이자순이익net interest income은 63억 싱가포르 달러 (약 5조 2천억 원)이며 비이자순이익은 35억 싱가포르 달러(약 2조 9천억 원) 수준이다. DBS 수익 중 싱가포르 내 비중은 62%이며, 그 외 중국시장이 30%, 남아시아 지역 등이 8%로 해외 비중이 상당히 높다. 2014년 ROA는 0.91%, ROE는 10.9%에 달해 견조한 수익성을 보여주고 있다. 반면에 2014년 순이자마진NIM은 1.68 수준으로 그다지 높지 않다. 이자수익보다는 투자은행업무investment banking, 자산관리업무 등에서 발생한 수수료 수익이 수익성을 주도하고 있다.

DBS는 1965년 싱가포르 독립 이후 싱가포르의 국가 및 경제 개발 지원을 위해 1968년 싱가포르 정부의 국책 개발은행The Development Bank of Singapore으로 설립되었고, 정부투자기관인 테마섹 보유 국영기관에서 1997년 민영화되었으며, 1998년 POSBPost Office Savings Bank를 인수하며 일반은행으로 현재의 모습을 갖추었다.

● 그림 17 DBS의 총자산 및 시가총액 추이

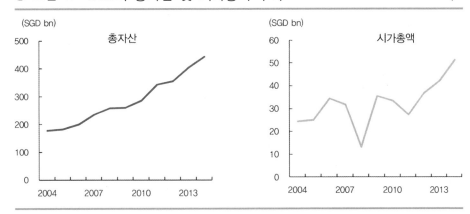

자료: Bankscope

표 11 DBS의 주요 재무 비율

(단위: %)

	2010	2011	2012	2013	2014
순이자마진(NIM)	1.84	1.77	1.7	1.62	1.68
비용효율성(C/I)	41.4	43.3	44.8	44	45
ROA	0.98	0.97	0.97	0.91	0.91
ROE	10.2	11	11.2	10.8	10.9
예대율(L/D)	78.5	86.4	83.1	85	86.9
부실채권비율	1.9	1.3	1.2	1.1	0.9
충당금 비율	100	126	142	135	163

자료: DBS annual report 2014

POSB는 1877년 설립되어 싱가포르 전역에 가장 많은 지점을 보유하고 있는 영국계 소매금융 중심 은행으로, 1998년 DBS에 인수되어 현재 DBS그룹지주사의 자회사로 영업 중이다. DBS는 1999년 지주회사 체제로 전환하고, 1999년 9월 싱가포르주식거래소에 상장되어 거래되기 시작했다. DBS의 성장전략은 적극적인 인수합병과 해외 영업 확대다. DBS는 동남아시아 지역 내 최대 은행으로 성장했으며, 최근 중국 사업규모도 확장하고 있다. 1992년 지분투자를 통해 말레이시아 HwangDBS Investment Bank를 인수하였고, 1993년에는 중국 및 인도 사무소를 개설했다. 1997년에는 인도네시아의 PTDBS은행을 인수했으며 1998년에는 필리핀 Bank of Southeast Asia, 1999년에는 홍콩 Kwang On Bank를 인수했다. 2001년에는 대만의 Dao Heng Bank를 인수하고, 2004년에는 태국 Thai Danu Bank, 2005년에는 인도 Cholamandalam, 2008년에는 대만 Bowa Bank를 인수하는 등 활발한 아시아 지역 은행 인수활동을 전개했다. 특히 2012년에는 대만 내 처음으로 싱가포르 은행을 설립했으며, 현재 43개 지점이 영업 중에 있다.

중국 본토에는 2007년 처음으로 싱가포르 은행을 설립했고, 2010년에는 중국 RBS china의 소매 및 상업은행 부문을 인수했으며, 현재 11개 주요 도시에 31개의 지점과 1개 대표사무소를 두고 있다. 홍콩에는 49개 지점이 영업활동을 하고 있다. 2012년에는 인도네시아 내 다섯 번째로 큰 은행인 PT Bank Danamon을 인수했고, 2014년 현재 인도네시아에는 11개 도시에 40여 개 지점이 있다. 2014년에는 프랑스 은행인 Societe Generale의 아시아 내 개인자산관리private banking 사업부문을 인수했고 일본, 한국, 아랍에미리트, 영국, 미국 등지에도 투자가 이루어지고 있다.

이와 같이 DBS는 정부 주도 개발은행에서 일반은행으로 전환한 후 영업지역을 아시아 전역으로 확장하며 성장했다. 싱가포르의 경제 및 산업 성장을 지원하는 정책금융기관에서 아시아 외환위기 이후 일반은행으로 전환하여 소매금융consumer banking, 자산관리wealth management, 기관 금융institutional banking, 자본시장treasury and capital markets 등 사업 영역을 확장시켰다. 특히, POSB 인수로 소매 금융 비중이 높아지며 성장과 발전의 기반을 마련했다. 또한, 싱가 포르의 지리적 경제적 이점을 적극 활용, 주변국으로 적극적인 진출을 통해 동남아시아 최대 은행으로 성장했다. 국경 간 대출 및 소매 영업을 확대하며 중화권 및 동남아시아 지역에서의 수익 비중이 38% 수준에 달하고 있다. 중국, 홍콩, 대만을 포함한 중화권에 서는 중소기업 영업을 확대하며, 역외 위안화 금융 점유율도 높은 수준을 보이고 있다.

　　DBS는 아시아의 삶과 함께 호흡Living, Breathing in Asia, 아시아 최고의 안전한 은행Safest Bank in Asia, 사회적 선Social Good을 경영 모토로 삼고 있다. DBS는 아시아 지역의 대표 은행으로서 아시아 문화와 방식을 토대로 세계 최고 수준world-class의 은행으로 성장하고자 하는 목표를 갖고 아시아를 대상으로 한 관계, 통찰, 서비스, 혁신, 연결Asian Relationship, Asian Insights, Asian Service, Asian Innovation, Asian Connectivity을 추구하며 아시아 대표은행으로서의 차별성을 두고자 한다.

　　사람을 가장 큰 자산으로 여기고, 'PRIDE' 즉, 목적지향Purpose-driven, 관계지향Relationship-led, 창의성Innovative, 결단력Decisive, 즐거움추구Everything Fun를 핵심가치로 두고 있다. 목적지향Purpose-driven은 장기적인 아시아인들의 파트너로서 신뢰를 쌓고, 더 나은 아시아를 만들기 위한 금융을 제공하여, 은행을 뛰어넘는 영향력을 발휘하는 것을 의미한다. 관계지향Relationship-led은 고객 파트너에 대한 존중을 바탕으로 장기적이고 지속적인 관계를 정립하고, 강력한 팀을 만들며, 더 나은 해결책을 찾기 위한 협업을 의미한다. 창의성 Innovative은 변화를 수용하고, 다름을 두려워하지 않으며, 고객에게 더 나은 창의적이며 즐거운 경험을 제공하기 위해 현실에 도전하고, 혁신적인 방안을 모색하는 것을 의미한다. 결단력Decisive은 의사결정에 있어 무엇을 할 수 있는지를 중요하게 여기며, 구성원들의 자유로운 의사결정을 존중함을 의미한다. 즐거움추구Everything Fun 는 함께 즐겁게 일하며 조직의 활기를 제고하기 위한 핵심가치다.

DBS의 지배구조는 은행 스스로 건전하고 효율적으로 관리되는 것을 목표로 하고 있다. 이사회는 은행의 최고 의사결정기구로 경영전략의 계획 및 수립, 리스크 평가, 임원의 성과 평가, CEO 승계제도, 경영전략의 지속가능성 등을 결정한다. 현재 이사회는 9명으로 구성되어 있고 그 중 7명은 사외이사다. 사외이사의 2/3는 은행 경력을 갖고 있고 1/3은 산업의 리더 경력을 갖고 있다. 이사회는 사외이사 및 주요 임원을 추천하는 추천위원회, 이사회 안건을 결정하는 운영위원회, 감사위원회, 리스크위원회, 임원의 성과를 평가하고 보수를 결정하는 평가보상위원회 등을 두고 있다. 정기적인 이사회와 비정기적인 이사회를 개최하고 이사회의장은 이사들의 활발한 토론을 유도한다. 특히 1년에 한 번 4일간 해외 전략지역에서 이사회와 은행 고위 임원들이 미팅을 갖고 집중적으로 경영 현안에 대해 토론한다. 이 때 집중토론의 주제는 거시환경, 하이텍분야의 경쟁자, 중국영업기회, 하이텍 기술 접목, 글로벌 지역 확대전략 등이다. 사외이사는 이사회 참여 정도 및 위원회 의장 수당 등에 따라 1년에 약 1억 7천만 원~2억 5천만 원의 비교적 높은 수준의 연봉을 받는다.

　DBS는 작은 도시국가인 싱가포르의 대표은행으로 지난 10년간 비약적인 발전을 이룩했다. DBS의 성장은 단순히 규모가 증가하는 데 그치지 않고 수익성을 확보했으며 결과적으로 높은 시가총액을 구현하고 있다. 지난 10년간은 전 세계적으로 금융의 국제화가 크게 진전된 시기였으며 DBS의 주변국으로 영업을 확대한 전략이 성과를 나타냈다. 싱가포르내 자산운용업이 발달하며 외화 조달 경쟁력을 확보할 수 있는 여건도 DBS 성장에 크게 도움이 되었다. 영어를 공영어로 사용하는 점도 금융국제화에 도움이 되었을 것으로 판단된다.

남미 금융시장을 정복한 스페인의 산탄데르 은행(Banco Santander)

　산탄데르 은행은 2014년 자산규모 1조 2,660억 유로(약 1,640조 원)로 스페인 최대 은행이자 세계 18위 은행이다. 산탄데르 은행은 1990년 이후 M&A를 통해 지속적으로 성장하여 유럽 내에서는 6번째로 자산규모가 큰 은행으로 발전했다. 자기자본 규모는 900억 유로(약 117조 원)이며, 이 중 tier I 자본은 720억 유로(약 94조 원)이다. 시가총액은 2014년 말 기준 880억 유로(약 114조 원)로 글로벌 위기 및 유럽의 재정위기로 다소 하락하기도 했으나 2014년 기준 위기 전 수준을 회복했고 2011년 이후 증가세에 있다.

　산탄데르 은행은 유럽 및 미주 전역에 영업점이 분포되어 있고

● 그림 18   Banco Santander의 총자산 및 시가총액 추이

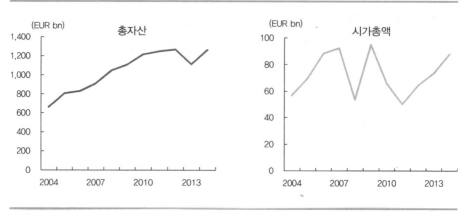

자료: Bankscope

수익다각화가 이루어지고 있으며, 2014년 그룹순이익Attributable profit to the Group은 58억 유로(약 7.5조 원) 수준이다. 그룹 기준 순이자이익 net interest income은 290억 유로(약 38조 원)로 전년대비 39.3% 증가하였다. 산탄데르 은행의 수익에 대한 지역별 기여도는 스페인 본국은 14% 정도이며, 영국과 브라질이 각각 19%로 가장 높은 수준을 보이고 있다. 그 외 은행 수익의 지역별 기여도는 미국 10%, 멕시코 8%, 칠레 및 폴란드 각각 6%, 독일 5%, 아르헨티나 4% 등 글로벌로 다각화되어 있고 남미지역 비중이 크다. 2010년 유럽의 재정위기가 불거지며 스페인 경제가 크게 어려움에 처하자 산탄데르 은행은 스페인에 대한 영업 비중이 크지 않다는 점을 홍보하며 고객들의 신뢰를 잃지 않으려고 노력했다. 2014년 산탄데르 은행은 유럽 및 미주 지역에 12,951개의 지점을 갖추고, 세계적으로 1억 1,700만 명의 고객을 보유하며 글로벌 은행으로서의 면모를 갖추었

뱅크스토리: 한국의 은행산업

다. 산탄데르의 수익성은 2014년 ROA 0.6%, ROE 7.0% 수준을 보이고 있다. 최고 수준의 수익성은 아니지만 유럽재정위기를 겪고 있는 스페인 은행으로서는 비교적 양호한 수준을 유지하고 있다.

Santander 은행은 1857년 설립되었으며, 적극적인 해외 진출을 성장 전략으로 채택했다. 설립 초기에는 스페인 금융시장이 성장하면서 자산규모 성장을 이끌었다. 이후 1950~1960년대에는 지역은행의 인수합병을 통해 규모를 키워나갔으며, 해외 사무소를 개설하여 해외 영업 확대를 시도하기 시작했다. 1947년 쿠바의 하바나에 최초의 지역사무소를 개설했고, 이후 아르헨티나와 멕시코, 베네수엘라, 런던에도 사무소를 개설했다.

1960~1980년대에도 산탄데르 은행의 글로벌화 노력은 지속되었고 특히 1965년 Banco Intercontinental Español 설립, 1976년 First National Bank of Puerto Rico 인수, 1982년 Banco Español – Chile 인수 등 라틴아메리카 지역으로 진출을 확대하여 라틴아메리카 지역 소매금융 선두주자로 성장했다. 과거 스페인이 남미 지역을 개척하여 문화와 언어의 동질성을 확보하고 있는 점을 적극 활용했다.

1986년 Emilio Botín이 회장으로 취임하며 새로운 상품을 도입하고, M&A를 통해 규모를 키우며 본격적인 글로벌 은행으로 성장해 나가기 시작했다. 1980년대 후반 유럽 내 M&A를 가속화하여 독일의 CC–Bank와 포르투갈의 Banco de Comercio Industria를 인수하였으며 Royal Bank of Scotland와는 전략적 업무제휴를 맺었다. 1989년에는 종합자산관리계좌로 고금리 혜택과 수시입출이 가능한 "Supercuenta Santander"라는 상품을 스페인 최초로 출시하여 산탄

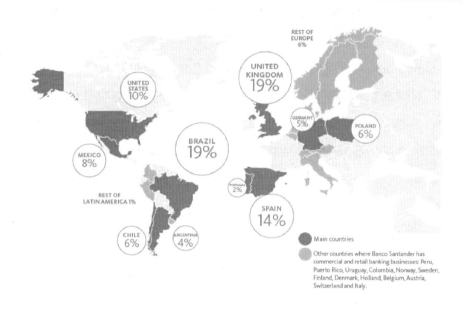

자료: Santander Annual Report 2014

데르의 시스템 경쟁력을 강화하였고, 1991년엔 뮤추얼 펀드 "Super-fondos", 1993년엔 모기지 상품 "Super Hipoteca"를 출시하는 등 혁신성을 추구했다. 1990년대에는 아르헨티나, 브라질, 콜롬비아, 멕시코, 페루, 베네수엘라 등 라틴아메리카 경제 성장을 토대로 성장했고, 칠레, 푸에르토리코, 우루과이에서의 은행 인수합병도 이루어졌다.

2003년에는 유럽시장에 Santander Consumer를 세우고, 새로운 소비자은행을 시작했으며, 미국과 칠레에서 시작하여 현재 스페인, 영국, 포르투갈, 이탈리아, 독일, 네덜란드, 폴란드, 체코, 오스트리아, 헝가리, 노르웨이, 스웨덴 등 12개 국가에서 운영되고 있다. 2004년에는 본사를 마드리드에서 산탄데르시티로 이전하여 현재 본사에는 6,800명이 근무하고 있다. 2006년에는 소매은행에 대한 투자로 이익 76억 유로(9.9조 원)를 달성하며 스페인 최대 기업으로 성장했다. 2007년에는 설립 150주년을 맞아 시총 기준 세계 12위, 이익 기준 7위, 전 세계에 10,852개의 지점을 보유한 글로벌 은행, 글로벌 기업으로 성장했다. 한편 2014년 Emilio Botín 회장 사망 후, Ms. Ana Botín이 신임 회장으로 취임했다.

Santander 은행은 1990년 이후 130여 건의 M&A를 성사시키며 글로벌 상위권 수준의 은행으로 성장했다. 즉 은행합병을 중요한 성장의 수단으로 활용했다. 1994년 스페인 최대 은행인 Banco Español de Crédito^{Banesto}를 인수하며 스페인 시장의 선두주자로 자리매김했다. 1999년에는 스페인 4대 은행 중 하나인 BCH의 인수합병이 있었으며 이는 유로 시스템에서 최초의 대형 인수합병으로 평가된다. BCH 인수합병 이후 곧 포르투갈 금융그룹인 Totta y Açores와 Crédito Predial Português도 인수했다. 2000년 들어 브라질의 Banespa, 멕시코의 Grupo Serfín, 칠레의 Banco Santiago와 통합했으며, 이로 인해 라틴아메리카의 최대 은행이 되었다.

2004년 11월 영국 6위 은행인 Abbey Group을 인수하였고 2005년에는 미국 18위 은행인 Sovereign Bancorp의 지분 19.8%를 인수하며, 미국시장에 처음으로 진출했다. 또한 Royal Bank of Scotland, Fortis와의 컨소시엄으로 ABN Amro를 공개매입하고, 브라질의 Banco Real도 인수했다. 2008년에는 영국의 Alliance & Leicester를 인수하여 영국 내 지점을 1,300개로 증가시키고 예금기준 영국 3위

은행이 되었으며, 이익은 88.8억 유로(약 11조 3천억 원)를 달성하며, 이익 기준 세계 3위 은행이 되었다. 2010년에는 미국 내 723개의 지점을 보유한 Sovereign 인수를 통해 미국의 소매은행 시장에 진입했다. 2011년에는 Santander Consumer AG를 통해 소매은행 사업을 주로 하는 독일의 Scandinavian SEB group을 인수했으며, 폴란드의 은행인 Zachodni WBK도 매입했다. 2013년 초기 Santander의 폴란드 자회사가 Kredyt Bank, Zachodni와 합병하여 지점 수, 예금 규모 등에서 폴란드 3위 은행이 되었다. 2013년에는 스페인 신용은행인 Banesto, 포루투갈 은행 Banif와 합병했다.

산탄데르 은행은 고객 및 고객의 사업이 번창하도록 돕는 것을 경영 목표로 삼고, 비전은 최고의 소매 상업은행the best retail and commercial bank이 되는 것이다. 직원, 고객, 주주 및 지역사회라는 네 가지 측면에서 최고의 은행이 되기 위한 미션을 제시하고 있다.[62] 먼저, 직원의 전문성을 높이기 위해 HR 프로그램을 운영하며, 관리 능력, 리더십, 평가, 헌신, 소통, 고객지향성, 유연성의 일곱 가지 요소로 구분하여 개발하고 있다. 고객과 장기적인 신뢰를 기반으로 한 관계 구축을 추구한다. 이를 위해 고객 분석을 통해 단순하면서도 맞춤형 서비스를 제공하는 등 고객의 금융니즈를 충족시키기 위한 전략을 수립한다. 다음으로 주주에게 수익 제고, 리스크 관리, 효율성 제고, 자본과 금융 강점의 적절한 사용을 통해 지속가능한 이익을 창출한다. 마지막으로 지역사회에 최고의 은행이 되기 위해, 적시에 책임감 있고 지속적인 방법으로 지역사회의 경제와 사

---

62 "Our vision is to become the best commercial bank, winning the trust of our staff, customers, shareholders and society at large."

회시스템 제고에 기여하고, 교육수준 제고에도 기여한다.

　기업 문화로는 단순함, 고객 개인맞춤, 공정함simple, personal & fair 을 모토로 제시하고 있다. 회사의 운영 및 경영 의사결정을 할 때, 그리고 고객, 주주, 지역사회와 소통할 때 이와 같은 모토를 반영한 다. 주요 내용으로는 먼저 모든 고객에게 개방적인 서비스를 제공 하고, 상품에 대한 고객의 단순하고 쉬운 이해를 도모한다. 명료하 고 간결하며 이해하기 쉬운 용어를 사용한다. 고객과 직원에게 있 어 불필요한 절차를 없애거나 간소화한다. 고객 각자가 스스로에게 가장 필요하고 적합한 선택을 내릴 수 있도록 개인 맞춤형 서비스 를 제공한다. 고객이 스스로 특별하고 가치 있다고 느낄 수 있도록 한다. 직원들의 전문성과 신뢰도를 높이고, 그들의 잠재력을 발휘 하고 목표에 도달할 수 있도록 한다. 고객들을 공정하고 동등하게 대하고, 투명성을 제고하며, 불만 사항이 있을 경우 가능한 신속하 게 최선을 다해 해결한다. 이해관계자 각각에게 좋은 점을 부각시 켜 주주, 고객, 직원, 그리고 은행 간에 유익한 방향으로 관계를 구 축한다. 고객과의 약속을 이행하고 책임을 다하며 신뢰를 구축한다.

　산탄데르 은행은 주주총회를 제외하고는 가장 중요한 최고의사 결정 기구인 이사회를 중심으로 지배구조가 형성되어 있다. 이사회 기능은 투명성, 효율성, 주주대표성에 기반을 두고 규정화되어 있 다. 2014년 현재 이사회는 상임 5명, 비상임 이사 10명 등 15명으로 구성되어 있다. 이사회는 구성원들의 지식과 경험, 성적sexual 구성 에서 다양성을 추구한다. 2014년 이사회는 16번 개최되었고 그 중 9번의 정기 이사회에 CEO가 경영관리 보고서를, 리스크 담당 임원 이 리스크 보고서를 제출했다. 또한 글로벌 전략에 대한 이사회를

1회 개최했다. 이사회는 이사회 규정 등을 결정하는 운영위원회, 은행 일상 리스크를 점검하는 리스크 위원회, 감사위원회, 평가 및 추천위원회, 리스크 감독 및 내부통제 위원회, 혁신과 기술위원회, 국제경영 위원회를 두고 있다. 리스크, 혁신과 기술, 국제 위원회는 상임이사들의 구성비중이 높다. 특히 리스크 위원회는 상임이사 4명과 비상임 이사 2명으로 구성되었는데 1주일에 2번 개최(2014년 96회 개최)하여 그룹의 리스크를 점검한다. 반면에 리스크 감독 및 내부통제위원회는 1년에 5번 개최하여 리스크관련 규정을 개정하고 이사회에 은행 리스크 상황을 보고한다. 2010년 이사회 멤버가 20명에 달하고 평균재임기간이 11년에 이르렀으나 2014년 전임 이사회 의장의 사망 이후 이사회 의장과 CEO가 바뀌면서 이사회 구성이 크게 변모하여 15명으로 줄어들고 평균 재직기간도 3.5년으로 감소했다.

산탄데르 은행은 그들 조상들이 남미를 정복하였듯이 적극적으로 남미 지역 은행을 인수하여 남미 지역을 중심으로 글로벌 은행으로 성장했고 2010년 스페인 금융위기에도 불구하고 투자와 대출의 글로벌 포트폴리오를 통한 다각화 효과를 누리고 있다.

미국 은행의 역사, 제이피 모건 체이스(JP Morgan Chase & Co.)

JP모건 체이스 은행의 총자산은 2014년 기준 2조 5,730억 달러(약 3,090조 원)으로 2000년 이후 연평균 약 15% 수준의 성장세를 보이며 미국 내 최대은행이자 전 세계 5위 은행으로 자리매김했다.

특히, 대형 인수합병이 있었던 2000년과 2004년, 2008년 자산이 전년대비 76%, 50%, 39% 정도로 크게 성장하는 모습을 보였으며, 2010년 이후부터는 연평균 약 5% 성장했다. 자기자본 규모는 2014년 기준 2,320억 달러(약 278조 원)이며, tier I 자본은 1,547억 달러(약 186조 원)이다.

2014년 말 시가총액은 1,870억 달러(약 225조 원)이며, 그룹의 2014년 순수익은 940억 달러(약 113조 원), 당기순이익은 220억 달러(약 26조 원)를 실현했다. 최근 5년간 순수익(매출)은 감소한 반면, 비용효율성이 제고되며 당기순이익은 증가했다. 최근 5년간 평균 당기순이익은 190억 달러(약 23조 원)로, 2014년에 전년대비 21.4% 성장한 반면, 순수익은 전년대비 2.5% 감소했는데 이는 비이자비용의 감소에 기인한다.

그룹의 주요 사업부문은 소비자 및 지역 은행Consumer & Community Banking, 기업 및 투자은행Corporate & Investment Banking, 상업은행 Commercial Banking, 자산관리Asset Management, 기업금융Corporate Finance 이며, 소비자 및 지역 은행 부문이 당기순이익의 약 42%를 차지한다. 2014년 기준 당기순이익 220억 달러(26조 원) 중 소비자 및 지역 은행이 92억 달러(11조 원), 기업 및 투자은행 부문이 69억 달러(8조 원), 상업은행 부문이 26억 달러(3조 원), 자산관리 부문이 22억 달러(2.6조 원), 기업금융 부문이 8.6억 달러(1조 원)를 기록했다. 한편, 2014년 ROA는 0.89%, ROE는 10% 수준으로 견조한 수익성을 나타내고 있다.

● 그림 20   JP Morgan Chase의 총자산 및 시가총액 추이

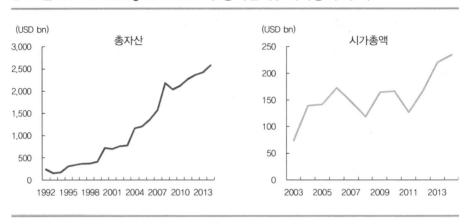

자료: Bankscope

표 12   JP Morgan Chase의 수익성 지표

(단위: USD billion)

	2010	2011	2012	2013	2014
총수익(total net revenue)	102.7	97.2	97.0	96.6	94.2
총비이자비용(total noninterest expense)	61.2	62.9	64.7	70.5	61.3
순이익(net income)	17.4	19.0	21.3	17.9	21.8
ROE (%)	10	11	11	9	10
ROA (%)	0.85	0.86	0.94	0.75	0.89

주: 그룹 통합 기준
자료: JP Morgan Chase & Co. Annual Report 2014

　　제이피 모건 체이스 은행은 미국에서 두 번째로 오래된 금융
기관이자 현재 전 세계 50개국 이상에서 영업하고 있는 초대형 글
로벌 금융기관이다. 최초의 전신은 1799년 뉴욕에 당시 미국 상원

의원이자 이후 부통령이 된 Aaron Burr에 의해 설립된 The Bank of The Manhattan Co.이다. 실제 JP Morgan Chase & Co.는 1990년대 이후 대형 인수합병을 통해 현재의 모습을 갖추었다. JP Morgan Chase & Co.의 전신은 1,200여 기관이 넘는 것으로 확인되며, 1800년대 이후 미국 금융산업의 성장과 함께 했다.

수많은 은행의 합병으로 탄생한 JP Morgan Chase & Co.의 핵심이 된 회사는 J.P. Morgan, Chase Manhattan, Chemical, Manufacturers Hanover(in New York City), Bank One, First Chicago, National Bank of Detroit(in the Midwest) 등이다. 이들 은행이 합병되고 합쳐져 현재의 대형 금융기관이 되었다.

JP Morgan Chase & Co.의 이름 중 일부인 JP Morgan & Co.는 1871년 뉴욕에 설립된 종합금융회사merchant bank에서 시작되었다. J. Pierpont Morgan과 필라델피아 은행가인 Anthony Drexel에 의해 JP Morgan & Co.가 설립되었으며, 이 은행은 유럽인들의 미국 내 투자를 돕고 미국 산업 확장을 지원하는 등 국내 및 해외 은행들과 활발히 교류했다. 1879년에는 블록딜을 성사시키는 등 투자은행으로서의 강점을 보이며 이를 강화시켜 나갔다. 한편, 철도산업과도 긴밀한 관계를 가지고 있어 19세기 철도산업 발전과 함께 미국 전역에 네트워크를 갖춘 은행으로 성장하였고, 적극적인 인수합병을 통해 가장 강력한 투자은행으로 자리매김하였다. 1894년에는 미국 정부의 금본위제도를 유지하기 위한 신디케이트를 형성하며 중앙은행의 역할도 수행하였으며, 1907년 금융 위기 때에는 신탁 회사 등을 구제하기도 하고, 뉴욕증권거래소도 구제하였다.

한편 Chase National Bank는 월스트리트의 주요 인사인 John

Thompson에 의해 1877년 설립되었으며, 1955년 The Bank of The Manhattan Co.와의 합병을 통해 The Chase Manhattan Bank가 되었다. Chase National Bank는 20세기 초반 대기업들을 지원하며 급격히 팽창했고, 1930년에는 자산규모 27억 달러(약 3.2조 원)로 세계에서 가장 큰 은행이었다.

The New York Chemical Manufacturing Co.는 1823년 설립된 제약 및 페인트 제조 회사였으며 1824년 초과 자본을 이용하여 The Chemical Bank를 설립했다. Manufacturers Hanover는 1812년 설립된 면직 제조회사인 The New York Manufacturing Co.의 금융부문인 Manufacturers Hanover Trust Co.에서 시작되었다.

Bank One은 1812년 설립된 The Western Reserve Bank, 1834년 설립된 State Bank of Indiana, 1851년 설립된 Springfield marine and fire insurance company가 그 전신인데 2004년 JP Morgan Chase & Co.에 흡수 합병되었다. The First National Bank of Chicago는 1860년대 이후 미국 전역의 다양한 결제수단을 미국 연방 차원에서 정리하고 통합할 필요성이 제기됨에 따라 제정된 1863년 은행법에 의거하여 설립된 연방은행으로 1998년 Bank One에 통합되었다.

National Bank of Detroit는 1930년 미국 대공황 시기에 설립되었으며 당시 General Motors Corp.와 Federal Reconstruction Finance Corp. 등에 긴급자금을 공급하기 위해 설립되어 미시간 주에서 가장 큰 은행으로 성장하였고, 1995년 First Chicago Corp.와 합병을 통해 First Chicago NBD Corp.가 되었다.

대형 금융기관들의 인수합병은 1991년 이후 본격화되며 현재 JP Morgan Chase & Co.이 완성되었으며, 특히 JP Morgan & Co.의 투자은행 역량과 Bank One의 상업은행 역량이 결합하며 최대 종합 금융회사로 자리매김하였다. 1991년 Manufacturers Hanover Corp. 와 Chemical Banking Corp.이 합병하며 미국 내 두 번째로 큰 은행인 Chemical Banking Corp.가 되었다. 1995년에는 First Chicago Corp.와 NBD Bancorp.의 합병으로 중서부에서 가장 큰 금융기관인 First Chicago NBD가 되었다. 1996년에는 Chase Manhattan Corp.와 Chemical Banking Corp.가 합병하며 미국에서 가장 큰 금융지주사인 The Chase Manhattan Corp.가 되었다. 1998년에는 Banc One Corp.이 First Chicago NBD와 합병하였고, 이후 추가 합병을 통해 중서부 최대, 미국 내에서 4번째로 큰 금융기관이자 전 세계에서 가장 큰 비자Visa 신용카드 발급사가 되었다. 2000년에는 JP Morgan & Co.가 The Chase Manhattan Corp.와 합병하며 현재의 JP Morgan Chase & Co.가 되었다. JP Morgan Chase & Co.는 2004년 Bank One Corp.를 인수했다.

이 때 뉴욕타임즈는 금번 합병으로 기존 JP Morgan Chase & Co.의 투자은행 강점에 더하여 Bank One의 상업은행 강점까지 갖추어 은행산업에 새 지평을 열 것으로 평가했다. 2008년에는 글로벌 위기의 여파로 부실해진 Bear Stearns Companies, Inc.를 인수하며 프라임 브로커, 에너지 거래 등으로 사업 영역을 확장했다. 또한, 2008년 중 Washington Mutual의 은행 영업부문을 인수했으며 이로 인해 고객 지점 네트워크가 캘리포니아, 플로리다, 워싱턴주까지 확장되며 미국 내에서 두 번째로 지점을 많이 확보한 은행이 되었다. 2010년에는 조인트 벤처를 통해 영국의 초기투자은행 중 하나인 JP Morgan Cazenove를 확보했다.

현재 JP Morgan Chase & Co. 그룹 하에 Chase라는 미국 개인고객서비스 및 상업은행 브랜드와 JP Morgan 이라는 기업, 정부, 자산가, 기관투자자들을 대상으로 하는 브랜드로 구분하여 영업하고 있다. 즉 JP Morgan에서는 투자은행, 증권서비스, 자산관리서비스를 제공하고 Chase에서는 소매금융서비스, 신용카드, 상업은행 서비스를 제공한다.

JP Morgan Chase & Co.는 우수한 고객서비스, 탁월한 경영 방식, 진실성·공정성·책임감에 대한 헌신, 뛰어난 팀 및 성공 문화를 경영 목표로 삼고 있다. 고객 시원을 주요 미션으로 우수한 고객서비스를 제공하며 구체적인 체계를 갖추고 문제를 신속하게 해결하는 등 탁월한 경영능력을 구축하고자 한다. 또한 높은 수준의 신뢰 구축을 위한 기준을 마련하여 진실하고 공정하며 책임감 있게 이해관계자들을 대하며, 뛰어난 팀 문화를 갖추고 승리하는 문화를 달성코자 한다.

JP Morgan Chase & Co.는 장기적이고 안정적인 기업문화 구축을 위해 세 가지 목표를 설정하였는데, 첫째, 전사 기반 전문 금융인으로서 윤리, 행동 및 영업원칙에 관한 기준을 강화하고 영업 목표에 대한 소통을 명확히 한다. 둘째, 이사회 및 경영지배구조를 강화하여 설정된 표준이 기업 전반에 미칠 수 있도록 회사의 리더십을 제고한다. 셋째, 직원의 고용과 교육, 보상, 승진 과정을 통해 회사의 기준이 직원들의 라이프 사이클에도 내재하도록 한다. 특히 은행이 탁월성을 유지하기 위해 최고의 지점망을 구축하고, 어려운 경제 환경에 대비하며, 새로운 글로벌 금융을 디자인하는 노력을 지속적으로 기울인다.

지배구조 특징으로는 활발한 이사회 활동이 은행 성공에 관건이며 특히 이사회의 독립성이 중요하다고 믿는다. 2014년 현재 11명으로 구성된 이사회는 이사회의장과 CEO를 겸직하고 있는 Jamie Dimon을 제외한 10명의 사외이사로 구성되어 있다. CEO가 의장을 겸임하고 있어 이사회 독립성제고를 위해 선임 사외이사를 매년 임명하여 이사회 개최 및 이사회 주재, CEO평가 등의 권한을 주고 있다.

글로벌 은행으로 우뚝 선 호주뉴질랜드 은행(ANZ)

ANZAustralia and New Zealand Banking Group Limited 은행의 총자산은 2014년 기준 7,720억 호주달러(약 663조 원)로 호주 내 3위, 전 세계 47위다. 국내 대형 금융그룹의 두 배 정도의 자산 규모를 갖고 있다. ANZ의 총자산은 2006년 이후 꾸준히 증가하는 모습을 보였으며, 2006년~2014년 평균 자산증가율은 약 11%로 높은 성장세를 유지하고 있다.

자기자본 규모는 2014년 기준 490억 호주달러(약 42조 원)이며, 이 중 tier I 자본은 390억 호주달러(약 34조 원)이다. 2014년 말 시가총액은 850억 호주달러(약 73조 원)로 국내 대형 금융그룹과 비교해 자산은 약 2배 수준이지만 시가총액은 4~9배에 이른다. ANZ Banking 그룹의 2014년 당기순이익은 73억 호주달러(약 6.2조 원)이며, 최근 5년간 평균 20% 이상 증가하는 모습을 보이며 이익 창출 능력을 높여왔다. 2014년 순이자이익은 138억 호주달러(약 12조 원), 기타영업이익은 58억 호주달러(약 5조 원) 수준이며 2014년 수익성 비율은 ROA

1%, ROE 15.8%로 견조한 수익성 지표를 자랑하고, 효율성지표인 비용수익비율은 44.7%로 안정적인 모습을 보여주고 있다.

● 그림 21 ANZ의 총자산 및 시가총액 추이

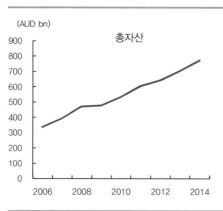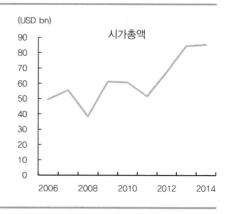

자료: Bankscope

표 13 ANZ Banking group의 수익성 지표[1]

(단위: AUD billion)

	2010	2011	2012	2013	2014
순이자수익(Net interest income)	10.9	11.5	12.1	12.8	13.8
기타영업이익(Other operating income)	4.9	5.4	5.7	5.6	5.8
영업비용(Operating expenses)	7.0	8.0	8.5	8.3	8.8
당기순이익(net income)	4.5	5.4	5.7	6.3	7.3
ROE (%)[2]	13.9	15.3	14.6	15	15.8
ROA (%)[2]	0.9	0.9	0.9	0.9	1.0
비용수익비율(Cost to income ratio (%))	44.2	47.5	47.7	44.9	44.7

주: 1) 그룹 통합 기준
    2) 연평균 자산 및 자본 기준
자료: ANZ Annual report 2014

뱅크스토리: 한국의 은행산업

ANZ는 1835년 영국 왕실에 의해 설립된 호주은행The Bank of Australasia을 시작으로 180년 이상의 역사를 가졌으며, 태평양 및 아시아, 유럽, 중동, 아메리카 지역 등 34개국에서 영업하고 있는 글로벌 금융그룹이다. 1837년 런던에서 설립되어 뉴질랜드 및 호주 전역에 지점을 개설하며 확장된 The Union Bank of Australia와의 합병으로 1951년 ANZ Bank가 출범했다. 1970년에는 영국 은행인 The English, Scottish and Australian Bank와 합병하여 Australia and New Zealand Banking Group Limited가 출범했으며, 이는 당시까지 호주 역사상 가장 큰 합병 사례로 평가된다. 2002년에는 ING Group과 조인트벤처를 설립하여 호주 및 뉴질랜드 시장에서 생명보험 사업도 시작했다. 2008년 금융위기 이후에는 기술 플랫폼을 확충하고, 동남아시아 지역 등에 중앙 허브 사무소를 구축했으며 중국 시장 진출도 더욱 확대하고, 일부 사업부문의 정리를 통한 경쟁력 강화 노력도 기울였다. 2008년 홍콩에 아시아 지역 사업을 위한 지역 허브사무소를 개설했으며, 상하이 금거래소에서 거래자격(4개 외국은행에만 허용)을 획득했고 2009년에는 JP Morgan에 수탁은행custodian 서비스 사업부문을 매각했다.

ANZ는 1951년 출범 이후 1966년 솔로몬제도의 호리아나 영업을 시작으로 태평양 및 아시아 지역, 유럽 등으로 해외 영업을 확장해 나갔다. 1968년에는 미국 뉴욕에 사무소를 개설했고 1980년 지점으로 승격했다. 1969년에는 일본 도쿄에 대표사무소를 개설하며 영업망을 확장했다. 1970년 ANZ Banking Group 출범 이후 해외 영업 확장은 더욱 가속화 되었다. 특히, 태평양 지역과 동남아시아 지역에는 대표사무소를 개설하거나 조인트벤처를 통한 투자, 인수

합병 등을 통해 영업망 및 사업 분야를 확장해 나갔다. 1970년 바누아투, 1971년 말레이시아 대표사무소를 개설하고 1980년에는 싱가포르 대표사무소가 지점으로 승격했다. 1985년에는 ANZ Singapore Limited 설립 및 태국 방콕 대표사무소를 개설했고 1991년 필리핀에 대표사무소를 개설했다. 1993년 인도네시아의 PT Panin Bank와 조인트벤처를 설립하고 베트남 호치민 및 중국 상하이 대표사무소를 개설했다. 1995년 필리핀 마닐라에 상업은행 지점을 개설하고, 1996년에는 베트남 호치민에 두 번째 지점을, 1997년에는 중국 베이징에 지점을 개설했다. 2001년에는 동티모르에 ANZ Timor Leste를 오픈했다. 이어 2003년 필리핀의 Metrobank와의 조인트벤처로 신용카드 사업에 진입했다. 2004년 캄보디아 왕실과 조인트벤처 은행 설립 협약을 맺었으며 2005년 베트남의 Sacombank와 전략적 제휴를 체결하고 뉴칼레디오니아에 대표사무소 개설했다. 2006년에는 중국의 Tianjin City Commercial Bank에 투자했다.

독일, 프랑스 등 유럽지역에도 사무소 또는 지점을 개설하고 상업은행 라이센스를 획득하며 글로벌 은행으로 성장했다. 1985년 독일 지점 개설 및 1988년 쿡아일랜드의 라로통가 및 프랑스 파리 지점을 개설했다. 2007년 말레이시아의 AMMB Holdings Berhad, 중국의 Shanghai Rural Commercial Bank, 베트남의 Saigon Securities Incorporation 및 ANZ Vientiane Commercial Bank, Laos에 투자를 완결했다. 2000년 이후 중국 위완화 영업 라이센스를 획득했으며, 이후 거래소 등 중국 시장 내 사업도 확장했다. 2011년에는 상하이 선물거래소에 거래 자격을 받았으며 2012년에는 중국 정부로부터 위완화 소매영업 라이센스도 받았다. 2013년에는 항저우에 지점을 개설했다.

ANZ Banking Group은 지점을 개설하는 것 외에 적극적인 인수합병을 통한 국내외 경영 확장 전략을 구사했다. 1979년 Bank of Adelaide를 인수하였으며, 1984년에는 Grindlays Bank를 인수했다. 2000년에는 Grind-lays의 중동 및 남아시아 사업부문, 개인자산관리 부문을 다시 스탠다드차타드 은행에 매각했다. 1985년에는 바클레이즈의 피지 및 바누아투 부문을 인수했고, 1989년에는 뉴질랜드 정부로부터 PostBank를 인수했다. 1990년에는 National Mutual Royal Bank Limited, Lloyds의 파푸아뉴기니 사업부, Bank of New Zealand 의 피지 사업부, 호주 서부의 Town and Country Building Society를 인수했다. 1991년에는 Bank of Western Samoa의 지분 75%를 인수한 뒤 1997년 ANZ Bank^Samoa로 회사명을 변경했다. 1997년에는 인도네시아의 PT Panin Bank 지분을 매입했고, 1999년에는 Amerika Samoa Bank를 인수했다. 2001년 Bank of Kiribati의 지분 75%를 인수했다. 2002년 Bank of Hawaii operations in Fiji, Vanuatu and Papua New Guinea를 인수했다. 2003년 Lloyds TSB로부터 National Bank of New Zealand의 인수는 뉴질랜드 영업을 대폭 확장하는 계기가 되었다. 2007년 E*TRADE Australia를 인수하고 2009년 Royal Bank of Scotland Group의 필리핀 및 베트남 사업부문을 인수하여 지역 예금 확보에 성공했다.

ANZ는 "아시아태평양 지역에서 가장 연결망이 튼튼하고, 가장 존경받는 은행[63]"이라는 경영비전을 세우고 이를 위해 먼저 호주

---

63 "To become the best connected and most respected bank across the Asia Pacific Region."

및 뉴질랜드에서의 포지션을 강화했다. 또한, 아시아 지역 내에 분포하고 있는 소매 지점을 통하여 기업 및 금융기관의 아시아 지역 성장을 지원한다. 또한 기술, 업무 프로세스, 상품 및 서비스를 고객과 함께 공유하고, 비용과 복잡성 그리고 리스크를 줄이는 노력을 기울인다. 리스크, 재무제표, 자본의 관리를 통해 주주 이익을 극대화하고, 아시아태평양지역에서 가장 연결망이 튼튼하고 존경받는 은행으로 발전하고자 하는 경영 목표를 갖고 있다.

ANZ 지배구조의 가장 중요한 기구인 이사회는 1년에 최소한 8번 이상 개최하며 그룹 전략 평가회의를 포함한다. 이사회의장과 CEO를 분리하는 등 지배구조를 국제적 모범규준에 맞게 추구한다. 2014년 이사회는 네 가지 분야에 중점을 두어 점검하고 토론했다. 첫째, 은행의 해외 영업 전략과 관련한 경영진의 실적 점검, 둘째, 은행의 기술기반 구축, 사이버 보안위험 등 기술전략 점검, 셋째, 글로벌 규제환경 변화 및 정기적 경영진 활동 점검, 넷째, 이사회 구성원 승계 계획 수립 및 충원, 마지막으로 은행의 지속 가능 성장을 위한 전략을 점검했다.

ANZ의 지속적 성장과 발전은 아시아태평양 지역 은행을 인수합병하는 전략 덕분이었다. 현지 은행을 인수하여 현지 통화 자금 조달수단을 확보하여 투자 및 대출을 늘려나갔다. 이와 같은 전략은 은행의 환위험 노출을 최소화시켜 국제금융시장의 변동성에도 불구하고 안정적인 성장이 가능케 했다.

글로벌 금융강자로 변신한 일본의 미쓰비시 UFJ 금융그룹(MUFG)

미쓰비시 UFJ 그룹MUFG, Mitsubishi UFJ Financial Group의 총자산은 2014년 기준 258조 1,310억 엔(약 2,581조 원)으로 일본 최대 금융그룹이자 전 세계 8위 금융사다. MUFG의 총자산은 2000년대에 들어 지속적으로 증가했고 특히 2011년 이후 성장세가 확대되고 있다. 자기자본 규모는 2014년 기준 15조 1,130억 엔(151조 원), 예금규모는 144조 7,600억 엔(1,448조 원) 수준이며 2014년 말 시가총액은 10조 5,370억 엔(105조 원)이다. 미쓰비시 UFJ 그룹의 수익성은 2012년을 제외하고 최근 5년간 높은 증가세를 보이고 있다. MUFG의 2014년 당기순이익은 1조 340억 엔(10조 원)이며, 특히 2009년 이후 양호한 증가세를 보이고 있다. 2014년 총수익은 4조 2,290억 엔(42조 원)이며, 이중 순이자수익은 2조 1,820억 엔(22조 원), 수수료수익은 1조 4,200억 엔(14조 원)에 달해 큰 비중을 차지하고 있다.

● 그림 22 Mitsubishi UFJ의 총자산 및 시가총액 추이

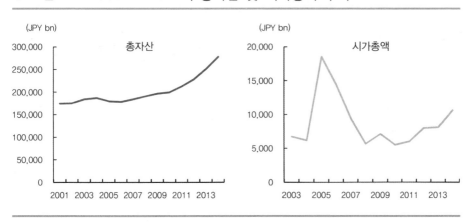

자료: Bankscope

사업 부문별 영업이익을 살펴보면, 기업금융부문 수익이 5,170 억 엔으로 가장 높고, 다음으로 글로벌금융과 글로벌마켓 수익이 4,720억 엔, 4,180억 엔이며, 소매금융은 3,470억 엔 수준이다. 2014 년 ROA는 0.92%, ROE는 8.74%에 달해 견조한 수익성을 보이고 있다. 글로벌 위기 당시 크게 하락했던 수익성은 2009년 이후 지속적으로 개선되는 모습을 보이고 있는데, ROE의 경우 2010년 4.92%에서 2014년 8.74%로 개선되었다.

● 그림 23 Mitsubishi UFJ의 수익성 시표[1]

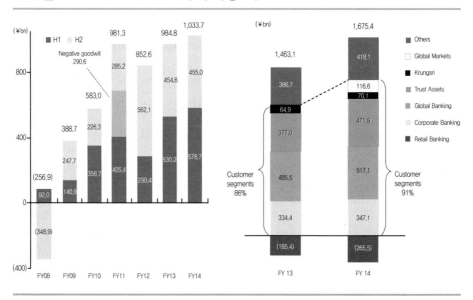

주: 그룹 통합 기준
주: H1: 상반기, H2: 하반기
자료: Mitsubishi UFJ Financial highlights under japanese GAAP FY2014

MUFG는 2005년 Mitsubishi Tokyo Financial Group^{MTFG}과 UFJ Holdings^{UFJH}의 합병으로 출범한 일본 최대 금융그룹이자 전 세계 126개 지역에서 영업하고 있는 글로벌 종합금융그룹이다. 합병 이후 MUFG는 도쿄, 오사카, 나고야, 뉴욕, 런던 주식시장에 재상장되었으며, Mitsubishi UFJ Trust, Bank, Mitsubishi UFJ Securities가 설립되었다. 즉 2006년에 Bank of Tokyo-Mitsubishi UFJ가 설립되었으며, 2007년에는 Mitsubishi UFJ Lease & Finance, Mitsubishi UFJ NICOS도 설립되었다. 2008년에는 모건스탠리와 전략적 자본 제휴를 맺으며 90억 달러를 투자했다. 미국 캘리포니아 소재 금융지주사인 UnionBancal Corporation은 2009년 Bank of Tokyo-Mitsubishi UFJ, Ltd.의 100% 자회사가 되었다. 2010년에는 Mitsubishi UFJ Securities Holdings를 설립하고, 모건스탠리와 함께 Mitsubishi UFJ Morgan Stanley Securities, Morgan Stanley MUFG Securities도 설립하며 미국 내 투자를 확대했다. 2011년에는 통합 Global Business MUFG Global를 설립하며 MUFG는 소매금융, 기업금융, 글로벌, 신탁자산의 4개 그룹으로 사업부문을 재편했다.

MUFG의 전신인 Mitsubishi Tokyo Financial Group^{MTFG}은 2000년 Bank of Tokyo-Mitsubishi, Mitsubishi Trust Bank, Nippon Trust Bank 등 세 은행이 함께 설립한 금융그룹으로 소매금융, 기업금융, 신탁자산 부문을 갖춘 금융지주회사였다. 이 중, Bank of Tokyo-Mitsubishi를 MUFG의 시작으로 볼 수 있으며, 그 기원은 1880년 설립된 Yokohama Specie Bank와 Mitsubisht Bank, Ltd.에 있다. 1880년 설립된 Yokohama Specie Bank는 이후 Bank of Tokyo로 이름이 변경되었다. 또한, Mitsubisht Bank, Ltd.는 1880년 당시 사무라이였던

Yataro Iwasaki에 의해 설립되었는데, Bank of Tokyo와 Mitsubisht Bank, Ltd.는 1996년 합병을 통해 Bank of Tokyo-Mitsubishi, Ltd. 가 되었다. 2000년 4월에는 Bank of Tokyo-Mitsubishi, Mitsubishi Trust Bank, Nippon Trust Bank 세 은행의 주식교환 방식으로 지주 회사인 MTFG가 설립되었으며 2001년 세 은행은 지주사 내 100% 자회사로 편입되었다. MTFG는 2001년 도쿄, 오사카, 뉴욕 및 런던 주식시장에 상장되었다. 2001년 10월 Mitsubishi Trust Bank와 Nippon Trust Bank가 Tokyo Trust Bank와 합병하였다. 또한, 2002년에는 Kokusai Securities의 인수를 통해 Mitsubishi Securities가 설립되었다.

한편 MUFG의 또 다른 한 축인 UFJ Holdings[UFJH]는 2000년 Sanwa Bank, Tokai Bank, Toyo Trust Bank 세 은행이 함께 설립한 금융지주회사로 2005년 MTFG와 합병 당시 일본에서 4번째로 큰 금융그룹이었다. 2000년 7월 세 은행의 합의하에 12월 주식교환 방식으로 지주사인 UFJH를 설립하고 2001년 4월 각 은행은 100% 자 회사로 편입되었다. UFJH는 2001년 7월 도쿄 및 오사카, 나고야 주 식시장에 상장되었으며, 2001년 11월에는 런던주식시장에도 상장 되었다. 2001년 7월에는 Toyo Trust Bank와 Tokai Trust Bank가 합 병하였고 2002년에는 Sanwa Bank, Tokai Bank, Toyo Trust Bank가 합병하며, UFJ Bank가 출범했으며 이는 다시 UFJ Trust Bank로 은 행명이 변경되었다.

MUFG는 고객의 수요를 만족시키고 사회에 봉사하며 보다 나 은 세상을 만들고 공유하는 힘의 토대가 되는 것을 경영 미션으로 삼고, 세계에서 가장 신뢰받는 금융그룹이 되는 것을 비전으로 제 시하고 있다. MUFG는 글로벌 차원에서 지속가능하고 공유 가능한 성장을 위해 고객과 사회의 요구에 부응하는 탄탄한 금융기관이 되는 것을 경영목표로 삼고 있다. 또한 세계 최고의 신뢰받는 금융그룹이라는 비전을 달성하기 위해 먼저, 고객의 다양한 니즈에 부응하고, 통합된 강점을 통해 높은 수준의 전문성을 유지하여 고객 기대 이상의 역량을 발휘하는 것을 경영목표로 갖고 있다. 특히 고객 수익 보호를 최우선 과제로 삼고, 건전하고 지속가능한 경제성장을 지원하며, 효율적이고 전문적이며 적시성을 가진 조직을 갖추어 고객에게 신뢰를 제공하고 지속적으로 지원함을 경영목표로 제시한다. 마지막으로, 글로벌 고객 기반 강점과 역량을 높이고 글로벌 경제 변화와 이로 인한 고객의 요구에 즉각적으로 대응하여 글로벌 위상을 제고하는 것 역시 경영 목표다.

또한, MUFG는 진실성과 책임성, 프로정신과 팀워크, 스스로 성장하기 위한 도전을 기업 가치로 삼고 있다. 진실성과 책임성은 곧 공정함, 투명성, 정직함의 제고로, 고객과 사회에 항상 책임감 있게 행동하고, 장기적으로 주주가치를 높이며 지역 커뮤니티에 기여함을 의미한다. 전문성과 팀워크 제고를 위해 업무를 분업화하고, 각각의 전문성을 최고 수준으로 끌어올리고자 노력한다. 마지막으로 글로벌 관점에서 성장을 위한 기회와 트렌드를 분석하는 등 스스로 성장하기 위해 늘 도전한다.

MUFG의 15명 이사회 멤버 중 4명은 사외이사, 1명은 비상임 이사로 구성되며 이사회내에 평가보상위원회, 리스크위원회, 감사위원회를 두고 있다. 사외이사 중심 이사회를 추구하는 글로벌 스탠다드와는 다른 지배구조를 갖고 있다. 이사회와 별도로 4명으로 구성된 경영자문위원회는 경영전략, 경영계획에 대한 자문을 하고

6명으로 구성된 글로벌 자문위원회는 전 세계 각 지역별 정치, 경제적 이슈를 자문한다.

　　MUFG의 현재 모습을 보면 그 성장과 발전, 변신에 놀라움을 금할 수 없다. 1990년대 초 자산규모는 세계 최고의 수준이었으나 리스크관리 등 내부 경영은 글로벌 스탠다드에 한참 뒤떨어지던 일본 은행들은 일본경제의 버블이 붕괴되면서 오랜 기간 마이너스 당기순이익 및 부실화의 길을 걷게 된다. 부동산 담보대출, 대기업 대출 중심의 일본 은행은 버블붕괴로 담보가치 하락, 기업 대출의 부실 등에 따라 약 10년간 손실을 내는 천덕꾸러기였다. 구조조정도 늦어지며 지속적인 대출규모 감소 등에 어려움을 겪던 은행들이 2000년을 전후로 정부의 공적자금을 통해 부실을 떨어낸 뒤 합병을 통해 새롭게 태어났다. 일본 정부는 대형화, 전문화를 목표로 은행산업을 개편하였고, 3대 메가뱅크가 탄생했으며 MUFG는 그중 하나다. 이후 수수료 수익 증대, 해외 수익 비중의 비약적 증대를 통해 현재의 글로벌 대표 은행 중 하나로 변신에 성공했다.

제 7 장

한국 은행산업 미래 모색

BANK STORY

금융의 성장과 발전이 해법이다

은행을 보는 다양한 시각

한국의 금융산업은 IMF 위기 이후 글로벌 스탠다드에 맞게 지배구조나 회계투명성 등 제도를 개선하고 경영합리화를 위해 노력해 왔다. 그러나 금융산업은 경제성장과 발전에 걸맞는 만족할 만한 성과를 내지는 못하고 있다. 제6장에서 살펴 본 벤치마크 은행들과 비교해 볼 때 국내 은행은 건전성을 제외하고 수익성, 성장성 등 모든 측면에서 크게 뒤떨어진다. 한 때는 우수한 인적자원을 근거로 금융산업이 한국의 전략산업이 될 수 있다는 희망이 있었지만 최근에는 그 희망도 약해지고 있다. 은행이 가장 중요하다. 은행은 경제 시스템 안정을 책임지고 있으며 운용자산 규모가 크다. 은행의 경영은 국가 경제 전체에 영향을 준다. 경제 시스템 안정을 책임지고 있기 때문에 정부가 감독을 하지만 경영의 상업성이 훼손되면 안 된다. 은행은 자산규모가 크고 새로운 규제, 기술, 국제화 등 경영환경이 끊임없이 변하기 때문에 경영이 쉽지 않다. 리스크 관리, 내부통제의 실패로 은행이 부실화되고 정부에 부담을 주는 경우가 종종 발생한다. 국가 전체로도 은행의 공공성과 상업성 사이에서 균형을 맞추어야 하고 내부 경영에도 견제와 균형이 이루어지되 강력한 리더십을 필요로 한다.

은행을 보는 시각은 다양하고 이해관계에 따라 정의되기도 한다. 한국 보다 작은 국가, 기축통화국이 아닌 국가, 은행의 발전이 오랜 기간 실물 경제에 비해 뒤처져 있던 국가에서도 보석 같이 강한 은행이 탄생하거나 변신한 사례는 많이 있다. 하루아침에 안 되더라도 정책과 전략의 방향성을 일관되게 유지하는 것이 중요하다.

지향점에 대한 합의 필요

"은행 또는 금융지주사가 돈을 버는 것은 기업과 가계의 출혈이 되고 국가 전체적으로 유익하지 않다." "은행의 역할은 산업 발전에 자금공급을 원활히 하는 것으로 족하다." 이와 같은 논리와 생각이 우리 사회에서 상당한 강도로 받아들여지고 있다. 은행은 예금이자 보다 높은 대출이자를 받고 금융서비스에 대한 수수료 수익을 얻는데, 이는 소비자 입장에서 모두 비용이다. 결국 은행이 수익을 많이 내는 것은 기업, 가계 등 소비자들이 비용을 많이 지불한 결과이기 때문에 대부분의 국민으로 구성되어 있는 소비자들을 보호하기 위해 은행이 수익을 많이 내는 것은 바람직하지 않다는 논리다. 과연 그런가?

은행이 수익을 내는 것은 경영혁신에 따른 결과라기보다 은행업 인가가 까다로워서 생긴 진입장벽에 따른 비경쟁적 수익이기 때문에 인정할 수 없다는 논리도 있다. 더욱이 우리나라는 과거 정부 주도의 산업 육성 시기에 은행의 사기업적 성격을 제한해 왔다. 즉 은행은 돈을 버는 주체가 아니라 산업에 자금을 지원하는 통로로 인식되고 은행의 그와 같은 역할을 기반으로 경제발전에 성공한 성공신화를 갖고 있다. 과거 정부가 중화학산업 육성 등의 정책 목표를 위해 한정된 가용 자원을 직접 분배할 때는 은행을 수단으로 인식할 수밖에 없었다. 그러나 현재와 같이 경제규모가 커지면서 정부가 자원(돈)배분에 관여할 능력도 없고 관여할 방법도 마땅치 않은 환경에서는 얘기가 달라진다.

은행은 주식회사로서 주주가치를 극대화하는 경영 목표를 갖고 있다. 다만 정부는 은행업이 갖는 지급결제기능 등 특수성을 고려하여 시스템 안정을 지키기 위해 감독을 한다. 은행들이 스스로 주주가치 제고를 위해 경영을 하고 경쟁을 하면 경제 전체의 효율적 자원배분이 이루어지는 결과를 가져온다. 그러나 한국의 현실에서는 오랜 기간 자원배분에 직접 관여한 경험을 갖고 있는 정부와 이를 지켜 본 사회 전반에 걸쳐 감독권과 소유권이 혼재된 사고가 만연되어 있다. 더욱이 은행의 소유가 분산되어 대주주가 존재하지 않다 보니 마치 국민 전체의 소유기업 같은 역할을 요구하는 경우도 없지 않다.

현재 은행 등 금융의 발전이 여타 산업에 비해 상대적으로 뒤쳐져 있다는 평가를 받는 것은 은행의 정체성에 대한 혼란이 근본 원인 중 하나일 수 있다. 정부 또는 우리 사회 전체적으로 은행이 주주 가치 극대화를 목표로 경영되도록 환경을 만들어 주는 것이 중요하다. 주주가치는 어느 기업이든 수익을 지속적으로 많이 내면 주가상승을 통해 얻어진다. 은행의 지속적인 수익성 제고는 경제성장, 발전에 직접적으로 연계되어 있다. 예를 들어 보자. 최근 국내 대형 조선사들은 조선경기가 하락함에도 확장적 투자를 감행하다 현재 천문학적 규모의 손실을 입고 있다. 자금을 대출해 준 은행 역시 불가피하게 대규모 손실을 떠안아야 될 처지에 있다. 은행의 수익이 줄어들고 주주가치가 크게 훼손되는 상황이다. 즉 은행이 주주가치 제고를 목표로 한 경영에서 실패한 사례다. 이것은 은행 실력이 부족하건 자원배분에 아직도 외부 개입이 있었든 주주가치 제고 경영에서 벗어난 결과다. 은행의 경영목표를 주주가치 제고에 두면 은행은 유망하고 우량한 기업에 자원을 배분하고 자금운용을 면밀하게 관찰하게 된다. 이와 같은 업무를 잘하는 직원을 대우하고 성과를 중요시하게 된다. 통찰력 있는 CEO가 선출되고 역량있는 임직원들이 우대받는다. 조선경기 하락을 예측하고 자금을 공급하지 않음은 물론 기존 대출자금을 회수해 기업의 확장을 막고 오히려 구조조정을 유도했더라면 우리 경제의 모습은 달라졌을 것이다. 은행의 수익성은 유지되고 적기에 기업의 사업재구축 등이 일어나 국가 전체적으로 자원의 효율적인 배분이 이루어지고 경제의 취약성도 덜했을 것이다.

물론 은행은 이와 같은 경영을 위해 현재도 여러 조치들을 취하고 목표관리를 한다. 그럼에도 정부 또는 사회에서 금융을 손쉬운 수단으로 쓰고 싶은 유혹을 느끼는 한 이와 같은 이상적인 금융발전은 더디게 된다. 또 다른 예를 들어 보자. 경기 침체가 장기화되며 자영업자들이 어렵다. 정부가 지도하거나 압박해서 자영업자들의 대출 금리를 낮추고 카드수수료를 낮추는 일이 종종 있다. 자영업자들은 일단 환영하고 많은 국민들도 정부가 잘한다고 박수를 친다. 그러나 어떤 일이 벌어질까? 우선 은행은 시장가격 보다 낮아진 금리 때문에 대출 규모를 줄일 것이고 카드수수료가 낮아지면 부대 서비스 규모를 줄이는 등 수익 감소를 막기 위해 노력할 것이다. 더욱 큰 문제는 은행이 이와 같은 정부 조치에 순응하는 관행이 생겨 자율적인 판단을 할 실력과 의지를 상실하게 된다는 점이다. 그러면 위의 예에서처럼 은행들은 사양화된 산업에도 계속 자금을 대고 결국 큰 손실로 이어지게 된다. 물론 은행들이 실력이 부족해 산업의 발달 과정 등을 파악하지 못한 면도 있겠지만 타율 경영에 길들여져 이런 결과가 초래된 측면도 분명히 있다. 결국 국가 전체적으로 자원배분의 효율성이 크게 떨어지게 된다.

은행 경영이 실패해 건전성을 해치고 시스템 불안을 야기하지 않도록 하거나 우월적 지위를 이용해 소비자 권익을 침해하는 일이 없도록 정부의 철저한 감독이 필요하다. 또한 은행이 진입장벽 안에서 안주하는 것도 막아야 한다. 은행들이 이기주의에 빠져 순혈주의를 고집하는 등 배타적인 경영을 하는 것도 바람직하지 않다. 사실 자행 이기주의는 주주가치 제고 경영에서 한참 벗어난 행위다. 그러나 이 시점에서 더욱 중요한 포인트는 은행을 정책 수단화하고 싶은 유혹에서 시급히 벗어나도록 하는 사회적 합의다.

전 세계 경제가 하나로 통합되었고 금융은 하나의 산업으로 자리매김한 지 오래다. 스스로 일자리와 부가가치를 창출하고 국제경쟁력을 갖추지 못한 은행 등 금융기관은 시장에서 밀려나고 있다. 금융의 발전 없이 여타 산업이 발전하기 어렵고, 금융과 산업의 불균형 발전은 지속가능하지 않다. 한국의 선진국 진입도 금융 발전 없이는 기대하기 어렵다. 이제 금융 발전에 대한 지향점을 합의할 때가 되었다. 금융에 대한 평가나 인식을 이중적인 잣대에서 벗어나 단순한 잣대로 해야 한다. 금융은 시장원리, 주주가치 제고 원칙에 따라 경영이 이루어져야 하고 더 이상 정부의 정책수단으로 인식되지 않아야 한다.

이와 같은 지향점의 합의를 만들어내는 과정에서 은행이 역할을 해야 한다. 은행은 스스로 비용관리를 철저히 하고 탐욕스럽지 않다는 인식을 국민들에게 주어야 한다. 만약 2008년 금융위기 이후 미국 은행들처럼 수많은 고통 받는 채무자를 양산하고 은행 임원들이 고임금 잔치를 한다면 정부의 개입을 불러 오는 결과를 자초할 수 있다. 은행이 지속가능한 성장 모델을 만들어내고 사회적 합의를 주도적으로 이끌어내야 한다.

금융이 경제성장과 발전을 선도해야

2000년대 초중반 한국이 처한 국내외 경제상황을 고려할 때 금융산업이 가장 발전하기 좋은 분야라는 생각이 널리 퍼져 있었다. 금융은 대표적인 서비스업이고 전문가들이 모여서 부가가치를 창출하며 무엇보다도 인력을 중심으로 경쟁력을 창출할 수 있기 때문이다. 자원이 없는 우리나라가 사람, 교육만으로 기적과 같은 고도성장을 이룩했는데 우수한 인력이 많은 한국에게 금융은 가장 적합한 분야라는 논리에 많은 사람이 공감한 것이다. IMF 위기 이후 구조조정에 성공한 대기업들이 세계 시장에서 두각을 나타내기 시작했다. 그런데 공적자금 투입으로 살아난 은행 등 금융기관들은 국제화 추진도 지지부진하고 동북아 금융허브 전략도 흐지부지되는 등 실망스러운 모습을 보여 주었다. 경영진간 갈등이 전 국민들에게 노출된 KB사태를 겪으면서 금융에 대한 실망감이 더욱 커졌다.

그럼에도 우리의 금융은 포기할 수 없는 경제의 혈맥이고 산업과 더불어 경제의 양대 축을 이루고 있는 기둥이다. 우수한 인력을 공급받은 은행이 교육과 경험을 전수하여 더욱 유능하고 경쟁력 있는 인적자원을 지속적으로 만들어내야 한다. 자원이나 제조업만으로 경제성장이 한계에 달했을 때 금융산업의 발전으로 경제 성장을 도모하고 성공한 국가 사례는 많다. 홍콩과 싱가포르가 선진국으로 발돋음한 것은 금융 발전이 뒷받침했기 때문이다. 홍콩은 중국이 고도 성장에 나서며 자금 수요가 급격하게 높아질 때 중국의 자금 공급기지 역할을 담당했다. 규제가 많고 인프라가 부족한 중국 금융 시장을 대신해 세계 유수의 금융기관들은 홍콩에 집결해 새로운 초대형 시장인 중국에 자금을 공급했다. 전문 금융인, 변호사, 컨설턴트 등 고급 인력 수요가 많아지고 경제는 지속성장을 구가했다. 싱가포르 역시 세계 금융 자산의 운용 기지 역할을 톡톡히 하고 있다. 더욱이 인도의 경제 성장이 가속화되는 가운데 인도 국내금융의 발전이 이에 미치지 못하면서 싱가포르로부터 많은 자금조달 및 운용이 이루어지고 있다.

두바이는 부동산 과잉 투자와 글로벌 위기의 여파로 2009년 금융쇼크를 겪어 모라토리움을 선언했다. 그러나 정부의 신속한 구조조정으로 투자자들의 신뢰가 살아나면서 경제가 급속히 안정되었다. 두바이 경제의 안정과 재도약은 두바이 국제금융센터^{DIFC: Dubai International Financial Center}의 성장으로부터 큰 도움을 받았다. 2005년 DIFC내에 국제금융시장이 개설된 이후 글로벌 위기로 성장이 주춤했으나 최근 글로벌 금융허브로 다시 조명 받고 있다. 두바이는 중동의 풍부한 오일머니를 바탕으로 파격적인 규제 철폐 및 세제혜택으로 글로벌 금융회사들을 유치했다. 금융특구를 지정하여 50년간 소득세 및 법인세 면제, 외국인 100% 지분소유 허용, 이익금의 송금제한 철폐, 거래 통화 USD 채택 등 기업친화적인 정책을 폈다. 20곳 이상의 자유금융지대와 중동 최대 규모의 컨테이너항을 보유하는 등 인프라도 구축했다. 현재 두바이는 전 세계 상위 25개 은행 중 21개를 유치했고, 세계 10대 보험회사 중 8개사의 종주국이며, 총 848개의 금융기관이 DIFC에 입주하여 약 1만 5천 명을 고용하며 연간 약 31억 달러의 GDP를 창출하고 있다.

호주는 대표적인 자원부국이다. 그럼에도 호주의 경제 발전에는 금융의 역할이 매우 컸다. 1992년부터 2012년까지 20년 동안 호주의 명목 GDP는 연평균 3.4% 성장한 반면 금융업은 5.6% 성장했다. 이에 따라 GDP내에서 금융업이 차지하는 비중이 1992년 6.8%에서 2012년 10.2%로 상승했다. 동기간 금융업 고용도 32만 명에서 42만 명으로 증가했다. 2014년 우리나라 금융업이 GDP에서 차지하는 비중이 7% 수준에 머물러 호주의 1990년대 초반과 비슷하다. 호주에서 금융업 성장의 주된 동력은 퇴직연금의 성장이다.

호주는 1992년 퇴직연금제도^{Superannuation}가 도입된 후 연금 적립금 규모가 매년 평균 12.4% 성장하여 2012년 1,400조 원을 넘어

섰고 호주 전체 금융자산 중 퇴직연금 비중이 21%나 된다. 이와 같이 막대한 규모의 퇴직연금이 호주 국내 주식 투자를 확대하면서 자산운용업 및 보험업 발전을 촉진하였다. 호주 자산운용 시장에서 퇴직연금이 차지하는 비중이 72%에 달하고 퇴직연금의 자산구성에서 국내 주식이 차지하는 비중이 40%를 넘는다. 호주의 4대 금융그룹은 자산운용 및 보험업을 중심으로 비이자 수익을 지속적으로 확대해 왔다. 호주 4대 금융그룹의 2012년 비이자 이익은 2001년 대비 2.8배 증가했고 총수익에서 비이자 이익이 차지하는 비중이 21%로 높아졌다.[64] 국내에서 수익성을 확보한 맥커리, ANZ 등 은행이 아시아 태평양 지역으로 진출하여 큰 성과를 올리고 있다. 맥커리 은행은 아시아 지역 사회간접자본SOC 투자 및 건설에 대한 전문 금융업으로 두각을 나타내고 있고, ANZ은행은 아시아 지역 은행을 인수하여 해외예금을 확보한 후 해외자산을 늘려나가 해외 수익비중을 크게 증가시켰다.

일본은 1990년대 초 버블붕괴로 장기불황에 진입했다. 은행이 부실화되자 구조조정이 늦기는 했지만 공적 자금 투입으로 3대 메가뱅크 체제를 구축하여 일본 금융의 대표 선수로 키워 냈다. 2000년대 중반 내부 부실을 해결한 3대 메가뱅크는 성장이 정체된 일본 국내 시장을 넘어 해외로 적극 진출했다. 또한 예대 업무 중심에서 벗어나 수수료 수익 비중을 적극적으로 확대하여 수익의 변동성을 줄이고 수익성 제고를 꾀했다. 일본 경제가 불황에서 벗어나지 못하고 있었지만 일본 은행들은 2000년대 중반부터 이미 탄탄한 수익 모델을 개발하며 성과를 내기 시작했다. 글로벌 위기로 2008년

---

64 한국 일반은행의 2014년 비이자 이익 비중은 11~12% 수준이다.

주춤했지만 일본 은행들은 경영의 내용이나 성과 면에서 경제회복을 뒷받침할 준비를 하고 있었다. 2012년 양적완화를 중심으로 한 아베노믹스 정책은 오랜 기간 불황과 침체에 빠져 있던 일본 경제에 다소나마 활력을 불어 넣고 있다. 아베노믹스가 일부 성과를 내고 있는 것은 이미 일본 은행들이 체력을 비축하고 경제 회복을 뒷받침할 준비가 되어 있었기 때문에 가능했다고 판단된다.

다른 나라의 예에서 보듯 금융은 단순히 산업을 뒷받침하고 자금이 지나가는 통로로서만 역할이 주어지는 것이 아니다. 금융은 주이진 환경을 적절히 활용하여 경제 성장과 발전을 주도하기도 하고 경우에 따라서는 침체에 빠져 있는 경제의 돌파구를 마련해 주기도 한다. 우리도 금융이 할 수 있다는, 즉 경제 발전을 선도하고 오랜 기간 침체에 빠진 경제의 회복을 앞장설 수 있다는 자신감을 먼저 가져야 한다. 우리나라가 한 때 믿고 있었던 "우수한 고급 인력이 풍부해 금융이 국제경쟁력을 갖게 될 분야"라는 생각은 틀리지 않은 믿음이다. 금융회사는 임직원의 아이디어와 통찰력, 경험이 경쟁력의 기반이다. 단지 임직원의 역량을 최고조로 발휘할 수 있는 제도와 시스템 등 기반이 갖추어지지 않았다는 점을 인정해야 한다. 그리고 고쳐나가면 된다.

은행 경영 시스템과 전략의 변화 추구

일본 상업은행들은 2000년을 전후한 구조조정 과정에서 대형화, 전문화 전략을 추구했다. 은행이 직접 전략을 추구했다기 보다 공적 자금 투입 과정에서 정부가 유도했다는 표현이 맞다. 어쨌든 버블 붕괴로 부실화된 전국 규모의 은행들은 3개의 이른바 메가뱅크로 재편되었고 지방은행은 지역 밀착형 금융의 역할을 수행토록 전문화되었다. 즉 해외 진출은 지방은행이 아닌 3대 메가뱅크의 미션이었다. 기업과 은행의 구조조정은 오랜 기간 지지부진했고, 그만큼 불황은 지속되었다. 그러나 현 시점에서 보면 대형화, 전문화는 성공적인 은행산업 재편 방향으로 평가된다. 대표선수로 키워진 3대 메가뱅크는 2000년대 중반 이후 해외진출에 나서 현재 해외수익이 전체 수익의 30%가 넘는 글로벌 은행으로 성장했다.

우리나라도 국내 경제규모나 대출 시장의 성숙도를 고려할 때 국내 시장만을 상대로 은행 성장 및 발전을 추구하는 것은 불가능해 보인다. 따라서 적극적인 해외진출이 요구된다. 그러나 국내은행들의 해외진출에는 여러 가지 핸디캡이 있다. 기축통화국이 아니기 때문에 외화의 조달에서부터 경쟁력을 갖기가 어렵다. 해외영업이 미미하다 보니 경험과 노하우가 축적되지도 못했고, 잘못된 해외진출의 트라우마도 있다. 무엇보다 해외에서 영업을 하고 해외 포트폴리오를 확대하기에는 은행규모가 작다. 유사한 규모의 국내은행들이 제한된 해외시장에서 경쟁한다. 전략도 유사하고 심지어 진출하는 지역도 비슷하다. 우리나라도 해외진출을 위해 은행의 대형화, 전문화 전략이 요구된다. 규모가 큰 은행이 글로벌 네크워크를 확대해서 고객 서비스를 업그레이드 할 수 있고 리스크를 감당할 여력도 커진다.

또 다른 은행의 경영전략 변화는 철저한 겸업화 추구를 꼽을 수 있다. 한국의 주요 은행들은 2001년 우리금융지주의 탄생을 필두로 지주회사 체제로 전환했다. 지주회사 체제의 중요한 미션은 겸업화를 추구하는 것이다. 금융소비자 입장에서는 하나의 장소에서 대출, 예금, 주식, 펀드, 보험 등 여러 금융상품을 동시에 취급하는 겸업체제가 편리하다. 전통적으로 유럽은 하나의 금융기관에서 대부분의 금융 업무를 취급하는 유니버셜 은행universal bank 제도를 채택하고 있다. 미국, 한국, 일본은 대공황 이후 은행 시스템을 지키기 위해 구축한 은행, 증권, 보험이 분리된 전업주의 제도를 택하고 있다. 그러나 2000년대 들어 소비자 편의성을 도모하여 금융기관의 경쟁력을 높이고자 3개 국 모두 지주회사 체제를 통한 겸입화를 추구하고 있다. 겸업화를 통해 은행이 예금, 대출 업무뿐 아니라 수수료 수익을 얻을 수 있는 포괄적인 금융업무가 가능해졌다. 이에 금융지주사들은 현재 은행 중심 경영에서 벗어나 비은행 비중을 높이고 겸업화 전략을 적극 추진해야 한다.

한국 은행들이 대규모의 가계부채 및 기업부실에 따른 신용리스크를 감당하기 위해 수익성 개선이 이루어져야 한다. 한국 은행들의 수익성은 2008년 글로벌 위기의 직접적인 영향을 받아 2008년, 2009년 전년 대비 −39.3%, −19.5%로 급격히 하락했고 2010년, 2011년 각각 26.4%, 69.5%의 상승세를 보였으나 2012년, 2013년 다시 각각 −35.6%, −29.4%의 하락세를 보였고 2014년 8.8% 상승으로 수익성 개선의 전기를 마련하지 못하고 있다. 은행의 순이자마진NIM은 금리의 전반적인 하락과 함께 지속적으로 감소했다.

수수료수익 비중이 2014년 기준 전체 수익의 12.1%에 불과한 한국의 상업은행들로서는 순이자마진 하락의 충격을 흡수할 돌파구를 마련하기가 쉽지 않다. 2000년 이후 2008년까지 한국의 대출

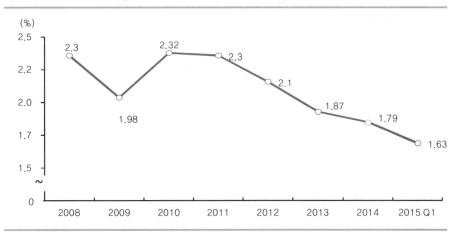

● 그림 24 국내은행 순이자마진(NIM) 추이

(%)

- 2.3 (2008)
- 1.98 (2009)
- 2.32 (2010)
- 2.3 (2011)
- 2.1 (2012)
- 1.87 (2013)
- 1.79 (2014)
- 1.63 (2015 Q1)

주: 국내은행(일반은행 및 특수은행) 명목NIM
자료: 금융감독원, 금융통계정보시스템

시장은 매년 평균 13.6% 성장했다. 그러나 2009년 이후 2014년까지
일반은행의 총대출은 연평균 4.2% 성장에 그쳤다. 2009년 이후 대
출시장의 특징은 특수은행의 대출이 연평균 8.7%에 달해 일반은행
의 대출보다 큰 폭의 성장을 보였고 특히 특수은행의 대기업 대출
은 연평균 17.8%나 늘어났다. 동 기간 특수은행의 대폭적인 대출
증가는 부실기업의 구조조정이 늦어지면서 발생한 대출일 가능성
이 크고 결국 2014년 일부 특수은행이 적자를 실현하기에 이르렀
다. 막대한 규모의 가계부채, 기업부채는 한국 은행들이 대출을 늘
려나갈 여력을 급격히 감소시킬 것이다. 사상 최저로 낮아진 순이
자마진과 대출시장의 포화 및 성숙도를 감안할 때 국내 은행들이
수익다변화를 시급히 이룩해야 한다.
 순이자마진은 경제성장 단계에 따라 낮아지는 경향을 띤다. 경

제 성장이 진행될수록 금리가 낮아지기 때문이다. 은행은 신용평가 능력을 제고하여 대출처의 신용을 평가하고 리스크에 대한 프리미엄을 적절하게 부과해야 한다. 미국 은행들은 글로벌 위기로 기준금리가 0% 수준으로 하락했음에도 적정 리스크 프리미엄을 대출금리에 반영함으로써 안정적인 예대마진을 확보해 순이자마진이 3%대를 유지했다. 서브프라임 위기가 발생했어도 고객의 신용리스크가 대출금리에 적정하게 반영되어 자금배분의 왜곡현상이 벌어지지도 않았고 은행의 수익성도 개선되었다. 은행의 수익성 개선은 대출여력을 증대시켜 빠른 성제회복으로 연결될 수 있었다.

장기불황기 일본 은행들의 경험을 보면, 2004년 이후 수익성 회복의 전기를 마련한 일본 은행들은 예대마진 수익 외에 수수료 수익증대에 힘썼다. 특히 글로벌 위기 이후 기업고객의 경우 신디케이트론 주관 수수료, 유동화 관련 수수료 등 대출 업무 관련 수수료 수익비중을 증대해 나가고 개인 고객의 경우에는 펀드, 신탁, 연금 및 보험 상품 판매 등 판매 수수료를 확대하여 전체 수익에서 수수료 수익 비중을 높여 나갔다. 상위 5개 은행을 기준으로 할 때 일본은행들의 전체 수익 대비 수수료 수익 비중은 2009년 18.5%에 불과했으나 2014년 23.4%로 증가했다. 은행의 수수료 수익은 위기 시 담보가치 하락의 영향을 받지 않는 비교적 경기대응적인 안정적 수입원이다.

미국에서도 수수료 수익 비중이 높은 웰스파고 은행은 서브프라임 위기로 씨티은행 등이 정부의 공적자금을 받는 등 어려움에 처해 있을 때도 시가총액이 꾸준히 상승하는 좋은 성과를 보여주었다. 웰스파고 은행은 한 명의 고객에게 여러 상품을 판다. 평균

7개에 달한다. 우리나라 은행들은 평균 3~4개의 상품을 판다. 웰스파고가 이와 같이 교차판매에 성공하는 것은 고객에 대한 서비스 질을 개선하고 고객 중심의 경영을 실천했기 때문이다.

국내은행들이 수수료 수입을 증대하는 데에는 여러 제약 요인이 존재한다. 은행에 대한 소비자들의 신뢰 부족으로 수수료 수입 자체를 인정하기 싫어하는 정서가 있다. 그럼에도 불구하고 은행들은 수수료 증대를 위해 고객 서비스의 질을 높이고 고객 중심의 경영을 정착시켜야 한다. 수수료수익은 은행이 얼마나 고객들의 신뢰를 받고 있는지를 나타내는 척도라고 할 수 있다. 또한 창의적인 아이디어를 금융에 접합할 수 있는 능력에 대한 대가라고도 할 수 있다. 앞에서 웰스파고 은행은 고객을 수익을 내는 대상으로 보지 않고 어떻게 하면 고객에게 수익과 이윤을 되는 상품을 만들까 항상 고민하는 문화를 갖고 있음을 살펴보았다. 수익은 고객서비스를 열심히 하다 보니 결과물로 나타난 현상이라는 인식이다. 국내 금융지주사들은 계열 금융기관간의 복합 상품 또는 복합 점포를 운영하여 고객의 편의성을 제고해야 한다. 은행의 겸업화는 대형화, 전문화와 함께 한국 은행들의 필수적인 생존 전략이라고 할 수 있다. 또 다른 은행의 과제는 고객에게 수준 높은 서비스와 상담, 컨설팅을 제공하기 위해 은행원들의 실력을 배양해야 한다는 점이다.

한국 은행산업의 국제화

한국 금융산업의 국제화는 오랜 기간 금융당국이나 금융기관의 주요 정책 및 전략적 목표였다. 한국의 금융기관들은 1990년대 초부터 은행을 필두로 해외진출을 추진하여 국내은행들의 경우 2013년 말 기준 32개국에 139개의 점포를 운영 중에 있다. 하지만, 이러한 외형 확대에도 불구하고 기업의 국제화 수준을 나타내주는 TNI Trans-Nationality Index, 초국적화지수[65] 지수는 글로벌 금융기관들이 60%를 웃도는 반면, 국내 금융회사들은 2013년 기준 평균 3.8%에 불과하다. 국내은행들의 경우 전체 수익에 대한 해외 수익의 비중은 3개년(2011년~2013년) 평균 7.9%, 총자산에 대한 해외자산의 비중 역시 2013년 말 기준 3.9%에 그치고 있다. 국내 은행들의 국제화 수준은 매우 미흡하고 철저하게 내수업종으로 머물러 있다. 거시적으로도 현재 한국의 산업과 금융은 대외부문 영업에서 심각한 불균형을 야기하고 있다. 한국은 2013년 기준 세계 47개국과 자유무역협정을 발효 또는 타결시킨 세계 최고 수준의 대외지향적인 개방경제다. GDP 대비 교역 비중은 10년 전 60%대에서 2013년 97%까지 상승했다. 일부 대기업은 글로벌 플레이어로 우뚝 섰다. 그러나 금융의 현실은 전혀 다르다.

대외부문에 대한 실물경제와 금융 간 불균형은 우리 경제의 테일 리스크tail risk[66]를 크게 한다. 한국은 2008년 글로벌 금융위기 당시 실물경제와 금융의 대외부문이 균형 잡힌 경제였다면 덜 심각했을 불안과 고통을 경험했다. 2006년부터 국내 제조업의 수출 증가와 함께 국내 은행들의 단기외화차입이 증가한 상황에서 2008년 미국 서브프라임 위기는 국내에서 외국계 금융기관들의 달러 유동

---

65 {(해외점포자산/은행 총자산) + (해외점포수익/은행총수익) + (해외점포인원/은행총인원)} × 100/3.

66 꼬리위험: 발생할 확률이 작지만 일단 발생하면 큰 충격이 따르는 위험.

성 회수를 초래했다. 국내은행들은 그동안 유보해 온 외화 이익이 작아 위기 시 버퍼buffer 역할을 할 수 있는 달러 유동성이 부족했다. 또한 해외에서 회수하거나 담보로 제공할 수 있는 외화 자산이 미미하여 외화자금시장에서 비싼 비용을 지불하고 달러를 구할 수밖에 없었다.

국내 금융기관들의 국제화가 미흡한 이유는 무엇일까? 먼저 외화자금의 운용 및 영업 측면에서 살펴보면, 지난 20여 년간 은행 해외점포들의 영업이 현지 진출 국내기업과 재외국민을 중심으로 이루어져 왔다는 점이다. 해외로 진출한 국내기업들은 그동안 대기업을 중심으로 글로벌 경쟁력이 괄목할 만큼 향상되어 외화이익 창출 및 직접적인 외화조달 능력이 개선되었다. 그만큼 국내은행 외화대출의 수요 기반은 위축되었다. 게다가 2000년대 들어 선진국 금융기관들의 국제화가 확산되어 해외 진출 국내기업들은 외화자금 조달 채널이 확대되었고 선진 금융 서비스 및 정보를 활용하기 위해 선진국 금융기관들과의 거래를 확대하고 있다.

한국 금융기관들이 겪어 왔던 외화자금 조달의 어려움도 국제화에 걸림돌로 작용해 왔다. 한국 원화는 기축통화가 아닐 뿐만 아니라 국제화도 미흡하여 국내 금융기관들이 해외 대출 및 투자를 확대하기 위해서는 외화조달의 만기 장기화 등 조달측면의 안정성과 금리 경쟁력이 지속되어야 한다. 그러나 국내 금융기관들은 지난 20여 년간 외화예금 보다는 조달의 안정성과 금리 경쟁력이 떨어지는 외화차입에 상당부분 의존하여 왔다. 외화예금의 필요성에 대해 국내 금융기관들이 소극적으로 인식해 온 점과 경상수지 흑자 등을 통해 국내로 유입된 달러화의 대부분이 외환보유고로 쌓여온 점 등이 국내 금융기관의 외화예금 조달 여건을 약화시켰다.

그렇다면 국내 금융기관들은 어떤 방식으로 국제화를 추진해 나갈 수 있을 것인가? 금융위기 이후 부상하고 있는 호주와 말레이시아 및 일본 금융그룹들의 해외진출 전략을 참고할 수 있다. 호주 금융그룹 중 해외진출에 가장 적극적인 호주뉴질랜드 은행ANZ는 해외금융기관 M&A를 통해 외화예금 기반 및 해외 네트워크를 대규모로 확대하는 전략을 사용하고 있다. ANZ는 2004년 뉴질랜드 진출 당시 The National Bank of New Zealand를 인수하여 뉴질랜드 달러 예금액을 2배 가량 증가시켰으며, 확보된 네트워크를 바탕으로 2012년까지 뉴질랜드 달러 예금을 연평균 5.1% 증가시켰다. 2009년에는 스코틀랜드 왕립은행RBS의 아시아 자산을 인수하여 이를 바탕으로 2012년까지 아시아 태평양 지역에서 연평균 38.7%에 달하는 예금 증가율을 기록하였으며, 2007년 5%에 불과하던 아시아 태평양 지역의 총영업이익 기여도도 2012년 18%까지 증가시켰다. 게다가 2012년에는 우량 자산을 담보로 외화표시 커버드본드를 발행하여 외화조달 금리를 낮추고 발행 채권 만기를 장기화시킬 수 있었다. 또 다른 예로서 말레이시아 CIMB은행을 꼽을 수 있다. 이슬람 금융허브를 전략적 목표로 삼아 동남아 국가의 현지은행을 인수하여 현지통화의 조달 능력을 높이고 총수익에 대한 해외수익 비중을 2013년 39%까지 높였다.

일본 금융그룹들의 경우 해외진출 및 외화예금 확충에 있어서 정부의 정책적 지원을 바탕으로 성장 기반을 마련할 수 있었다. 일본은 경상수지 흑자로 국내에 유입되는 달러를 절반 정도만 외환보유고로 축적했다. 따라서 기업과 가계 등 민간이 외화를 보유하게 됨으로써 일본 은행들의 외화예금 기반이 마련되었다. 이러한 여건 등을 바탕으로 일본 SMBC는 해마다 외화예금을 외화차입 및 채권을 통한 조달 금액 이상으로 확보하여 2008년 위기 당시에도 외화예금의 낮은 조달금리가 전체 외화 조달금리의 하락을 견인할 수 있었다. 뿐만 아니라 Mitsubishi UFJ와 SMBC, Mizuho 등 일본의 3대 금융그룹은 안정적인 외화예금을 기반으로 2008년 금융위기 이후 미국과 유럽 금융기관들의 대출이 위축된 상황을 해외대출 확대 기회로 활용하고 있다. 이에 최근에는 일본 3대 은행이 글로벌 프로젝트 파이낸싱에서 최강자로 순위매김되고 있다.

최근 한국에서도 금융기관들의 해외진출 여건이 점차 개선되는 모습이다. 최근 3대 국제 신용 평가사들이 한국의 신용등급을 상향 조정하여 국내 금융기관들의 외화조달 여건이 개선되었다.[67] 정부는 외화예금 선도은행을 선발하여 공공기관의 외화예금을 예치할 계획이며, 수출입은행 등 정책금융기관은 국내 민간 금융기관들과 공동으로 해외 프로젝트 파이낸싱을 추진하고 있다. 국내 금융기관, 특히 신한금융, 하나금융, KB금융 등 3대 금융그룹은 기존의 사무소나 해외지점 설립에서 더 나아가 적극적으로 해외진출을 추진할 필요가 있다. 최근 중국, 베트남 등을 중심으로 현지법인을 설립하고 현지화에 박차를 가하고 있는 모습은 긍정적이다. 또한 해외금융기관에 대한 M&A나 지분투자 등 좀 더 적극적인 전략도 고민할 필요가 있다. 특히 아시아지역의 인프라 금융 등 장

---

67 특히 무디스는 2015년 12월 한국의 국가신용등급을 3등급인 Aa2로 상향조정했다. 이는 중국보다 한 단계, 국가부채가 많은 일본보다 두 단계 높은 수준이다. 한국보다 국가 신용등급이 높은 국가는 1등급의 미국, 독일, 싱가포르와 2등급의 영국, 홍콩 뿐이다.

기 대출 시장에도 적극적인 진출을 검토해야 한다. 글로벌 국내기업의 금융파트너가 되는 것도 물론 중요하다. 국내기업의 외화조달 주선, 글로벌 경제자문 등 금융 서비스의 질을 향상시켜 국내기업의 국제영업을 뒷받침하며 외화예금을 확보하는 것 역시 과제로 남아 있다. 이를 위해 해외진출과 해외영업을 추진할 수 있는 전문성과 경험 및 언어 능력을 갖고 있는 인재들을 확보하고 육성해야 할 것이다.

은행의 경기 변동성 대응 능력 강화해야

은행은 경기가 호황일 때 대출에 대한 부실률이 떨어지며 수익이 많이 난다. 이 때 일반적으로 낙관적인 전망이 커지며 부실에 대비한 대손충당금 비중도 하락한다. 호황 때 은행의 자본력도 좋아져 대출여력이 커지고 대출에 긍정적으로 영향을 주게 된다. 그러면 은행은 호황 때 경기 확장을 부추기는 결과를 가져올 수 있다. 이와 같이 은행의 대손충당금 적립이 지나치게 경기 순응적이 되는 것을 방지하기 위해 경기 대응적으로 충당금이 적립되도록 동태적 대손충당금 제도가 도입되어야 한다는 주장이 제기되기도 한다. 동태적 대손충당금 제도란 은행이 정상채권, 부실채권에 대한 일반 대손충당금, 특별대손충당금 외에 대출채권 전체의 장기 예상 손실률을 감안하여 부실이 당장 현실화하지 않았더라도 손실에 대비하는 충당금을 말한다. 동태적 대손충당금 제도는 은행대출 및 수익성의 과도한 변동성을 축소시키고 거시적 경기변동성을 줄일 것으로 기대된다.

2000년 스페인은 동태적 대손충당금 제도를 도입했으며, 우루과이, 콜롬비아, 페루, 볼리비아, 멕시코, 칠레 등 남미 국가들에서도 동태적 대손충당금 제도를 채택하고 있다. 특히 2010년 유럽의 재정위기 전에 동태적 대손충당금 제도를 채택한 스페인은 글로벌 위기 초기에 충격을 다소 흡수하는 순기능을 보였다. 그러나 위기 이후 부동산 버블 붕괴에 따른 은행 대출의 대량 부실화가 진행되어 위기를 비켜갈 수 없었다. 이와 같은 사례는 위기발생의 시점을 특정할 수 없는 상황에서 은행의 경기 대응적 충당금 정책만으로 위기 예방이 어렵다는 것을 나타낸다.

한국 은행들의 대손충당금 적립률 추이를 살펴보면 경기대응적이라기 보다는 경기순응적이다. [그림 25]를 보면 2000년 이후 국내 은행들의 대출증가율은 경제성장률의 변화와 유사한 방향성을 보이고 있다. 그러나 변동 폭은 대출 증가율이 훨씬 크다. 또한 [그림 25]에 나타나 있듯이 경제가 좋아지고 경제성장률과 은행대출 증가율이 함께 증가할 때 낙관적인 전망이 커져 충당금 적립비율은 감소한다. 즉 경기순응적이다. 국내은행들은 대손충당금 적립을 통해 경기불황을 대비하고, 또한 거시적으로도 대손충당금 적립을 통해 경기 변동성을 줄이는 역할은 크지 않다고 판단된다. 또한 [그림 26]에서와 같이 경제성장률이 상승하면 부실채권비율이 하락하고 대손충당금 비율도 하락해 경기 순응적인 모습을 보이고 있다. 은행은 경기 호황기에 부실이 증가하지 않더라도 충당금을 많이 쌓아 불황을 대비하는 전략을 추구할 필요가 있다. 그럼에도 앞서 논의한 스페인 사례에서도 보았듯이 대손충당금 적립을 장기

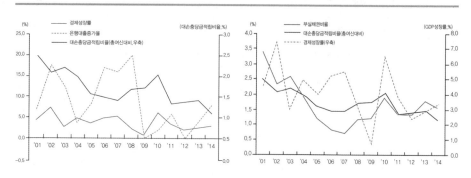

● 그림 25　은행 충당금적립비율과　● 그림 26　은행 충당금적립비율과
　　　　　　경제성장률　　　　　　　　　　　　부실채권비율

주: 특수은행을 포함한 국내은행 기준
자료: 금융감독원, 한국은행

예상 손실율을 감안해서 동태적으로 적립한다고 해도 충당금 정책
만으로 금융위기의 충격을 막기는 쉽지 않다.

　은행이 불경기에 대응하는 가장 중요한 노력 중 하나는 담보가
치의 하락에 대비하는 것이다. 은행 담보 중 가장 비중이 높고 절
대적인 비중을 갖고 있는 담보는 주택이다. 미국의 서브프라임 위
기는 주택가격 하락으로 발생한 대표적인 은행위기다. 은행은 모기
지대출의 증권화를 통해 유동성을 늘리고 또다시 대출을 늘리는
재원으로 활용하였다. 미국에서 1993년 가계부채의 가처분소득 대
비 비율이 80% 수준이었으나 2006년 130% 수준까지 상승했다. 일
본 은행들도 부동산 가격이 하락하면서 담보가치 하락에 따른 어
려움을 겪었다. 특히 일본은 부동산 가격 하락으로 장기 불황에 진
입하며 기업부실 또한 늘어나 은행의 부실을 키웠다.

　우리나라의 경우에도 주택 담보대출이 2000년대 초부터 늘어나

며 가계부채가 급격히 증가했으며 담보가치의 하락에 유의할 필요가 있다. 미국은 2007년부터 가계가 대량으로 파산하며 은행이 부실화되어 위기가 발생했다. 이 때 미국 은행들이 주택가격 상승으로 담보가치가 상승하였을 때, 거시적 판단을 통해 주택 담보대출을 스스로 억제하는 것이 리스크를 줄인다는 판단을 하지 못했다. 개별 은행들은 주택가격이 소폭 떨어져도 충분히 방어할 만큼 담보도 확보하고 충당금도 쌓고 있다. 그러나 위기 발생의 경우에 종종 관찰되듯이 자산가격의 하락은 짧은 기간에 급격히 이루어진다. 그 충격은 곧바로 은행의 대출자산 부실화를 일으켜 경제 전반으로 퍼져나간다.

일본의 은행위기는 부동산 가격 하락에 따른 담보가치 하락과 기업부실이 은행으로 전이되며 발생했다. 버블붕괴 이후 일본기업은 투자 손실과 수요부족 등으로 대량 부실화되었으나 구조조정은 신속히 이루어지지 않았다. 일본기업들은 기업집단 경영을 하고 있었기 때문에 부실기업에 대한 계열기업들의 상호 보조로 연명하는 경우가 많았다. 이에 따라 일본 은행들은 주택 등 부동산가격 하락에 따른 담보가치의 하락, 기업의 부실 증대 등으로 어려움을 겪으며 90년대 초반부터 약 10년간 순손실을 기록하다 2004년 들어 소폭의 플러스로 돌아섰다. 즉 공적 자금 투입으로 부실을 떨어내고 오랜 기간에 걸쳐 누적된 기업 부실이 정리되며 일본 은행들은 적자 행진에서 벗어날 수 있었다.

한국의 은행들도 주택담보대출의 증가로 인한 리스크 증대와 더불어 기업부실에 따른 어려움에 직면하고 있다. 한국 은행들의 최근 수익감소는 저금리에 따른 순이자마진 감소, 대출성장세 둔화, 기업부실의 현재화 등의 영향을 받았다. 특히, 은행의 수익감소는 많은 부분 기업부실의 처리에 기인하고 있다. 기업부실 처리비용은 필요한 구조조정의 시기가 늦어질수록 크게 늘어난다. 기업의 부실화가 진행되면 매출과 이익이 감소하기 때문에 자금수요는 늘어나 기업의 부채비율이 급격히 늘어난다. 선제적인 기업구조조정을 통해 부실규모를 줄이고 은행의 수익성을 확보해야 국내은행의 또 다른 위험 요인인 향후 발생 가능한 가계부실의 흡수 능력을 확보할 수 있다. 은행들은 가계대출의 약 50%를 차지하는 주택담보대출시장에서 LTV, DTI 규정을 준수하며 상호 경쟁을 벌인다. 은행대출로 말미암아 주택가격이 상승할 때 거시적으로 리스크가 높아지는지 은행이 주의를 기울여야 한다.

한편 외화유동성 관리 측면에서도 우리나라 은행들의 경기 대응에 어려움이 있다. 국내 수출기업들의 경영상태가 좋아 경상수지 흑자가 많이 나고 국제금융시장에서 외화 조달의 어려움이 적을 때 국내 은행들이 외화 유동성을 미리 확보하여 조달이 원활하지 않을 때를 대비하는 것이 바람직하다. 그러나 환율변동성을 감당하기 어려워 항상 외화조달, 운용의 규모와 만기를 맞출 수밖에 없다. 그러다 보니 국제금융시장에서 외화 유동성 문제가 생길 때마다 한국 은행들은 어려움을 겪게 된다. 2008년 글로벌 금융위기 당시에도 글로벌 은행들이 국제 금융 시장에서 달러 유동성의 부족 문제가 부각되자 국내은행들의 외화 크레딧 라인을 축소하거나 폐쇄했고, 심각한 달러 부족 현상을 겪었다. 결국 한국 은행들은 수수료를 내고 외화 크레딧 라인을 열어 달라고 글로벌 은행들에게 요청했다. 또한 달러 부족이 극심해지자 장기 고정금리로 외화 채권을 발행하여 오랜 기간 경영에 압박을 받기도 했다. 즉 은행의 외화 조달이 구조적으로 국제금융시장 동향에 경기대응적이 되지 못하고 경기순응적이 된다.

은행은 충당금을 경기대응적으로 쌓아 경기 변동성을 줄이는 노력을 해야 한다. 또한 담보가치 하락이나 글로벌 쇼크에 대비해 자금운용 계획을 세우고 거시적인 리스크관리에도 만전을 기해야 한다. 그럼에도 개별 은행들이 위기에 대응하는 것은 한계가 있다. 따라서 정부가 정책적으로 거시 리스크를 감시하고 리스크가 높아지지 않도록 정책을 구사할 필요가 있다. 또한 개별 은행 입장에서 추구하는 경영전략이 모아져 거시적 리스크가 커지는 이른바 구성의 오류가 발생하지 않도록 해야 한다.

도덕적 해이의 방지

만약 경제 전반적으로 도덕적 해이가 방지된다면 경제효율성을 저해하는 많은 문제가 시장에서 스스로 해결될 것이다. 경제 전체적으로 가장 빈번하게 나타나고 대응하기 어려운 도덕적 해이는 대마불사too big to fail 문제다. 규모가 큰 기업 또는 은행이 부실화되었을 경우 경제 전체의 시스템 리스크 문제로 부각될 수 있다. 이를 알고 있는 대기업이나 은행은 부실화되어도 정부가 구제해 줄 것으로 예상하고 리스크관리나 구조조정을 소홀히 할 유인이 있다.

금융제도나 규정이 유인 부합적incentive compatible으로 만들어져야 한다. 즉 은행의 리스크가 높아지면 비용을 더 지불하든지 사후적으로 책임을 물어야 한다. 은행의 예금은 정부가 보장하는 예금보험 대상이다. 따라서 예금자들은 은행이나 저축은행이 리스크가 높고 부실화 가능성이 커져도 금리만 높게 주면 예금을 한다. 즉 부실화 가능성이 있는 은행 또는 저축은행이 높은 금리를 제시하며 자금을 확보할 수 있게 되는 것이다. 만약 예금을 정부가 전액 보장한다면 이와 같은 문제는 훨씬 더 커질 수 있다. 이와 같은 문제를 완화시키기 위해 1인당 5천만 원까지 예금보험 한도를 정하고 있다. 또한 은행의 리스크에 따라 예금보험료를 차등화한다. 그럼에도 정부가 예금을 일부라도 보장하는 한 감독정책으로 도덕적 해이를 예방해야 한다. 즉 은행과 저축은행이 부실화 가능성이 보이면 초기에 자본증강, 또는 특정 경영행위 금지, 영업정지 등 강제조치를 하게 된다. 이를 적기시정조치라고 한다.

우리나라는 KDB산업은행, 기업은행, 수출입은행 등 특수은행들이 전체 은행산업에서 차지하는 비중이 높다. 특수은행은 정부가 대주주로 있기 때문에 도산할 염려가 없다. 대출시 정책적 판단의 여지가 있다. 이를 사전적으로 알고 있는 기업들은 기업의 경영이 어려워져도 구조조정, 사업재구축 등 고통스러운 과정 보다 정부를 설득하는 데 노력을 기울일 유인이 있다. 우리나라 기업들의 선제적이고 상시적인 구조조정이 잘 안 되는 이유 중 하나다. 특수은행들이 경제가 고도로 성장할 때는 신속하고 집중적인 자원배분으로 기업, 산업의 성장에 크게 기여했다. 그러나 저성장이 지속되면 성장산업에 대한 자금지원 보다는 사양산업의 구조조정과 신규 유망산업 발굴이 더욱 중요한 과제가 된다. 이 때 은행이 상업적 판단에 따라 여신 등 자원을 배분하고 잘못된 판단으로 부실해지면 은행도 도산할 수 있어야 도덕적 해이 문제가 금융시장에서 완화된다. 경제 성장 단계를 고려할 때 특수은행의 규모와 역할을 재조정할 필요가 있다.

IMF 외환위기는 우리 경제 전반적으로 도덕적 해이가 만연되어 잉태했다. 대기업들이 부채를 통해 투자를 확대하여 규모를 키워갔다. 은행은 자금배분과정에서 리스크관리 기능을 적절히 수행하지 못했다. 대기업 투자가 부실화되면 기업과 은행이 동시에 도산하는 구조가 만들어지고 대마불사 논리가 암묵적으로 지배했다. 어찌 보면 대마불사 논리가 기업, 은행의 든든한 버팀목이 되었다. 결국 규모를 키운 만큼 사후적으로 정상화 과정의 고통이 더욱 컸다. 기업이 투자를 하고 경영을 할 때 은행은 자금을 공급하는 든든한 파트너지만 기업과 은행 사이에는 항상 긴장관계가 유지되어야 한다. "은행은 비올 때 우산을 빼앗지 말아야 한다." 우리나라 금융에서 자주 회자되는 말이다. 즉 은행이 기업에 자금을 대출해 주고 경기가 나빠지자 대출을 회수하여 기업이 어려움을 겪는다는 비유다. 실제로 일부 은행은 행장 취임사에서 비올 때 우산을 빼앗지 않는 은행을 만들겠다고 주장하기도 한다. 이 주장은 기업경쟁력이 우수하지만 일시적인 유동성위기를 겪고 있는 기업에 한정되어 적용되어야 한다. 실제로 기업은 만약 경기가 안 좋아지고 수익전망이 악화되면 은행이 자금을 회수할 수 있다는 가능성을 항상 염두에 두고 경영을 해야 한다. 그래야 치열하게 경기 전망을 하고 경기가 나빠질 것으로 예상되면 스스로 기업 규모를 줄이는 등 구조조정에 나서게 된다. 은행, 기업간 견제와 균형은 사후적인 고통을 크게 줄인다.

사상 최저로 떨어진 금리 상황에서도 영업이익으로 이자도 못내는 기업이 상장기업 전체의 1/3이 넘고 또한 그 숫자가 매년 늘어나는 것은 경기 불황만의 문제가 아니다. 구조조정 또는 사업재구축이 신속하게 이루어지지 않고 있다는 증거다. 기업과 은행의 관계가 오직 상업성만 판단하도록 구축되어야 한다. 정부, 여론은 이 관계에 개입하지 않아야 하고 잘못 되면 책임을 묻는 시스템이 중요하다. 이른바 대출로 연명하는 좀비기업이 양산되다가 어느 순간 일제히 살생부를 만들어 구조조정을 하는 이벤트를 언제까지 해야 되나? 만약 은행이 리스크가 높아질 때 자금을 단계적으로 회수하거나 리스크에 맞게 금리를 높이면 기업은 어쩔 수 없이 구조조정을 하게 된다. 이와 같은 과정을 거쳐 시장에서 끊임없이 선제적이고 상시적으로 구조조정이 이루어져야 은행은 회수된 자금을 또 다른 유망한 기업에 대출하고 경제의 활력이 유지된다.

관치금융의 불명예에서 벗어나야

우리나라는 주기적으로 정부가 금융개혁을 주도하고 금융규제 완화를 실행한다. 아마도 금융시장에서 정부 규제가 과도하다고 판단하는 사람이 많기 때문일 것이다. 또 다른 측면에서는 규제완화를 해도 뭔가 제대로 잘 안되고 새로운 규제가 계속 도입되니 개혁할 부문이 항상 남아 있기 때문일 수도 있다. 이와 같이 정부가 주도적으로 개혁을 하고 규제를 완화하지만 시장과 학계 일부에서는 관치금융이 심하다고 말한다. 재무부Ministry of Finance와 마피아의 합성어인 모피아라는 단어가 누구나 이해하는 일반 명사가 되었다.

과거 고도성장기, 대체로 IMF 위기 전까지 우리나라 금융은 정부가 통제를 했다. 은행의 점포를 몇 개를 낼지 등 소소한 경영 사안도 모두 정부의 사전 허락을 받았다. 그럴 수밖에 없는 것이 정부 정책은 부족한 자금을 특정 산업에 몰아주어 선도 산업화하는 것이고 은행은 자금을 모아 전달하는 통로 역할이 주어졌기 때문이다. 정부와 은행 모두 이러한 금융관행에 오랫동안 익숙해졌다. 즉 금융을 수단으로 생각하는 데 모두가 익숙해졌다. IMF 위기 이후 과거와는 달리 금융 기관 경영에 자율성이 주어졌고, 법과 규정에 따라 경영이 이루어지는 경향이 강하다. 그러나 우리 국민들은 목표지향적이고 빠른 목표 달성을 원한다. 그러면 금융을 수단으로 활용하고 싶은 유혹에 쉽게 빠진다. 예를 들어 보자. 2008년 글로벌 금융위기가 닥치고 국제유가가 상승하자 정부는 대체에너지 산업을 육성해 위기를 돌파하고자 했다. 대체에너지 산업은 대기오염물질을 배출하지 않아 녹색산업이라고도 불린다. 정부가 산업육성을 위해 세제 등 인센티브를 주니 기대 수익률이 높아져 녹색산업에 투자하는 펀드가 생기기도 했다. 여기까지는 정상적인 업무의 흐름이라고 볼 수 있다.

그런데 정상적이지 않은 상황으로 한 발짝 더 나간다. 상업은행에 녹색금융지원부서가 설치되고 조직이 만들어진다. 실제로 하는 역할이 거의 없다. 녹색금융의 정의가 모호하지만 전체 자금 중 녹색금융에 얼마가 배정되었다고 홍보한다. 은행이 왜 그럴까? 녹색산업은 당시 이명박 정부가 육성 기치를 높이 든 산업이었다. 은행이 정부에 잘 보이기 위해 분칠을 한다. 금융이 일사불란하게 정부

정책에 호응해서 당장 나쁠 것이 없다는 평가가 많다. 그럴까? 그러면 어디에서 무엇이 잘못된 걸까? 관치금융의 폐해는 은행 스스로의 판단이 인정되지 않아 경제 전체적으로 견제와 균형을 무너뜨리는 데 있다. 또한 금융이 항상 정부만 쳐다보고 있어 자율적인 경영을 해친다. 결국 금융의 발전을 가로막는다.

이런 상황이 벌어지면 금융기관 특히 은행은 자율성이 위축되고 추후에 경영상 문제가 생겨도 정부 탓으로 돌린다. 은행 경영의 의사결정 과정에 구석구석 영향을 끼친다. 이렇다 보니 정부가 시스템 안정을 위해 정당하게 감독하는 것도 과도하다고 불만이 나오고 외국 금융기관이 수익을 못내 한국에서 철수해도 정부 규제가 많아 철수한다고 평가한다. 그러면 이런 저런 금융규제를 완화한다. 그럼에도 금융을 수단으로 해서 어떤 정책 목표를 달성하고자 하는 유혹에서 벗어나지 않는 한 유사한 상황은 반복된다. 이제 관치금융의 불명예에서 벗어나야 한다. 정부는 은행이 아직 실력이 없다고 할지 모른다. 또는 정부는 그렇지 않은데 은행이 왜 스스로 결정하지 않고 정부 눈치를 보느냐고 오히려 힐난할 수도 있다. 정부가 아니라 정치권의 압력이 정부를 통해 은행으로 오고 있다고 할 수도 있다. 어쨌든 해결되어야 할 이슈다.

상상속의 바람직한 한국 금융

여러 가지 현실적인 어려움이 있고, 이해관계가 부딪혀 불가능한 면도 있고, 또한 사회적으로 뒷받침이 부족해 무리한 면도 있지만 상상속에서 이상적인 한국 금융의 모습을 그려 보자. 우선 은행이 공공성과 상업성의 조화가 잘 이루어진 가운데 경영된다. 은행이 어려워지면 시스템리스크로 전이되기 때문에 은행의 건전성 등에 대해 철저한 감독을 받는다. 동시에 은행은 주주가치 극대화를 위해 수익성을 개선하고, 수익성 개선이 지속가능하도록 경영 전략을 추진한다. 정부는 더 이상 상업은행을 정부 정책을 손쉽고 신속하게 달성하기 위한 수단으로 활용하지 않는다. 은행 소비자들은 어느 은행상품의 수익률이 좋은지, 또는 더욱 편리한지 세심하게 주의를 기울여 비교하고 거래은행을 결정한다. 그 과정에서 정부는 은행이 상품 설명을 제대로 하지 않고 판매하는 불완전 판매가 있는지, 은행들이 담합해서 소비자 이익을 해치는지 등을 감독한다. 정부의 은행 경영에 대한 건전성감독과 소비자보호를 벗어난 명시적, 비명시적 간섭이 없어지며 '모피아'라는 단어는 역사속으로 사라졌다.

금융지주사는 지배구조법 테두리 안에서 이사회 중심의 튼튼한 지배구조가 자리잡았다. 이사회는 경험과 통찰력을 갖춘 독립적인 사외이사들을 중심으로 구성되며, 주주들과 소통하고, 많은 시간을 투자해 내부 임원들의 보고를 받으며 토론을 벌여 목표 설정과 전략적 의사결정을 해나간다. CEO선임은 당시 경영환경을 가장 잘 이해하고 헤쳐 나갈 내외부 인사 중에서 경험과 역량을 고려하여 공정하게 선임된다. 경영진에 대한 평가는 주가, 수익, 성장, 지속가능성 등 경영성과만으로 모두가 수긍할 만큼 공정하게 이루어진다. 은행의 노조가 경영 의사결정에 의견을 내는 경우는 사라졌고 대부분의 직원들은 합리적인 평가시스템을 거쳐 연봉을 받는 제도가 정착되었다. 경영진과 직원은 기업문화를 창조해나가는 파트너로 서로를 인정하며 고객을 감동시키기 위해 고민한다. 은행 직원이 본인의 몸값을 높여 다른 경쟁은행으로 연봉협상을 통해 이직하는 경우도 많아 자행이기주의나 합병된 은행의 파벌 형성 등은 더 이상 설자리가 없어졌다. 은행은 우수한 직원을 유치하기 위해 직원을 비용이라고 생각하지 않고 고객에게 수준 높은 서비스를 제공하기 위해 투자되어야 할 자원이라고 생각한다.

은행은 대출 대상 기업의 산업과 경쟁력을 치밀하게 분석한다. 경쟁력이 없는 기업에 대한 자금이 회수되거나 대출이 중단되기 때문에 기업의 구조조정이 상시적으로 이루어진다. 동시에 유망한 신규 사업에 대한 자금지원을 위해, 다른 말로 은행이 돈을 벌기 위해 은행이 항상 새로운 유망 산업, 유망 기업을 찾아다닌다. 국가 전체적으로 가용자원이 효율적으로 배분된다. 은행의 경제 환경, 산업, 기업 분석에 대한 리서치 기능이 높아지고 경제를 이끌고 선도한다. 은행은 거대한 리서치센터와 같은 기능을 수행한다. 은행은 사양산업과 유망산업을 예측하여 자금운용 포트폴리오를 끊임없이 재조정한다. 은행이 신규대출을 결정하면 주식시장에서 가장 큰 호재로 받아들일 만큼 은행의 실력이 인정받고 있다. 은행이 사양 산업, 경쟁력 회복이 어려운 기업으로 판단하면 더 이상 자금조달이 어렵기 때문에 기업은 사업 축소에 나설 수밖에 없다. 결과적으로 구조조정이 상시적이고 선제적으로 이루어지기 때문에 주기적으로 구조조정을 정부가 나서 실행하는 작업은 사라졌다.

특히 소수의 대형 금융그룹은 수익을 내는 원천이 다양해지고 전 세계를 대상으로 지역적으로도 다각화가 진행되었기 때문에 위험관리가 잘 되어 거시 경제의 외부 충격에 강한 경영 체질이 되었다. 금융그룹은 은행, 증권, 보험 업무를 고객의 편의에 맞추어 제공하고 고객의 자산관리를 도와주며 수수료 수익 비중이 높아졌다. 국내외 주식 등 위험자산과 안전자산에 대한 철저한 분석으로 고객의 자산관리를 조언하며 고객의 신뢰를 확보했다. 대형금융그룹의 국제 경쟁력이 높아지고 해외 영업 수익 비중도 크게 증가했다. 현지 은행 인수를 통해 지역 통화 예금 비중이 높아져 해외 대출, 투자 활동에서 환율 변동성에 대응할 여력이 생겼다. 또한 전 세계에 걸친 지점망이 구축되어 각국 지역 경제에 대한 정보나 분석에 대한 역량이 크게 높아졌다. 이와 같은 리서치 능력을 기반으로 기업의 해외 비즈니스를 도와주면서 삼성전자, 현대차 등 대기업을 포함한 한국 기업들의 해외 경영에서도 국내 은행들이 주된 파트너로 자리매김했다.

특히 국가 전체적으로도 상업은행이 관리하는 달러의 규모가 커져 국내 시장에서 달러가 부족해지면 환차익을 얻기 위해 외환을 국내로 유입시키고 반대의 경우도 발생해 급격한 환율변동성을 줄일 수 있게 되었다. 이와 같이 항상 은행이 어떻게 하면 위험을 관리하고 돈을 벌 것인가에 집중하며 경영하게 되고 결과적으로 금융시장이 안정된다. 은행의 수익원천이 다양해지며 양적 경쟁을 위해 상환 능력이 의심되는 개인, 기업 등 차주들에게 대출을 늘리는 이른바 약탈적 대출predatory loan이 사라졌다. 은행은 첨단 기술과 빅데이터를 활용하여 금융상품을 개발하고, 고객에 대한 대출 결정이나 서비스 개선에 나서 고객 만족과 함께 수익창출을 꾀한다. 개인과 기업에 과도한 대출이 주어지지 않기 때문에 부채를 통한 자산가격 상승이 발생하기 어렵고 위기 발생은 억제된다. 사회 전체적으로 도덕적 해이가 줄어들었다. 국민들이나, 은행, 기업 정부 모두 스스로 내린 결정에 대한 사후 책임은 스스로 지는 문화와 관행이 자리잡았다.

은행에 대해 취약계층에 대한 대출을 늘려라, 수수료를 낮춰라 등 정부나 일반 국민들의 압력은 더 이상 없다. 은행은 수익을 내고 세금을 많이 내서 그와 같은 정부 목표는 재정을 통해 이루어진다. 한편 은행 역시 사회적 책임 이행에 관심을 갖고 약자를 돕는 경영목표를 추구하며 취약계층에 대한 수수료 과다 수취 등 행위는 스스로 억제하고 있다. 은행의 CEO를 포함한 임원, 직원들의 탐욕을 절제하는 윤리관행이 구축되었다. 경제가 어려워 많은 소비자들이 어려움에 처했는데 은행 고위 임원들이 고임금 잔치를 하는 것은 상상할 수도 없다. 경영진이 양적 성장 경쟁으로 은행의 규모를 키워 많은 상여금을 챙기고 은행이 추후에 위험에 빠지는 일은 이사회에서 충분히 견제가 되는 지배구조를 갖추었다.

은행은 국내외에서 경쟁력을 갖추고 성장을 추구하기 때문에 꾸준히 일자리를 창출한다. 또한 금융이 발달하니 법률서비스, 컨설팅 업무 등 양질의 관련 서비스 산업도 발달하고 경제 전체에서 차지하는 부가가치 창출 비중도 크게 높아졌다. 실제로 많은 제조업이 성숙단계로 넘어가 경제가 장기불황에 빠질 수도 있었는데 은행 등 금융산업이 경제성장을 견인하게 되었다. 모든 국민들이 국내 은행을 비롯한 금융산업을 자랑스럽게 여기고 무한한 신뢰를 보낸다.

은행지주사 지분구조 및 이사회 현황[1]

은행 지주사	최대·주요·외국인 주주	지분율 (%)[2]	이사회 구성	이사회 및 소위원회
신한 금융 지주*	국민연금공단	9.10	12명 (사내이사 1명, 기타비상무이사 1명, 사외이사 10명)	8개 (이사회운영위원회, 감사위원회, 사외이사후보추천위원회, 보상위원회, 리스크관리위원회, 감사위원후보추천위원회, 지배구조및회장후보추천위원회, 사회책임경영위원회)
	BNP Paribas S.A	5.35		
	우리사주조합	4.41		
	외국인	66.52		
하나 금융 지주*	국민연금공단	9.36	9명 (사내이사 1명, 사외이사 8명)	8개 (이사회운영위원회, 경영발전보상위원회, 리스크관리위원회, 감사위원회, 사외이사후보추천위원회, 감사위원후보추천위원회, 그룹임원후보추천위원회, 회장후보추천위원회)
	Franklin Resources, Inc.	8.08		
	우리사주조합	0.87		
	외국인	67.45		
KB 금융 지주*	국민연금공단	9.42	9명 (상임이사 1명, 기타비상무이사 1명, 사외이사 7명)	6개 (상설위원회인 감사위원회, 리스크관리위원회, 평가보상위원회, 사외이사후보추천위원회, 지배구조위원회 / 비상설위원회인 감사위원후보추천위원회)
	The Bank of New York Mellon	8.41		
	우리사주조합	0.56		
	외국인	71.73		
BNK 금융 지주*	국민연금공단	12.86	8명 (상임이사 2명, 비상임이사 1명, 사외이사 5명)	8개 (이사회운영위원회, 리스크관리위원회, 경영발전보상위원회, 사외이사후보추천위원회, 감사위원후보추천위원회, 감사위원회 등의 위원회, 그룹임원후보추천위원회, 회장후보추천위원회)
	롯데제과(주)외 특수관계인4)	12.01		
	우리사주조합	3.29		
	Aberdeen Asset Management Asia Limited	5.44		
	외국인	51.29		
SC 금융 지주	StandardChartered NEALimited	100	7명 (상임이사 1명, 비상임이사 2명, 사외이사 4명)	6개 (감사위원회, 리스크위원회, 성과보상위원회, 임원후보추천위원회, 사외이사후보추천위원회, 감사위원후보추천위원회)

DGB 금융 지주*	삼성생명보험	6.95	7명 (상임이사 2명, 사외이사 5명)	5개 (경영발전보상위원회, 리스크관리위원회, 감사위원회, 사외이사후보추천위원회, 감사위원회위원후보추천위원회)
	우리사주조합	4.56		
	Aberdeen Asset Management Asia Limited	8.40		
	Harris Associates L.P.	6.34		
	Schroder Investment Management Limited	6.17		
	AllianceBernstin L.P.	5.10		
	BlackRock Fund Advisors	5.01		
	외국인	72.16		
JB 금융 지주*	(주)삼양바이오팜	10.31	7명 (상임이사 1명, 사외이사 4명, 비상임이사 2명)	6개 (이사회운영위원회. 경영발전보상위원회, 리스크관리위원회, 감사위원회, 감사위원후보추천위원회, 사외이사후보추천위원회)
	(재)수당장학회 (특수관계인)	0.70		
	김윤 (특수관계인)	0.02		
	김한 (특수관계인)	0.04		
	케이티비이천칠 사모투자전문회사	6.62		
	국민연금관리공단	6.15		
	우리사주조합	7.29		
	외국인	15.22		
농협 금융 지주	농협협동조합중앙회	100	7명 (사내이사 1명, 비상근이사 2명, 사외이사 4명)	6개 (이사회운영위원회, 감사위원회, 사외이사후보추천위원회, 리스크관리위원회, 평가보상위원회, 감사위원후보추천위원회)

주: 1) 2015년 6월 말 기준

2) 보통주 기준

3) 지분율은 최대주주 및 특수관계인, 5% 이상 주주, 우리사주, 소액주주(1% 이하)로 구분함.

4) 특수관계인은 (재)롯데장학재단, ㈜롯데쇼핑, ㈜롯데칠성음료, ㈜롯데리아, 롯데 상사(주)롯데스카이힐CC, 롯데(주), ㈜패밀리, ㈜광윤사 등 롯데 계열사로 구성

* 상장사

자료: 금융감독원 전자공시시스템, 각사 반기보고서

은행 지분구조 및 이사회 현황[1]

은행	주요 주주	지분율 (%)	이사회 구성	이사회 내 위원회
신한 은행	신한금융지주회사	100	9명 (상임이사 2명, 비상임이사 1명, 사외이사 6명)	5개 (감사위원회, 리스크관리위원회, 보상위원회, 사외이사후보추천위원회, 감사위원회위원후보추천위원회)
KEB 하나 은행	하나금융지주	100	11명 (상임이사 2명, 사외이사 6명, 비상임이사 3명)	5개 (감사위원회, 리스크관리위원회, 평가보상위원회, 사외이사후보추천위원회, 감사위원회위원후보추천위원회)
국민 은행	KB금융지주	100	6명 (사외이사 4명, 상임이사 2명)	5개 (감사위원회, 리스크관리위원회, 평가보상위원회, 사외이사후보추천위원회, 감사위원회위원후보추천위원회)
우리 은행*	예금보험공사	51.04	9명 (상임이사 2명, 사외이사 6명, 비상임이사 1명)	5개 (이사회운영위원회, 리스크관리위원회, 보상위원회, 감사위원회위원후보추천위원회, 사외이사후보추천위원회)
	국민연금공단	7.00		
	우리사주조합	3.94		
	외국인	19.36		
SC 은행	한국스탠다드 차타드금융지주	100	9명 (상임이사 1명, 비상임이사 3명, 사외이사 5명)	5개 (감사위원회, 리스크위원회임원후보추천위원회, 사외이사후보추천위원회 및 감사위원후보추천위원회)
씨티 은행	Citibank Overseas Investment Corporation	99.98	7명 (상임이사 1명, 비상임이사 2명, 사외이사 4명)	6개 (사외이사후보추천위원회, 감사위원회, 리스크관리위원회, 감사위원후보추천위원회, 이사회운영위원회, 경영발전보상위원회)
	소액주주	0.02		
부산 은행	BNK금융지주	100	5명 (상임이사 2명, 사외이사 3명)	6개 (운영위원회, 보상위원회, 리스크관리위원회, 감사위원회, 사외이사후보추천위원회, 감사위원회위원후보추천위원회)
경남 은행	BNK금융지주	100	6명 (상임이사 2명, 사외이사 4명)	5개 (감사위원회, 리스크관리위원회, 평가보상위원회, 사외이사후보추천위원회, 감사위원회위원후보추천위원회)
대구 은행	DGB금융지주	100	9명 (상임이사 4명, 사외이사 5명)	5개 (경영발전보상위원회, 리스크관리위원회, 감사위원회, 사외이사후보추천위원회, 감사위원회위원후보추천위원회)

전북은행	JB금융지주	100	6명 (상임이사 2명, 사외이사 4명)	6개 (이사회운영위원회, 경영발전보상위원회, 리스크관리위원회, 감사위원회, 사외이사후보추천위원회, 감사위원후보추천위원회)
광주은행*	JB금융지주	56.97	5명 (사내이사 2명, 사외이사 3명)	5개 (보상위원회, 리스크관리위원회, 감사위원회, 사외이사후보추천위원회, 감사위원회위원후보추천위원회)
	외국인	5.63		
제주은행*	신한금융지주회사	68.88	7명 (사내이사 2명, 사외이사 4명, 기타비상무이사 1명)	5개 (리스크관리위원회, 감사위원회, 보상위원회, 사외이사후보추천위원회, 감사위원후보추천위원회)
	국민연금기금	6.07		
	우리사주조합	1.23		
	외국인	3.07		
농협은행	농협금융지주	100	-	-
기업은행*	기획재정부	51.5	6명 (은행장, 전무이사, 사외이사 4명)	3개 (운영위원회, 경영발전보상위원회, 리스크관리위원회)
	국민연금	8.15		
	외국인	19.84		
산업은행4)	대한민국정부	100	9명 (회장1명, 전무이사1명, 감사1명, 상임이사 1명, 사외이사 5명)	-
수협은행4)	-	-	10명 (상임임원 3명, 비상임임원 5명, 감사위원장 1명, 조합감사위원장 1명)	-

주: 1) 2015년 6월 말 기준이며, KEB하나은행은 9월 말 기준으로 작성
    2) 보통주 기준이며, 소액주주에는 우리사주 포함
    3) 지분율은 최대주주 및 특수관계인, 5%이상 주주, 우리사주, 소액주주(1% 이하)로 구분함.
    4) 홈페이지 내에 게시된 임원 현황
    * 상장사
자료: 금융감독원 전자공시시스템, 각사 반기보고서, 각사 홈페이지

▌참고문헌 ▌

강동수, '동태적 대손충당금제도 도입의 타당성 분석,'「한국개발연구 제 28권 제
2호」, 한국개발연구, 2006

구본관, 「일본 리소나은행의 공적자금 투입 파장과 시사점」, 삼성경제연구소,
2003

금융안정을 위한 예금보험기구의 역할에 관한 연구, KDIC, 2010.11

김웅, '우리나라에서의 디플레이션 발생위험 평가,'「경제분석 제 16권 제 2호」,
한국은행, 2010

마이클 루이스, "빅숏(Big Short)," 비즈니스 맵, 2010

서정호·김영도·노형식·임진, "가계부채의 미시구조 분석 및 해법," 금융연구원,
2012.

송상진 외, '동태적 대손충당금 제도의 주요내용 및 시사점: 스페인 사례를 중심
으로,'「BOK 경제리뷰 제 2014−3호」, 한국은행, 2014

양원근, 「저성장기 일본 은행의 경험과 시사점」, 금융연구원, 2016

_____, "우리나라 은행합병의 효과 분석," 재무연구, vol. 11, 1996, pp.143~169.

_____, 「은행합병의 이론과 분석」, 금융연구원, 1996

_____, 「대기업집단의 효율성 분석」, 산업연구원, 1992

이규성, 한국의 외환위기, 박영사, 2006

임진·서정호, 「부채디플레이션 대응방안: 금융부문을 중심으로」, 한국금융연구원,
2012

케네스 로고프·카르멘 라인하트, "이번엔 다르다," 다른 세상, 2010

Berger, Allen N., William C. Hunter and Stephen G. Timme, "The Efficiency of Financial Institutions: A Review of Research Past, Present and Future," Journal of banking and Finance, 17, 1993, pp. 221~249

Demirguc－Kunt, A. and E. Kane, "Deposit Insurance around the Globe: Where Does It Work?" Journal of Economic Perspective Vol. 16, No. 2, 2002, 175~195

Fama, Eugene F., "What's different about banks?," Journal of Monetary Economics 15, 1985, pp. 29~39

Jones, R. S. and M. Kim, "Addressing High Household Debt in Korea," OECD Economics Department Working Papers, No. 1164, 2014

Kindleberger, Charles P., Manias, Panics and Crashes: A History of financial crises, 굿모닝북스, 2006

Rose, Bank Management and Financial Services, 9th edition, McGraw Hill, 2013

Santomero, Anthony M., "Banking in the 21st Century," Business Review, Federal Reserve bank of Philadelphia, Third Quarter 2004, pp. 1~4

Thomson Reuters IFR, 「Project Finance International League tables 2014」, 2015

Walter, John R., "Banking and Commerce: Tear Down the Wall?," Economic Quarterly, Federal Reserve Bank of Richmond, 89, no.2, Spring 2003, pp. 7~31

Wall, Larry D., "Regulation of Bank Equity Capital," Economic Review, Federal Reserve Bank of Atlanta, November 1985, pp. 4~18

William C. Hunter, Stephen G. Timme and WonKeun Yang, "An Examination of Cost Subadditivity and Multi－product Production in Large U.S. Banks," Journal of Money, Credit and Banking, vol.22, no.4, 1990, pp. 504~525

Yang, WonKeun, "A Reexamination of Competitiveness in the U.S. Banking Market," 재무연구, vol.4, 1991, pp. 191~215

┃찾아보기┃

저자 소개

학력
고려대학교 경제학과 졸업 (1982. 9)
미국 조지아 주립대학교 대학원 경영학과 졸업 (1990. 6)

주요 경력
하나금융지주 사외이사 (2015.3 ~ 현재)
금융연구원 비상임 연구위원 (2014.3 ~ 2016.2)
KB금융지주 부사장/ 경영연구소장 (2013.1 ~ 2013.7)
KB금융지주 전무/ 경영연구소장 (2010.9 ~ 2012.12)
대우증권 상임고문 (2009.9 ~ 2010.8)
GM대우 사외이사 (2009.5 ~ 2010.8)
우리은행 상근감사위원 (2007.3 ~ 2008.5)
기업은행 연구소 초빙연구위원 (2004.9 ~ 2007.2)
예금보험공사 이사 (2001.4 ~ 2004.3)
우리금융지주회사 설립추진사무국장 (2001.1 ~ 2001.3)
대한생명보험 사외이사 (2000.2 ~ 2000.12)
예금보험공사 금융분석부장 (1999.4 ~ 2001.3)
재정경제부 장관 자문관 (1998.3 ~ 1998.12)
금융연구원 연구위원, 은행팀장, 연구위원장 (1992.5 ~ 1999.3)
산업연구원 연구위원 (1990.6 ~ 1992.4)

뱅크스토리: 한국의 금융산업

초판인쇄	2016년 11월 1일
초판발행	2016년 11월 10일
지은이	양원근
펴낸이	안종만
편 집	한두희
기획/마케팅	조성호
표지디자인	조아라
제 작	우인도·고철민
펴낸곳	(주) 박영사

서울특별시 종로구 새문안로3길 36, 1601
등록 1959. 3. 11. 제300-1959-1호(倫)

전 화	02)733-6771
f a x	02)736-4818
e-mail	pys@pybook.co.kr
homepage	www.pybook.co.kr
ISBN	979-11-303-0374-1 93320

* 잘못된 책은 바꿔드립니다. 본서의 무단복제행위를 금합니다.
* 지은이와 협의하여 인지첨부를 생략합니다.

정 가   19,000원